轨道交通特色经济管理论丛

汇率波动对我国企业境外并购的影响研究

孟　为　郭雪萌　肖　序　著

北京交通大学出版社
·北京·

内 容 简 介

汇率是监管层与企业决策者无法忽视的宏观变量。在过去十几年里，人民币汇率双向波动幅度明显且愈发难以预测，对国家经济稳定发展、金融系统性风险传染与企业价值持续增长均造成显著影响。

本书从“立足‘大循环’和打通‘双循环’”的开放型经济发展视角，研究人民币汇率市场化改革与人民币国际化背景下汇率波动在我国企业境外并购中发挥的作用，使用理论分析与实证研究方法构建宏观层面的汇率水平变化、汇率波动幅度、汇率预期走势对微观企业境外并购行为及并购效率的影响机制，证实本币升值、波幅增加、贬值预期将促使我国企业通过并购途径参与国际分工与全球价值链。另外，汇率冲击下我国企业境外并购存在逐利特征，汇率升值虽提升了境外并购可能性及短期内会计收益和全要素生产率，但汇率波动不利于并购方资源高效率整合及长期协同发展。

本书在微观企业行为层面提供了国家汇率制度改革与外汇市场发展溢出效果的理论证据，为监管部门推动人民币汇率市场化、关注资本市场与外汇市场的互动关系以及系统风险传染提供政策建议。另外，本书也将对企业提高并购效率、优化资源配置起到一定启示作用。

图书在版编目（CIP）数据

汇率波动对我国企业境外并购的影响研究/孟为，郭雪萌，肖序著. —北京：北京交通大学出版社，2021.11

（轨道交通特色经济管理论丛）

ISBN 978-7-5121-4585-6

Ⅰ.①汇… Ⅱ.①孟… ②郭… ③肖… Ⅲ.①汇率波动-影响-企业兼并-跨国兼并-研究-中国 Ⅳ.①F279.214

中国版本图书馆CIP数据核字（2021）第218137号

汇率波动对我国企业境外并购的影响研究

HUILÜ BODONG DUI WOGUO QIYE JINGWAI BINGGOU DE YINGXIANG YANJIU

责任编辑：陈跃琴

出版发行：北京交通大学出版社　电话：010-51686414　http：//www.bjtup.com.cn

地　　址：北京市海淀区高梁桥斜街44号　邮编：100044

印 刷 者：北京虎彩文化传播有限公司

经　　销：全国新华书店

开　　本：165 mm×237 mm　印张：16.25　字数：328千字

版 印 次：2021年11月第1版　2021年11月第1次印刷

印　　数：1~500册　定价：69.00元

本书如有质量问题，请向北京交通大学出版社质监组反映。

投诉电话：010-51686043，51686008；E-mail：press@bjtu.edu.cn。

本书受国家自然科学基金面上项目“城市轨道交通 PPP 模式‘客流－价值流’绩效评价体系研究”（项目编号：71973009）、国家自然科学基金青年项目“汇率政策不确定性与微观企业资产配置：基于实体企业‘脱实向虚’的视角”（项目编号：71902004）和中国博士后科学基金面上项目“汇率政策不确定性对我国企业跨境投融资的影响研究”（项目编号：2019M660356）的资助与支持。

作者简介

孟　为　2018 年毕业于北京交通大学经济管理学院，获管理学（会计学）博士学位；博士就读期间（2015—2016 年）于香港理工大学会计及金融学院访问交流；2018 年入职北京大学光华管理学院会计学系，从事博士后研究工作。主要研究方向为宏观经济政策与微观企业行为互动关系、汇率政策不确定性与微观企业资产配置，在《经济研究》《金融研究》《管理评论》《经济管理》《科学决策》《证券市场导报》及 *Asia-Pacific Journal of Financial Studies* 等期刊发表多篇论文；目前主持 1 项国家自然科学基金青年项目、1 项中国博士后科学基金面上项目；曾主持或参与中央高校研究生创新项目、北京交通大学博士点基金项目、国家发改委委托项目、世界银行贷款地方纵向项目等。

郭雪萌　经济学博士，北京交通大学经济管理学院会计系教授、博士生导师，北京交通大学对外联络合作处处长，教育部会计学专业教学指导委员会委员，北京高等学校会计学专业群专家委员会委员，主要研究领域为国有资本监管、会计理论与方法、政府与社会资本合作关系（PPP）等，在《管理评论》《经济问题探索》《财政研究》《南开经济研究》《数量经济技术经济研究》等期刊发表数十篇学术论文，出版《基础会计学》《中级财务会计学》等多部教材或专著，主持国家自然科学基金面上项目、世界银行贷款地方纵向项目、国铁集团委托项目等多项课题研究工作。

肖　序　会计学博士，中南大学商学院会计学系教授、博士生导师，主要研究领域为环境会计与循环经济核算、企业财务战略与决策、成本效益分析与评价等，出版《环境会计制度构建问题研究》《环境成本论》等多部专著，在《会计研究》《财经研究》《系统工程》《管理评论》《审计与经济研究》，以及 *Journal of Clinical and Laboratory Investigation*、*Journal of Cleaner Production* 等期刊发表数十篇中英文论文。主持国家社科基金重大项目、国家社科基金项目、财政部重点会计科研项目等多项课题研究工作。

丛书编委会成员

丛书总序

中国正在建设世界上规模最大的高速铁路、城际铁路、市域铁路和城市轨道交通网络系统，这必将给中国的城市化发展带来深远影响，对提升中国的城市竞争力及经济社会发展水平有着十分重要的理论和现实意义。随着轨道交通的快速发展，一方面，出现了城市如何适应城市轨道交通发展、实现“建地铁就是建城市”的战略构想；另一方面，轨道交通的规划、投资、建设、运营、经营、装备制造、技术等问题也随之涌现。在城市日益成为中国经济社会发展动力源泉的时代背景下，只有进行轨道交通的“全域创新”，从制度、机制、体制、投融资、技术等方面全面推进轨道交通领域的创新，切实解决好轨道交通领域面临的各种现实困难与问题，才能促进轨道交通领域运营效率的提升和经营绩效的提高，才能更好地助力国家和城市发展战略规划的落地，从而才能更好地实现中国经济社会的发展和“中国梦”的实现。

从广义上来看，轨道交通是包括城市轨道交通（地铁、轻轨、跨座式单轨、磁悬浮等不同技术制式）、市域铁路、城际铁路和高速铁路在内的集合体。随着城市功能逐渐由城市中心和多中心向周边城市及省区的发展，轨道交通也逐渐承载了发展戈特曼意义上的城市群和城市带的重要职能。目前，中国城市和城市群的发展已经到了跨越行政区边界的阶段，城市经济、社会、文化、科技的发展，一方面，需要与城市内部组团之间形成相互支撑关系，以形成城市专业化和多样化的集聚经济；另一方面，更需要与区域经济及毗邻城市乃至国家和国际范畴内的都市圈形成紧密的一体化关系，以充分发挥区域间的分工协作优势和更大范围内的市场潜力作用。

在这一不可逆转的城市化发展历史进程中，大量的资金、技术、人才、土地等稀缺资源快速向核心城市和卫星城市集中，并产生了对交通尤其是各种制式轨道交通的旺盛需求。纵观国内外发展较好的大都市区或城市群，大多形成了建立在轨道交通上的发展模式，有些国家和地区甚至提出了“快轨车站城市”的规划理念并付诸实践。轨道交通已经成为降低城市出行成本、提高城市运转效率、保护生态环境、建设宜居城市的必要条件。可以说，轨道交通已经成为城市和城市群发展的奠基石，已经成为政府和市场交融创新的实验田，已经成为现代技术应用的绝佳场域，已经成为宏观经济政策、产业政策和微观管理政策变革的载体，已经成为经济管理理论和方法创新的宝库，已经成为理念、理论、实践、政策互动发展的平台。

中国已经发展到工业化、城镇化、运输化的中后期阶段，城市已经成为国家经济社会发展的重要增长极和动力源。其中，中国的轨道交通取得了举世瞩目的成就和发展。中国的高速铁路总营业里程已经跃居世界第一，“和谐号”“复兴号”高速动车组具有全部自主知识产权，成为引领中国经济和科技进步的重要抓手；中国城市铁路的发展方兴未艾，珠三角经济圈、长三角经济圈、京津冀经济圈等数十个国家级城市圈陆续形成，城际轨道交通发展规划不断形成和得到审批；中国的城市轨道交通建设和规划里程成为全世界关注的重大工程，不仅为装备制造、物联网、互联网+、智慧交通、以公共交通为导向的开发（transit-oriented development，TOD）等提供了坚实的运输资源支撑，而且也为新型技术制式和管理模式的探索与创新提供了独一无二的舞台。

中国轨道交通实践的快速发展进程亟须对相应的轨道交通特色经济管理理论和方法进行总结、概括、提炼、提升与创新。“轨道交通特色经济管理理论丛”写作和出版的构想就是在这一特殊的中国城市化发展进程中提出的。它的理论脉络可以追溯到亚当·斯密、马歇尔、杜彼特等时代，不仅可以在古典经济学、新古典经济学、现代经济学及相应的管理理论上得到体现，也可以在现代轨道交通的投融资理论、外部性理论、TOD 理论、人力资本理论、价值捕获理论、网络形态理论、管制理论、时空经济理论、PPP（public private partnership，公共私营合作制）理论、资源流－价值流理论等中得到全面展示。基于城市化发展的中国轨道交通发展所呈现出来的理论机遇、方法机遇、案例机遇，都是世界范围内前所未有的，都是激动人心的，都是值得深入挖掘的。这就是“轨道交通特色经济管理论丛”的写作动机和初衷所在。

在理论机遇方面，轨道交通不仅是现代经济管理理论应用的对象，更是对传统经济管理理论进行创新的源泉。首先，轨道交通提供的是无形的位移运输产品，其产品具有不可储存性，其生产和消费过程具有同一性，从而导致轨道交通调度指挥、通信信号、电力供应、人员配套等必须按照高度“自律系统”的要求进行资源配置，单纯的市场经济交易原则已经不能适应轨道交通发展的需要。其次，轨道交通服务的对象包括旅客、货主、城市居民及城市功能、区域经济和国民经济的发展，很少有企业像城市轨道交通那样，在制定发展战略时，需要综合考虑内外部各种因素，既要服务于轨道交通自身的可持续发展，又要充分发挥其对城市和区域经济乃至国民经济的支撑和拉动作用，这就是“建地铁就是建城市”“建地铁就是提升城市价值”“建地铁是百年工程”等判断的理论依据。再次，城市轨道交通涉及但不限于规划、设计、投融资、建设、运营、经营等多个环节，涉及多个利益相关者，可以采取多种多样的 PPP 模式。在这一过程中，如何实现“多规合一”，如何实现票务资源和非票务资源的协同开发，如何实现政府与市场的有机互动，如何实现轨道、产业、城市的循环互动，如何打造地铁特色的文化形态等，都具有十分重大的理论意义。最后，城市轨道交通一方面会涉及投融资理论、技术经济理论、财务会计理论、管理理论、经济学理论等，另一方面也会形成独特的轨道交通元素流－业务流－价值流理论、成本核算理论、“土地＋轨道”综合开发理论、政治关联理论、政策创新理论等，不一而足。

在方法机遇方面，轨道交通领域是很多现代经济管理方法甚至是技术方法的实验“靶场”。由于轨道交通的发展，使得网络协同技术、联调联试技术、CBTC（communication-based train control system，基于通信的列车自动控制系统）技术、能量回馈技术、云轨技术、物联网技术、智慧交通技术、综合交通技术、通信信号技术、工务维修技术、车辆运营编组技术、现代装备制造技术、综合运营管理技术、云计算技术等，都有了很好的实践和应用场所。回顾过去轨道交通发展的历史，我国已经形成了自成体系的城市轨道交通工业体系，以及相应的工程技术、管理技术、经济技术等。此外，由于中国庞大的轨道交通发展体量和市场规模，已经开始孕育出方方面面的方法和机遇，为政策制定者、城市管理者、科技工作者、工程建设者、文化创作者等进行“全域创新”提供了难得的际遇。

在案例机遇方面，中国城市众多，地域复杂，文化多样，条件各异，在轨道交通理念、理论、模式、方法、实践、政策等各个方面精彩纷呈，各有千秋。目前，北京采取了投资、建设、运营“三分开”体制，上海、广州、深圳采取了集团公司模式，徐州 1、2、3 号线采取了 PPP 模式，高铁新城、城际星城、地铁小镇、上盖物业、地下商城等案例更是层出不穷。在技术上，如何实现运营成本的降低；在财务上，如何防止轨道交通出现债务风险，实现可持续发展；在经济上，如何实现外部效益最大化，促进城市竞争力的提升；在政策上，如何创新规划、土地、工商、税收、人力资源、户籍、科技等政策，发挥制度创新优势等，均有相应的轨道交通发展案例作为经验支撑。

北京交通大学经济管理学科起源于清政府时期设立的铁路管理传习所，这是中国最早的以轨道交通为特色的商科院校。北京交通大学经济管理学科近年来在高速铁路、城际铁路、市域铁路、城市轨道交通领域的经济管理研究过程中取得了国内外同行广泛关注的优秀成果。按照“传承历史传统，承载现代使命，发展轨道交通，改善社会福祉”的原则，我们将陆续出版“轨道交通特色经济管理论丛”，旨在鼓励包括北京交通大学在内的国内外研究学者把理论和实践成果以著述的形式留存下来，不仅展示轨道交通领域经济管理研究的成果，更希望能够与国际上先进的轨道交通经济管理理论和方法有机地结合起来，促进我国轨道交通经济管理理论和方法的不断发展。

“轨道交通特色经济管理论丛”的作者包括国内外轨道交通行业的专家、

学者、从业人员、在校博士研究生和硕士研究生。我们希望本论丛成为聚集轨道交通经济管理发展智慧、促进“知行合一”的知识传播媒体。我们特别感谢北京交通大学经济管理学院、基础产业研究中心和北京交通发展研究基地提供的良好的研究环境，感谢北京交通大学出版社的编辑们付出的辛勤劳动。由于相关管理人员、出版人员和行业专家的大力支持和帮助，本丛书终于能够付梓。本丛书的阅读对象是理论研究者、政策制定者、管理者及高校相关专业的师生。

2021 年 5 月

于北京交通大学

前　　言

2020年7月中共中央政治局会议指出，当前经济形势复杂严峻，不稳定性、不确定性较大，要加快形成“以国内大循环为主体、国内国际双循环相互促进”的新发展格局。这是党中央基于国内外形势做出的重大战略部署，旨在培育新形势下我国参与国际合作和竞争的新优势。2020年10月，党的十九届五中全会通过的《中共中央关于制定国民经济和社会发展第十四个五年规划和二〇三五年远景目标的建议》明确坚持实施更大范围、更宽领域、更深层次对外开放，依托我国大市场优势，促进国际合作，营造以人民币自由使用为基础的新型互利合作关系。近年来，在“走出去”战略和“一带一路”倡议等的推动下，我国企业呈现出向高技术和低消耗的集约型发展方式转变、走出国门参与国际竞争、融入全球价值链和产业链的趋势。其中，对外直接投资是企业利用国外资源与市场、提升国际影响力的重要途径，我国对外直接投资规模于2015年超过外商直接投资规模，境外并购是企业对外直接投资的主要形式。

随着人民币汇率制度的市场化改革与人民币国际化的推进，外汇市场供求关系和国家经济决定的价值基础在汇率形成中发挥愈发重要的作用，人民币汇率呈现出明显的双向波动趋势。汇率作为国际价格，其经常性波动将影响贸易产品价格、进出口贸易额、国内外市场竞争、资本项目下的跨境交易等，在微观层面导致企业涉外交易与外币结算成本变化，并作用于持有外币资产或承担外币负债的企业价值，进而不可避免地影响企业经营和投融资行为。本书立足汇率波动与企业境外并购关系视角，试图解释我国企业境外并购在时间序列中

“峰聚”分布的成因，对汇率波动下企业境外并购的经济后果进行深入分析。

针对上述问题，本书基于汇率传递理论、竞争优势理论、信息不对称理论、风险规避与实物期权理论，建立汇率波动对企业境外并购决策及效率影响的理论逻辑框架，并使用中国A股上市公司样本进行实证检验，研究发现：人民币兑美元名义汇率与人民币实际有效汇率升值及波动程度加剧均显著促进企业境外并购决策；汇率贬值预期提升了企业境外并购倾向，正向调节了汇率升值与境外并购可能性之间的关系。有关境外并购效率的研究发现：汇率冲击下我国企业境外并购存在逐利特征，汇率升值虽提升了境外并购可能性及短期内会计收益和全要素生产率，但汇率波动不利于并购方企业的资源高效率整合及长期发展。

本书的研究创新和理论贡献包括：第一，在我国深化对外开放与汇率市场化的大背景下，聚焦实体企业涉外经济行为，提出汇率波动对境外并购影响的逻辑框架，分别从企业并购能力与需求视角、并购方管理层风险规避与实物期权视角、并购即时成本与未来收益视角建立汇率水平变化、汇率波动程度、汇率预期对境外并购决策的作用机制。第二，提出基于短期价格变化的汇率波动与境外并购之间的关系，有助于解释我国企业境外并购时间序列分布的“峰聚”特征以及估值优势推动型境外并购的效率表现，补充了现有文献仅对境外并购决策和绩效影响的长期性因素，如地理或制度距离、文化差异、会计准则、社会关系等方面的研究。第三，不仅关注境外并购财务绩效，而且构建了包括并购方企业全要素生产率、投资效率及企业间资源配置效率变化在内的境外并购效率评价体系，全面系统地研究境外并购的协同整合效应，从实际经营与资源配置视角对境外并购经济后果受汇率波动的影响进行讨论。本书旨在为我国汇率市场化改革的外溢效应、资本市场与外汇市场之间的互动关系提供微观实证证据，有助于监管部门正确引导企业开展理性的高效率境外并购，并对企业在汇率波动下积极调整并购决策、避免择时并购中效率低下等问题提供了相应启示。

目　录

第1章

绪　论

1.1 研究背景

1.1.1 现实背景

1. 国家级顶层战略带动境外投融资，加快产业升级与企业“走出去”步伐

在经济全球化趋势下，开展并引导国际经济合作、拓展经济开放广延与集约边际、促进企业参与国际市场竞争成为发展外向型经济、提高国家综合实力的重要途径。1997 年，党的十五大提出“走出去”战略，并于 2000 年在第九届全国人民代表大会第三次会议上将“走出去”提升至国家战略层面，在政策指导和市场发展的条件下我国对外直接投资规模迅速增长，并于 2015 年超过外商直接投资。基于我国中低端产业产能过剩的现状，旨在维护全球自由贸易体系和开放型世界经济，国家主席习近平于 2013 年提出贯穿亚欧非大陆、推动沿线各国经济战略互相对接、优势互补的“一带一路”倡议。2014 年 10 月，中国、印度、新加坡等 21 个首批意向创始成员国共同决定成立亚洲基础设施投资银行，重点支持基础设施建设，为亚洲各国基础设施项目提供贷款、股权投资等形式的融资支持。“一带一路”要求深入推进国际产能和装备制造等高端行业合作，深度融入全球产业链和价值链，鼓励境外投融资，为我国企业淘汰落后产能、产业链向高端发展提供机遇。2020 年，中国共产党第十九届中央委员会第五次全体会议公报中明确我国“畅通国内大循环、促进国内国际双循环”的新发展格局，以及“坚持实施更大范围、更宽领域、更深层次对外开放，依托我国大市场优势，促进国际合作，实现互利共赢”的未来趋势。在区域全面经济伙伴关系协定（RCEP）、自由贸易试验区、海南自由贸易港等开放型经济新体制建设推动下，我国企业正积极参与全球价值链与经济治理体系，境外投融资规模进一步提升。

2. 境外并购是我国企业参与全球资源整合与国际竞争的主要方式

近年来，我国企业的对外直接投资已成为全球化进程的重要组成部分，在"一带一路"倡仪等推动下中资企业频频亮相更为广泛的国家或地区。根据商务部《中国对外投资发展报告 2019》，境外并购（又称跨境并购）是中国企业对外直接投资的重要途径，它与绿地投资、合营联营、股权置换、战略合作、返程投资一样，均是企业走出国门的常见方式。同时，境外并购也是全球范围内对外直接投资的主要形式。通过境外并购，我国企业积极利用国内国外市场与资源，扩大经营范围和规模，提升运营效率与国际竞争力。根据 Thomson SDC Platinum 全球企业并购数据，2000 年至 2019 年中国企业宣告境外并购交易整体呈扩张趋势，全行业公司宣告的对境外目标公司资产的一次性与逐次并购在内共计 5 427 起，顺利完成 3 426 起，披露并购规模高达约 5 500 亿美元。但从对外直接投资与并购规模发展趋势来看，2008 年并购直接投资规模远大于附近年份且增速较快，其占对外直接投资比例大于 2009 年及其之后所有年份的境外并购规模占比，呈"峰聚"特征，显然不符合传统的跨国投资发展周期理论中有关"对外直接投资是企业长期竞争优势累积结果、应呈连续型变化特征"的结论。那么，是否存在短期性外部冲击促使企业开展境外并购？

3. 汇率制度改革与汇率波动影响经济全球化下的我国企业投资策略与企业价值

我国人民币汇率制度在新中国成立以后经历了数次典型改革（见图 1－1），人民币汇率制度对国家宏观经济影响深远。1994 年之前，我国先后分别实施了固定汇率、双轨汇率等制度，汇率实际上受政府干预，受市场供需调节程度较小，缺乏弹性；企业在不灵活的汇率机制下，以出口低级加工品为主，缺乏创新意识。从 1994 年 1 月 1 日起，官方汇率与外汇调剂市场汇率并轨，我国开始实行以市场机制为基础的、单一的、有管理的浮动汇率制度，此阶段人民币汇率虽不再由政府直接制定，但单一"盯住美元"的汇率形成机制存在较大的汇率风险。2005 年 7 月 21 日，中国人民银行发布关于完善人民币汇率形成机制改革的公告，要求实行以市场供求为基础、参考一篮子货币进行调节、有管理的浮动汇率制度。此后，中国人民银行进行了三次人民币兑美元交易价浮动幅度的调整以增强人民币汇率双向浮动弹性：2007 年 5 月 21 日将银行间即期外汇市场人民币兑美元交易价浮动幅度由 0.3% 扩大至 0.5%；2012 年 4 月 16 日进一步扩大到 1%；2014 年 3 月 17 日由 1% 扩大至 2%。2015 年 8 月 11 日，中国人民银行进一步改进了人民币兑美元汇率中间价形成机制，强调中间价报价要参考前一日收盘价。2015 年 12 月 11 日，中国人民银行提出加大参考一篮子货币汇率变化的力度，初步形成了“收盘价＋一篮子货币汇率变化”的中间价形成机制。

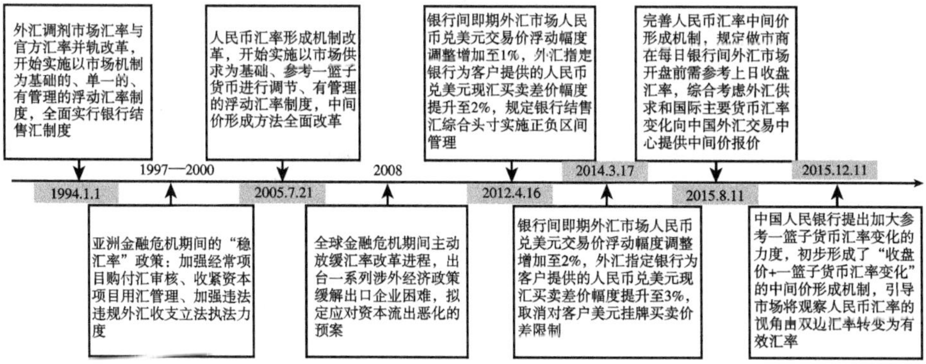

图1－1　人民币汇率制度典型改革

当今国际形势不确定性加剧，世界各国之间汇率相对波动已成常态，人民币汇率整体呈震荡升值趋势，且双向波动特征明显（见图1－2）①，国家金融体系潜在风险提升。国家经济决定的价值基础、汇率制度变革、外汇市场供求关系对汇率波动产生根本性影响。即使在金融市场发展水平较高的发达国家，跨国企业为应对汇率暴露风险实施金融对冲和经营对冲后，企业价值仍受到汇率波动的显著影响。现有研究发现汇率波动将通过改变要素、产品、股市、物价等价格因素影响企业进出口贸易、产品市场竞争、长期资产投资、国际债务、外商直接投资（FDI）、国内外就业与经济增长等，而境外并购作为企业长期投资活动的重要内容以及对外直接投资的重要形式是否受到汇率波动影响也不容忽视。货币价值因素具有相对短期性特征，随时间呈波动型变化趋势，对企业并购在时间序列中的“峰聚”分布将表现出更强的解释力度，如2008年境外并购密集阶段人民币实际有效汇率正处于加速升值状态（见图1－3）。因此，选取汇率波动视角研究我国企业境外并购及效率具有现实意义。

① 中国外汇交易中心历史数据中人民币兑美元、欧元、日元和港币汇率中间价起始于2006年1月，其中，人民币兑港币中间价由人民币兑美元汇率中间价与国际外汇市场港币兑美元汇率套算确定；人民币兑英镑、俄罗斯卢布、澳大利亚元、加拿大元的汇率中间价数据分别起始于2006年8月、2010年11月、2011年11月和2011年11月。

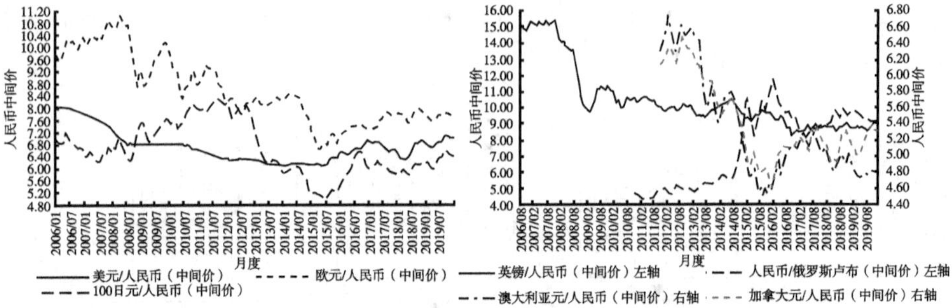

图 1－2　人民币与主要外汇币种的双边汇率月度中间价走势

（数据来源：中国外汇交易中心）

图 1－3　人民币有效汇率指数走势

（数据来源：国际清算银行与中国外汇交易中心）

1.1.2　理论背景

汇率政策作为国家宏观经济政策的重要组成部分，也是传统货币政策对企业投资决策发挥作用的渠道。汇率是一国核心竞争力的重要体现，在国家经济发展和金融系统稳定中占据重要地位。随着国际形势不确定性加剧和我国汇率市场化改革，人民币汇率由固定汇率到灵活弹性汇率机制的改革促使市场在人民币汇率形成过程中发挥越来越关键的作用，人民币汇率对各国货币政策、政治风险、贸易关系等反应敏感，双向波幅增强且难以预测。2020 年 5 月，《中共中央　国务院关于新时代加快完善社会主义市场经济体制的意见》要求继续完善人民币汇率市场化形成机制，增强双向浮动弹性。汇率可从不同维度分类，如名义汇率与实际汇率、双边汇率（两国货币比价）与有效汇率（加权平均汇率）、国家和行业及企业等层面汇率、即期汇率与远期汇率等。完善微观企业应对汇率风险、调整投资决策、增加企业价值等方面的研究将为维护我国经济和资本市场稳定发展、发挥我国在经济全球化中的作用提供理论依据。由于现有文献对汇率波动与企业并购关系的直接研究较少，加之并购属于投资行为，因此，本书主要基于汇率波动与投资领域的研究成果进行阐述。

基于现有文献，汇率波动对微观企业投资的影响机制主要包括出口收入渠道、进口成本渠道、进口产成品竞争渠道、利润转移渠道等；对企业对外直接投资的影响机制主要包括财富效应、成本效应、需求效应、价格传递效应、预期效应等，其中，成本效应和需求效应实现的基础实为汇率的价格传递。以上有关汇率对投资的影响研究主要集中于投资规模、投资范围及方式选择等，对汇率波动对投资经济后果影响的关注不足。图1-4为汇率制度、汇率波动与微观企业行为的基本传导关系，名义汇率与实际汇率对企业决策的影响渠道中可能由不同因素占据主导作用——名义汇率通过资产估值、实际汇率通过市场需求作用于企业投资，加总层面的微观企业行为将影响市场总供给与总需求及涉外经济活动，进而影响汇率波动。

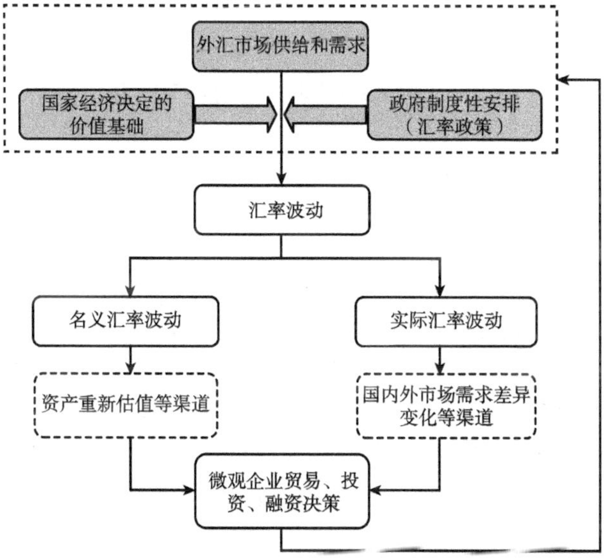

图1-4 汇率制度、汇率波动与微观企业行为的基本传导关系

在对外直接投资中，境外并购是世界范围内企业对外直接投资的主要形式，也是我国企业拓展境外市场、推进产业升级转型、提升国际竞争力的重要途径，是微观企业投资决策的重要组成部分，由其产生的价值变化关系到企业整体持续发展和战略实现。随着我国企业境外并购数量及交易金额的逐年递增，部分学者、研究机构以及新闻媒体对境外并购的经济后果提出质疑，认为我国企业存在盲目开展境外并购的情形，加之并购方企业境外并购经验缺乏，或对东道国制度环境、企业文化、公司治理等方面了解不甚透彻，增加了并购

前估值与并购后整合难度，造成并购失败或绩效降低。例如，北京数知科技股份有限公司于2020年12月公告称，公司之全资子公司宁波诺信于2017年收购的Blackbird Hypersonic Investments Ltd在对赌期限结束后业绩出现变脸，预期商誉减值金额约为60亿元，为公司造成巨大损失。

在并购效率的影响因素方面，现有文献分别从宏观经济政策与法律制度、金融发展程度、语言或文化差异、宗教信仰等因素，中观层面的行业其他企业并购经验、区域并购经验、共享会计准则等因素，以及微观层面的公司治理、并购方融资方式、并购支付方式、企业文化差异、目标方会计信息质量、目标方上市状态、并购方与目标方的社会关系等角度进行实证研究。但这些因素难以解释前述境外并购时间序列分布的"峰聚"特征，汇率波动作为宏观价格变量，对资产价格和企业决策影响较为"即时"。因此，本书从汇率波动视角探究其在境外并购决策中发挥的作用，并基于此分析汇率波动下上市公司境外并购效率的异质性表现。

1.2 研究问题与研究意义

1.2.1 研究问题

根据以上背景，本书的研究工作旨在回答三个研究问题：

第一，汇率波动是否以及怎样影响企业境外并购决策？具体地，根据汇率传递理论，汇率波动将作用于包括要素、产品、股市、物价等不同层次的价格，进而影响企业盈利水平与投资能力，境外并购作为企业长期投资活动的重要内容及对外直接投资的主要途径，是否受限于汇率波动带来的投资能力上升或下降的影响？加之汇率波动导致的价格变动风险也将表现在企业盈利能力和股票价值层面，企业是否会出于降低被市场淘汰风险或缓解汇率暴露风险的动机进行境外并购？

第二，汇率波动是否以及怎样影响企业境外并购效率？具体地，在汇率波动对企业境外资产购买能力、全要素生产率、产品市场竞争、汇率暴露风险、股票市场价格等因素造成影响的情况下，上市公司境外并购效率是否对汇率波动具有敏感性？

第三，若汇率波动对境外并购的影响成立，那么并购方融资特征和并购支付方式是否对汇率波动与境外并购决策之间关系具有调节作用？在汇率波动的背景下，股权或债权融资支持的境外并购、有风险投资支持和无风险投资支持的境外并购、换股或现金支付完成的境外并购是否呈现不同的效率表现？

1.2.2 研究意义

1. 理论意义

现有汇率与投资关系的文献主要关注汇率波动引发的长期投资规模、对外直接投资水平等方面的变化，未对汇率波动是否及怎样影响作为企业长期投资组成部分和对外直接投资主要途径的境外并购及其效率给予充分研究。本书分别从企业并购能力与并购需求视角、风险规避与实物期权视角、并购即时成本与未来收益视角建立了汇率水平变化、汇率波动程度、汇率预期对境外并购决策的作用机制和理论框架，基于此分析了汇率波动导致的企业竞争优势、外部风险环境、股票市场与企业估值优势驱动的境外并购效率差异。本书以境外并购为研究对象，将汇率与投资决策领域的研究拓展至汇率与投资经济后果层面。

再者，本书揭示了短期价格变化下企业境外并购的行为决策与经济后果，有助于解释我国境外并购时间序列分布的“峰聚”特征以及估值优势推动型境外并购的效率表现；另外，本书不仅关注到境外并购财务绩效，而且构建了包括并购方企业全要素生产率、投资效率及企业间资源配置效率变化在内的境外并购效率评价体系，全面系统地研究境外并购的协同整合效应，从实际经营与资源配置视角对境外并购经济后果受汇率波动的影响进行讨论。本书补充了现有文献对境外并购决策和绩效影响的长期性因素（如地理或制度距离、文化差异、会计准则、社会关系等方面）的研究，揭示了资产价格变化在企业投资尤其是境外并购决策中的重要作用。

因此，本书的理论研究意义在于：拓展了以往文献中对汇率波动的微观作用效果、境外并购决策与境外并购绩效影响因素领域的研究。

2. 实践意义

改革开放之后，中国发展市场经济主要强调“引进来”政策，通过引入外商直接投资获得资金和技术，发展外向型经济，中国已跃升为引入外商直接投资最多的国家，但与此同时忽略了“走出去”，使国民经济内外均衡受到挑战。自第九届全国人民代表大会第三次会议后，“走出去”上升为国家发展战略，境外投资规模和存量迅速扩张，于2015年首次超越外商直接投资。但是，中国公司发起的主动境外收购提议或以失败告终，或趋向于支付较高的并购溢价完成并购，导致并购完成后续期间出现明显的商誉减值，并购后的企业协调整合效果也受到多方质疑。本书从汇率波动视角，突破以往文献中对境外并购决策和效率影响的长期性特征研究范畴，结合汇率波动带来的企业竞争优势、风险环境与股票估值变化，探究我国企业境外并购决策和效率中的汇率作用机制，发现汇率冲击下上市公司存在择时并购行为，国际股市价格与企业估值在境外并购决策中起到了一定的驱动作用，此类并购虽受益于资产价格优势提升了短期财务绩效，但不利于资源有效配置和长期发展。本书为监管部门及企业管理层在外部宏观价格波动的情况下引导国际资本流动与高效率投资提供了理论依据，对并购方企业融资特征及并购支付方式的进一步分析有利于指导企业管理层完善并购融资安排和交易流程。

因此，本书的实践意义在于：为监管机构引导高效率境外并购、避免非理性并购、完善国际资本运作效果提供政策建议，为企业根据外部汇率冲击积极调整境外并购决策以实现价值增值和长期发展提供理论依据。

1.3 国内外研究现状

改革开放以后，我国“引进来”战略带来外商直接投资（FDI）的快速增长，尤其是以经济特区、北部口岸、保税区与保税港、自由贸易试验区等为特色的经济开放政策吸引了更多外资，在一定程度上提升了技术和资本等关键性生产要素在国家经济发展中的促进作用。近年来，全球产业结构加速调整，我国经济发展步入新常态，为推进企业参与并占据全球价值链和产业链高端位置，实现要素投入方式转变、经济提质增效和产业升级、开展国际产能与国内资源合作，企业“走出去”上升到国家战略层面，对外直接投资（OFDI）规模持续快速发展，目前已超过外商直接投资规模。在政策推动和经济全球化形势下，我国企业的对外直接投资尤其是境外并购是否带来增量价值、是否符合最初的政策目标得到了学者的关注。

境外并购是企业长期投资活动的重要组成部分，也是进行对外直接投资的主要途径，现有文献对汇率波动与企业投资、汇率波动与对外直接投资（OFDI）、汇率波动与企业价值、境外并购绩效的影响因素进行了大量研究，但境外并购相对企业普通固定资产投资具有整合企业间资源、改变市场竞争格局等功能，相对绿地投资具备因制度距离等因素虽难以实现预期协同效应但可迅速融入东道国市场等特征。因此，汇率波动对企业境外并购的影响可能表现出与固定资产投资、以绿地投资形式开展的对外直接投资不同的特点，但以往文献缺乏对汇率波动与境外并购之间关系及作用机制的探讨，或在对境外并购影响因素的研究中仅将汇率作为控制变量，没有解释汇率波动产生影响的作用机理。

为建立汇率波动与境外并购之间关系的理论逻辑框架，我们首先明确汇率波动对企业投资或对外直接投资的影响及作用机制，以对本书研究对象——境外并购提供借鉴；再者，由于估值因素对境外并购决策具有驱动作用及估值驱动型并购的绩效往往低于竞争优势驱动型并购，我们将进一步对涉及汇率波动与企业价值之间关系的文献进行综述，并辅以汇率波动对企业生产率、产品质量、企业创新等影响的文献，以对汇率波动下企业境外并购动机和效率产生初步认识；最后，为厘清境外并购决策及效率中汇率波动与其他潜在因素的异质作用，本节对境外并购绩效影响因素尤其是并购支付方式的相关文献进行了回顾。

1.3.1 汇率波动与企业投资相关研究

国内外文献对汇率水平变化及波动程度对企业投资决策的作用进行了理论和实证研究，但对投资经济后果受汇率影响的关注不足。其中，汇率水平变化、汇率波动程度、汇率预期可能分别通过不同机制作用于企业投资水平，该问题的研究主要基于汇率的价格传递理论、企业风险规避和实物期权理论等。汇率波动对企业投资影响关系框架如图1-5所示。

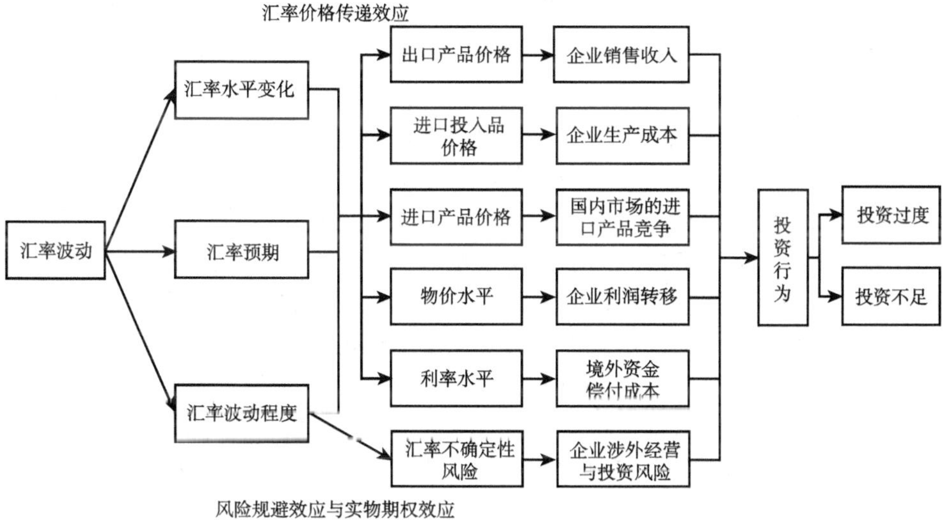

图1-5 汇率波动对企业投资影响关系框架

1. 汇率水平变化与企业投资

现有文献认为本国汇率水平变化影响企业投资，并从汇率作用的不同渠道展开讨论。一般来讲，本国汇率升值会提高自身依赖出口企业或在出口市场中占据较大份额企业的竞争压力，进而不利于盈利能力和投资水平提升，但同时这些企业也可能更加依赖进口中间投入品，本国汇率升值可降低进口成本，增加营业利润，提升企业投资能力。因此，汇率水平变化对企业经营与投资的整体影响并不十分明确，依赖于企业的进出口特征。学者对汇率水平变化对企业投资影响渠道的研究具体包括以下几个方面。

① 进口成本渠道的研究认为企业根据汇率波动改变投资决策的原因是其对进口投入品的依赖：当本国汇率贬值时，越依赖进口投入品的企业可变成本增加幅度越高，资本边际价值和企业利润水平降低，投资水平随投资能力降低而减少；当本国汇率升值时，相对增强的购买力有助于降低进口投入品的边际成本，提高企业利润，进而导致投资水平增加。

② 出口收入渠道的研究认为当企业销售收入中出口收入所占份额较大或企业在出口市场中占有率较高时，本国货币贬值带来出口价格竞争性的提升，进而积极作用于资本投入的预期价值，提高销售收入的同时可能带来投资水平的提升。

③ 进口产成品竞争渠道的研究认为由于汇率水平变化导致进口产成品价格变化，本国汇率升值促使进口代替生产、国内类似产品的市场竞争程度加剧，而生产商的市场份额及销售收入随之改变，进而影响投资决策。

具体地，Goldberg 在 1993 年的研究认为：美元实际汇率的贬值在 20 世纪 70 年代对美国企业的投资产生积极作用，但在 20 世纪 80 年代实际汇率与投资却呈现显著正相关关系，这可能是由于 70 年代出口收入渠道主导了汇率与投资之间的关系，而 80 年代进口比例增加使进口成本渠道主导作用更加明显。采用美国制造业行业数据，Campa 和 Goldberg 在 1995 年的研究中从出口收入渠道和进口投入品成本渠道讨论了汇率水平变化对企业投资的影响，认为美元贬值会抑制投资，即进口投入品成本渠道相对出口收入渠道占据主导作用，且低成本加成率的企业投资受汇率因素影响程度更大，高成本加成率的行业可以吸收汇率波动的部分负面冲击，进而对实际投资影响不大。采用意大利制造业企业样本，Nucci 和 Pozzolo 在 2001 年从微观企业层面证实了实际有效汇率贬值从成本渠道负向、从收入渠道正向影响投资水平，且投资 - 汇率贬值敏感性在市场垄断能力较差的企业中表现更为明显，成本 - 价格边际调整能力较强企业的投资水平不易受到汇率波动的影响。Ekholm 等在 2012 年对 2000—2002 年间的挪威克朗大幅升值对挪威制造业重构的影响进行实证研究，使用制造企业层面的贸易风险异质性数据衡量实际汇率升值带来的竞争压力变化，认为实际汇率的变化可以通过公司出口收入、进口投入品成本和国内市场中的进口竞争三个渠道影响企业经营与投资，并加剧企业竞争压力，进而促使生产率提升和行业重构。净出口商和进口竞争企业更易受到实际汇率升值带来的竞争压力，进而减少就业率即劳动要素投入，但净出口商的劳动生产率出现显著提高，进口竞争企业并未实现劳动生产率的显著提高。

在进口成本、出口收入以及进口产品竞争作用机制之外，我国学者进一步从国家物价水平即利润转移渠道揭示了汇率对投资的影响关系。张婷和程健在2013年基于国家层面的季度数据，研究人民币实际有效汇率变动与我国对G7国家固定资产投资增长率之间的关系，认为短期内实际有效汇率贬值导致对日本和意大利投资规模增加，主要是由于货币贬值带来的物价水平提高超过了名义货币工资增长程度，工人利润转移至企业手中，企业在边际消费需求较低的前提下会增加投资；人民币贬值抑制了短期内对美、德、英、法、加的固定资产投资，这主要是因为进口成本的增长引发边际利润降低所致；长期内人民币实际有效汇率贬值对各国的固定资产投资具有不对称效果。基于汇率波动对企业投资产生影响的国内与国外市场需求、进口要素价格、境外资本报酬率（市场利率）以及利润转移（物价变动）等渠道。曹伟和申宇在2014年分别计算行业层面和省份层面的名义有效汇率及波动程度，探究汇率波动对行业和省份固定资产总投资额的影响，结论认为：人民币名义有效汇率的升值降低了投资水平，这可能是由于汇率升值导致产品价格失去竞争优势，部分国内需求被转移至国外（需求渠道视角）；人民币升值抑制了国内物价水平，而名义货币工资具有刚性特征无法及时调整，导致劳动力成本相对物价水平提高，企业利润部分转移至劳动力，企业由于实际收入和利润的降低而压缩投资（物价水平渠道）。吴国鼎和姜国华在2015年以我国制造业企业为研究对象，利用企业进出口数据计算企业层面的进口有效汇率和出口有效汇率，研究汇率水平变化对固定资产投资的影响，认为企业层面人民币有效汇率的升值通过出口收入渠道降低了企业投资，即汇率波动使越依赖出口的企业固定资产投资水平降低幅度越大；通过进口成本渠道正向促进了企业投资，即汇率波动使越依赖进口的企业固定资产投资水平变化幅度越大；另外，价格成本加成缓解了汇率波动与企业投资之间的关系，即人民币汇率升值通过出口收入渠道负向作用于企业投资以及通过进口成本渠道正向推动企业投资的幅度随价格成本加成的提升而减小，这是因为价格成本加成表征了企业盈利能力和垄断能力，高价格成本加成的企业对冲汇率风险的能力更强。

2. 汇率波动程度与企业投资

以往研究主要基于风险规避视角或实物期权理论研究汇率波动程度与企业投资之间的关系。汇率波动会引起股市波动与物价波动，进而对企业投资能力和投资行为产生重要影响。汇率波动程度越强，汇率风险越大，企业面临的不确定程度越高，风险规避型企业越有可能增加当期投资额以免未来需承受更高的汇率风险。但与此同时，企业投资也可能作为企业持有的实物期权以应对汇率波动带来的经营风险，企业会通过推迟投资或不投资来维持自身价值。另外，汇率波动程度对投资水平的影响也可以基于进口成本、出口收入、进口产品竞争、物价水平等渠道进行解释。

汇率波动程度对汇率价格传递效应具有调节作用，以产品出口价格为例，若出口商更为关注长期出口收入和可持续经营，他们仅在汇率波动程度较大时进行价格调整，即汇率升贬值对价格的影响可能只在汇率波动程度较高时才会明显；在汇率波动程度较低时，若出口商不显著调整出口价格，那么在国际市场中其出口产品的竞争力减弱，有可能降低其出口收入进而约束企业投资。田素华在2008年将汇率波动带来的资产估值变化细分财富效应、需求效应、成本效应和风险效应，其中财富效应是指本国汇率升值提高了企业相对购买能力，本国货币的升值预期也有利于带动外资购买本国资产的积极性；需求效应是指在商品需求弹性较高的前提下，一国货币升值导致以该国货币表示的进口成本降低，进而拉低国内市场同类商品价格，国内市场需求增加，与此同时出口产品因价格相对提升导致国际竞争力下降，出口需求降低；成本效应作用于需求效应，指汇率波动带来的劳动力成本和投入品成本变化；风险效应为汇率波动导致的劳动力投入成本波动风险、投入品成本价格变动风险、国际市场销售商品价格变动风险等。利用汇率变动方差作为汇率波动程度代理变量，田素华在2008年研究其投资效应在不同产权性质企业中的差异，并对企业融资来源受汇率浮动幅度的影响程度进行分析，研究表明人民币相对美元汇率波动程度的提高有利于个体经营企业和外商投资企业投资规模的增加，并且促进了我国企业的外商直接投资规模，说明其主要以国内生产要素为投入且以国内市场为主要经营目标，但人民币汇率波动程度对国有企业的固定资产投资有负向作用。

3. 汇率预期与企业投资

汇率预期可以通过作用于物价水平等因素进一步影响企业投资。从对一国整体物价水平的影响来看，汇率预期可能通过货币替代效应、资产价格效应和进口价格效应作用于通货膨胀程度。汇率升值预期一般导致国内物价水平提升，而汇率实际升值对物价水平的降低程度可能低于汇率升值预期对物价水平的拉动程度，人民币汇率升值又强化了升值预期。其中，货币替代效应是指当人民币预期升值或处于国际市场对其的升值压力之下时，可能引发国际短期外汇资本流入，外汇投资者购入人民币、卖出外汇以期在未来期间获得人民币升值带来的额外收益，在外币流入我国的同时，中国人民银行最终买入外汇并相应投放基础货币进而引发流动性过剩，在资源瓶颈和人口红利等因素抵消流动性过剩导致的通货膨胀后，仍将导致物价水平上涨；资产价格效应是指人民币升值预期导致外汇资本流入购买国内股票、房地产等资产，股市和房市中流动性的提升进而推动资产价格上涨；进口价格效应是指人民币升值预期促使企业扩大进口，同时可能以进口材料替代本国生产材料，生产成本降低的同时固定资产投资规模提升，从而将进一步刺激我国企业对进口材料的市场需求，反而又拉高了原材料价格，带来物价水平的提升。从汇率预期对股票市场价格的影响来看，资产价格效应可以解释两者之间的正相关关系，股票价格作为企业未来净现金流的现值会受到货币价值预期的影响，资产价格受汇率预期的影响程度应低于汇率预期升值幅度，但升值预期对股票价格的影响可能会受汇率预期衡量指标和时间跨度的影响。

汇率预期对企业投资作用机制与汇率水平变化具有相似性，即可能通过汇率的价格传递效应作用于进口投入品和产成品价格、出口产品价格以及整体物价水平，但又由于价格调整具有滞后性特征，因此，价格、需求、产品成本加成共同作用于企业边际利润，进而影响投资决策，但前文中汇率水平及汇率波动幅度对投资的影响忽略了汇率预期的增量作用。现有研究主要对汇率预期对汇率价格传递作用进行研究，较少研究关注汇率预期与企业投资之间的关系。

李艳丽和彭洪峰在 2014 年采用 1999—2012 年我国月度数据研究人民币名义汇率水平和汇率预期对出口商品价格的传递作用，并提出汇率预期作用于出口价格的两种渠道：价格效应和替代效应，认为我国在 2005 年汇率制度改革后的汇率预期对出口价格的作用机制主要为替代效应。其中，价格效应是指由于商品交易付款在未来时期，若交易合同签订时受预期付款时的出口国货币升值影响，进口国会降低其进口需求，因此导致出口商品价格的下跌；替代效应是指若进口国预期到未来出口国货币升值而导致商品价格上升，此时购买者可能会提前或延期交易产生出口国出口需求的替代效应。李艳丽等在 2015 年研究发现 2008 年 6 月后人民币名义有效汇率升值提高了出口价格，但人民币升值预期拉低了出口价格，这是由于收款时间滞后导致升值预期提高了外国进口企业的成本，降低了其对该出口商品的需求，使价格出现下跌。因此，汇率预期会作用于汇率的价格传递效果，进而引起进口和出口价格的变化，导致企业层面收入、成本以及利润的波动影响投资水平。邓贵川和谢丹阳在 2020 年研究发现：当期汇率变化并不直接影响进出口价格通胀，而汇率预期直接影响进出口价格通胀，这是由于涉外经营活动一般具有支付时滞，出口厂商面临巨大的汇率风险敞口，预期汇率的变化直接影响厂商的利润水平，因而厂商根据预期汇率设定产品价格，而不是根据当期汇率设定产品价格。由此，汇率预期可能比汇率水平变化对企业投资决策与利润水平的影响更为明显。

1.3.2 汇率波动与企业对外直接投资相关研究

随着经济全球化和对外直接投资规模的增长，有关对外直接投资（OFDI）受汇率波动影响的问题在 20 世纪 80 年代就得到关注。如前文所述，影响企业开展对外直接投资的长期性因素很多，但表征短期内国际价格变化的汇率波动对对外直接投资也有重要作用。汇率波动引起企业现有资产相对价格和未来不确定性的变化，价格波动将促使企业对对外直接投资与出口相关决策进行调整。对外直接投资与企业投资最重要的差别在于投资项目或标的企业的国家归属、流通与结算货币差异，境外投资项目产生的支付成本一般有特殊定价要求（以本国货币、东道国货币或美元定价等方式），而未来收益基本以被投资企业东道国货币计价。因此，除汇率波动对企业投资产生影响的出口收入、进口成本、利润转移、产品竞争等渠道之外，汇率波动即国际价格变动带来的汇兑损益、货币购买力、资产购进成本、预期收益现值等因素变化将直接作用于对外直接投资。

1. 汇率水平变化与企业对外直接投资

已有文献对汇率波动与对外直接投资之间的关系未得出统一结论，表 1－1 列示了相关研究的代表性理论和实证结论。

表 1－1 汇率水平变化与对外直接投资决策关系文献综述

基本理论	基本观点
相对成本理论	代表研究：Cushman 在 1985 年和 1988 年的学术论文
	基本观点：资本输入国[①]货币相对资本输出国货币的贬值，有利于降低资本输出国在资本输入国开展生产经营的投入成本，增加收入和利润，促进对外直接投资的增加
	由于要素价格在国家之间的不均衡，发达国家的跨国公司倾向于向欠发达国家开展境外投资以降低运营成本；而工业化国家之间的相互投资来源于外部交易成本的提升使企业倾向于内部化交易以致开展国际经营的同时可以降低成本。当汇率发生变化时，投入的要素成本（劳动力成本、资本成本等）进而发生变化并作用于企业投资成本与未来边际收益，对外直接投资决策即发生改变。另外，汇率变化引发的出口替代效应导致可以实现于东道国当地生产销售等经营活动的境外投资决策发生变化
	Cushman 在 1985 年的研究中发现：外币实际汇率的升值（美元贬值）降低了美国企业对五个工业化国家的对外直接投资，但是进口成本和出口价格同时受汇率波动影响，可能会抵消汇率与对外直接投资之间的直接关系。Cushman 在 1988 年分析 1963—1986 年流入美国的来自英国、法国、德国、加拿大、日本等国家的对外直接投资样本，认为汇率波动对对外直接投资企业的价值最大化有两方面的作用，一方面来源于资本及劳动力成本变化，另一方面来源于最终产品的价格效应，但最终结论是美元升值降低了上述五国在美国的对外直接投资规模
预期收益理论	代表研究：Campa 在 1993 年的学术论文；Campa 和 Chang 在 1995 年的学术论文
	基本观点：资本输入国货币相对资本输出国货币的贬值，降低了以资本输出国货币计价的资产预期收益率，不利于对外直接投资的增加
	基于 Dixit 实物期权理论框架，Campa 在 1993 年研究认为：本国相对东道国货币价值的增加，导致以本国货币计价的境外投资的预期收益降低，不利于对外直接投资的增加；而东道国货币汇率相对升值时，以本国货币计价的预期收益增加，与此同时提高了在东道国设立分支机构销售本国商品企业的营业收入，拉动了对外直接投资

① 本书所涉及“资本输出国”“投资国”均指对外直接投资的投资方所在经济体，“资本输入国”“东道国”指对外直接投资的目标资产所在经济体。

续表

基本理论	基本观点
财富效应理论	代表研究：Froot 和 Stein 在 1991 年的学术论文；Froot 等在 1994 年的学术论文；Klein 和 Rosengren 在 1994 年的学术论文
	基本观点：资本输入国货币相对资本输出国货币的贬值，有利于提高资本输出国购买能力，而且以资本输入国货币计价的财富增加，促进对外直接投资的增加
	财富效应理论是指在购买力平价的情况下，本国货币对外升值以及东道国货币贬值增强了对东道国资产的购买能力，相同数量的本国货币可购得更多境外资产或商品，投资国相对东道国货币升值时有利于对外直接投资规模的增加。而东道国货币的升值预期因会带来投资后的以东道国货币计价的资产边际收益，将进一步提升其他国家对东道国投资的积极性
	Froot 和 Stein 在 1991 年研究认为：由于信息不对称的存在，债权人会提高资本成本以应对信息风险，此时拥有以升值货币计价资产越多的企业和由于汇率变化获得相对财富增值的企业会使用内部资金支持投资以避免外部融资成本的增加，财富变化转化为投资需求变化。Froot 等在 1994 年的研究认为：美元实际汇率升值与其他国家对美国的直接投资呈负相关关系，美元贬值增加了外商直接投资，验证了境外投资中东道国货币贬值带来投资国相对财富提升拉动投资交易形成的结论；但东道国货币的相对升值与美国对外直接投资呈正相关关系。Klein 和 Rosengren 在 1994 年分析美国外商直接投资的数据进行研究，认为汇率波动通过财富效应作用于对外直接投资
资本化率理论	代表研究：Aliber 在 1983 年的学术论文
	基本观点：币值坚挺国家（强币国）的资本化率高于币值走低国家（弱币国）的资本化率，强币国更易形成对弱币国的对外直接投资
	本国汇率升值带动对外直接投资，而本国汇率贬值不利于对外直接投资。强币国拥有较高的资本化率和较低的融资成本，进而更易获得东道国资产，而该资产的未来收益会被强币国企业以更高的资本化率资本化以获得和东道国企业相比的收入
特定资产并购理论	代表研究：Blonigen 在 1997 年的学术论文
	基本观点：当目标企业具有特定资产时，由于市场分割的存在，资本输出国汇率的相对升值提高了并购方以资本输入国货币计价的并购竞价，促使其对资本输入国并购型 FDI 的形成
	此理论针对并购型 OFDI（购买企业层面专有资产，如科学技术、创新产品、管理层技能等），认为境外并购规模短期内的波动受汇率水平影响。从目标资产角度，当本国公司和境外其他公司对标的企业特定资产具有相同的购买机会时，由此资产产生的利润在不同国家市场中呈现异质性特征，那么汇率波动将会影响该资产的相对估值。再者由于市场分割的存在，本国公司和境外跨国公司在各自国家都有独立的经营业务（假设不涉及进出口），其接近不同市场的可能性是不平等的，这种不平等性同样表明境外公司并购这些特定资产受汇率波动影响。 目标资产所在国家汇率相对并购方所在国家贬值时，境外企业由于经营活动产生的收益以其母国货币计量，相对目标资产所在国家公司在并购交易中不变的竞价，境外公司对目标资产进行价值评估后会因自身汇率提高而提升以目标资产所在国家货币计量的报价，进而更易引发境外公司并购交易的完成。与此同时，目标资产产生的收益以目标所在国家货币计价，该理论假设在并购方企业获得收益前汇率没有调整至最初水平

续表

基本理论	基本观点
特定资产并购理论	Blonigen 在 1997 年关注到短期内的境外并购会有大幅增长的现象，认为相对成本以及出口等交易成本的变化幅度无法完全解释该现象，其研究使用 1975—1992 年日本企业并购美国目标公司的样本数据，认为在并购方获得资产收益前汇率未返回原有水平的前提下，美元双边实际汇率相对日元的贬值促使日本企业赴美并购，且在那些拥有公司特定资产的行业中更加明显，但该结论不适用于日本企业在美国的绿地投资
汇率无关论	代表研究：Healy 和 Palepu 在 1993 年的学术论文；Tolentino 在 2010 年的学术论文
	汇率水平的变化不仅导致目标资产名义价格的变化，而且作用于资产的名义收益率。例如，在目标资产所在国家汇率升值、资产名义价格提升的同时，未来的以该国货币标价名义资产收益率随之上升，以汇率折算至投资国货币后，该项投资的现值并未发生任何变化。但当企业具有进出口业务时，汇率由于其价格传递作用使企业收入成本情况发生变化，目标资产的估值可能受汇率波动影响

一方面，上表实证研究结论的差异可能源于对外直接投资动机或投资导向的异质性，如市场导向型的投资寄希望于获取东道国市场份额，进而可能在东道国汇率贬值但预期升值时增加对外直接投资；而资源导向型的投资是为了以低成本获取东道国自然资源，更愿意选择在东道国汇率贬值时增加投资。Chen 等在 2006 年使用实物期权估值方法，在传统投资项目现值估计中加入延迟投资这一期权要素的考虑，研究台湾企业对大陆的投资规模受汇率水平变化、汇率波动趋势以及汇率波动程度的影响，发现人民币相对台币的贬值促进了成本驱动的台湾企业对大陆的直接投资，但降低了市场导向型直接投资的规模。这是由于成本驱动型的对外直接投资更为注重目前投资成本的节约，而市场导向型的对外直接投资将致力于未来收益的获得。另一方面，汇率波动与对外直接投资流向之间关系的差异也可能来源于制度背景、样本与时间序列选择、变量衡量方式等。另外，Russ 在 2007 年研究认为多数文献忽略了汇率波动与对外直接投资之间的内生关系，跨国公司的母国及投资东道国宏观经济波动性作用于汇率变化，进而影响对外直接投资对汇率波动的敏感性。

我国学者陶士贵和相瑞在 2012 年删除出于避税原因在英属维尔京群岛、开曼群岛等避税地区的样本，以我国对其他各国的对外直接投资流量作为被解释变量，研究人民币实际均衡有效汇率对国家层面境外投资规模的解释作用，认为人民币实际有效汇率升值促进我国对外直接投资，但在 2005 年人民币汇率制度改革后两者关系减弱，基本符合相对成本理论和财富效应理论的观点。使用我国对外直接投资存量国家层面数据，杨娇辉等在 2017 年研究认为人民币相对东道国货币名义汇率的增加导致对外直接投资存量的增加，即成本降低和财富增加带来的积极效应大于预期收益率降低的负面效应。同样以国家层面对外直接投资数据为基础，李平等在2017年采用我国对外直接投资的东道国国家层面样本进行研究，并未发现人民币汇率升值可以促使对外直接投资规模及投资项目数量的增长，认为财富效应理论可能并不适用。由于企业异质性是其出口或境外投资决策的决定性因素之一，田巍和余淼杰在2017年探究了出口与投资之间替代关系之外的互补关系，认为企业层面实际有效汇率贬值带动了出口，抑制了生产型对外直接投资，但提高了贸易服务型境外投资的可能性，提出了我国不同类型企业对外直接投资受汇率波动影响可能出现异质化特征。

2. 汇率波动程度与企业对外直接投资

我国对外直接投资近年来获得快速增长，但汇率波动程度带来的汇率风险仍是投资绩效以及投资持续的重要影响因素。一方面，汇率波动程度的上升促使跨国企业采取对外直接投资方式代替出口，这是由于出口收入受汇率价格传递的影响，增加了企业经营风险，而采取投资方式直接在东道国从事生产经营活动，有利于降低汇率波动程度增加带来的出口收入不确定性；另一方面，从实物期权视角，Dixit和Pindyck在1994年研究认为：跨国企业的境外投资类似企业持有的期权，汇率不确定性程度的增加提升了期权价值，企业此时采取不投资决策或延期投资决策更有利于企业价值实现。另外，基于企业风险规避视角，由于汇率波动程度导致对外直接投资的未来收益情况难以预测，当投资的收益可以弥补固定成本以及汇率波动风险带来的损失时，企业会进行对外直接投资。

我国学者孙文莉等在2016年以汇率和反倾销作为货币波动性对我国企业对外直接投资影响的渠道，认为本国货币供给波动性的增加以及外国货币供给波动性的减弱有利于我国企业选择对外直接投资。在上述关系中，外国货币供给波动性主要通过实际汇率渠道影响对外直接投资，而本国货币供给波动性可通过汇率和反倾销渠道作用于企业的对外直接投资决策。本国货币供给波动性的增加和外国货币波动性的降低导致本国货币实际汇率的显著提升，从而促进本国企业对外直接投资意愿的形成。其研究虽改进了Russ在2007年仅从理论层面研究“汇率－对外直接投资”之间单链条关系的现状，但仅基于国家宏观层面数据给出我国企业对外直接投资驱动因素的解释存在缺限，难以厘清微观作用机理。杨娇辉等在2017年研究认为：东道国货币相对人民币汇率、锚定汇率的波动程度越大，我国对其直接投资存量越多，而两者之间的正相关关系来源于对外直接投资与出口之间的权衡。但是现有文献中对汇率风险计量方法的差异可能导致了对汇率波动风险与对外直接投资之间关系研究结论的差异，李平等在2017年将汇率风险定义分为汇率预期风险（包括汇率预期变化风险和预期波动风险）和汇率实际波动风险，采用我国2003—2015年间对174个国家的投资数据研究汇率风险与对外直接投资流量以及对外投资项目密集度即各国投资项目数的关系，发现由于汇率预期风险可以通过经营对冲或金融对冲等方式规避，投资方更关注汇率实际波动风险而非预期风险，以双边日间汇率构建的汇率实际波动程度抑制了对外直接投资，验证了实物期权理论。

1.3.3 汇率波动与企业价值相关研究

1. 企业的汇率风险暴露

在国际金融市场持续动荡时，我国面临着跨境金融风险传染，有涉外经营业务以及持有外币资产或负债的企业将面临直接的汇率风险，而即使非跨国企业与无外汇交易企业也因作为涉外企业的利益相关方而面临汇率风险。现有文献发现汇率波动对企业价值的影响主要来源于进出口贸易、外币负债、境外子公司现金流以及境外投资组合等产生的外币现金流，进一步取决于汇率对销售收入和数量、生产成本、市场份额以及企业竞争地位的影响，汇率波动对企业价值的影响程度常被称作企业的汇率风险暴露或汇率风险敞口。有关企业价值对汇率波动敏感性探究的典型文献一般将个股股票收益（或会计收益、现金流等）与汇率波动变量进行回归，使用汇率波动变量系数作为汇率风险暴露程度，而现有文献对企业价值对汇率风险的线性暴露和非线性暴露均进行了一系列探索。

从企业价值的汇率风险线性暴露来看，Bartram 和 Karolyi 在 2006 年采用 18 个欧洲国家及美国、日本的企业样本研究发现，欧元的使用虽加剧了股票收益整体波动程度，但降低了非金融行业企业尤其是欧元区域和在欧洲有较大份额出口收入或资产比重的非欧元企业的市场风险，区域因素、行业特征等也与企业价值的汇率风险暴露程度有关，证实了汇率风险管理理论的实践价值。Bartram 在 2007 年的研究认为管理层在企业风险管理中需要更加注重汇率风险对经营现金流的影响，并进一步探究了美国非金融类企业现金流与股票价格受汇率风险的影响程度，发现其中一小部分企业的盈余与股价对加元、日元及欧元中至少一种汇率风险呈敏感关系，且短期内较为相似，而现金流与股价的汇率风险暴露程度在长期内受经济因素，如行业分类、外币销售收入、市场资本化程度等方面的影响呈现较大差异。

另外，企业对汇率升贬值可能存在非对称反应和非线性影响。若出口型企业在本国汇率贬值时的国际竞争优势凸显，出口商将拓展现有的境外经营业务或选择进入新市场，但境外市场高昂的进入成本可能对这些企业的业务拓展起到阻碍作用；相反，在本国汇率升值时，出口商价格相对优势下降，境外市场业务将有所缩减，境外销售可能部分被转至国内市场，本国货币升值带来的进口成本降低同时引发相关行业企业在国内产品市场竞争加剧，除特别依赖进口投入品的企业之外，包括有进出口业务和无直接国际贸易的本土企业将会因市场竞争格局的变化导致企业价值降低。汇率与企业价值之间线性关系的前提是进出口企业在汇率波动下的经营计划保持不变，因此，企业价值与汇率波动之间还可能存在非线性相关关系，由于国际市场门槛限制，企业可能牺牲自身经济利益继续维持在境外的经营活动。本国汇率贬值时导致在位出口企业在有新竞争者加入时现金流的增长幅度低于没有新竞争者加入时的增长幅度；但本国汇率升值时，在位企业以及新加入出口竞争企业的收入和现金流都将缩减。因此，在汇率升值或贬值时期，由于竞争环境以及企业主动调整经营或投资活动，企业国际贸易收入、经营活动现金流及整体价值可能并非与汇率波动呈线性和对称关系。

Kanas 在 1997 年认为企业会在汇率波动时及时调整经营策略维持竞争地位，因此，企业未来现金流与汇率波动呈非线性相关关系。除使用企业价值受汇率波动影响的线性研究模型外，Bartram在 2004 年采用比美国等更为依赖国际贸易的德国企业作为研究样本，发现德国企业的价值存在对双边和多边汇率的线性和非线性暴露，企业的境外销售收入以及流动性均是其汇率风险暴露的决定因素。其研究认为以往文献未发现明显的汇率风险暴露的原因可能是企业会使用外汇期权、期权组合或互换交易作为风险管理工具，而这些工具的非线性收益结构可覆盖与汇率波动非线性相关的那部分企业资产价值的风险暴露；再者，使用加权的汇率指数可能掩盖了企业个体面临的汇率风险。Krapl 在 2017 年使用 1986—2013 年美国跨国企业样本研究了企业现金流和净收入的非对称汇率风险暴露程度，并从现金流和折现率两个渠道解释企业股票收益的汇率风险暴露，发现分别有 57% 和 65% 的美国跨国公司现金流和净收入受汇率波动的明显影响，35% 和 34. 07% 的样本企业现金流和净收入有显著的非对称汇率风险暴露，规模小、成长型、高流动性以及境外销售比例较大的企业现金流的非对称汇率风险暴露程度更大。谷任和朱琳慧在 2016 年基于线性与非线性风险暴露模型对我国进出口和纯本土经营的 1 786 家上市公司价值受多国汇率波动影响的实证研究表明，所有行业上市公司存在普遍的非线性汇率风险暴露。张瑞君和徐展在 2016 年发现存在外汇交易以及没有直接外汇交易的企业的企业价值均受人民币兑美元名义汇率波动的影响。

2. 企业的汇率风险对冲

当企业财务活动及价值受到汇率波动影响时，为维持经营稳定，企业往往会采取应对措施以减少汇率风险暴露程度。汇率风险对冲可以通过降低预期税收负担和债务成本、减少投资不足、降低破产成本和代理冲突等途径增加或稳定企业价值。因此，很多研究发现企业价值并未受到汇率波动的明显冲击或只有极少比例的企业受到汇率波动显著影响。除汇率风险对冲工具的运用之外，这其中的原因也可能来源于计量手段和样本选择的差异。我国企业在汇率风险加剧时通过外汇衍生品组合、调整外币债务等金融对冲工具，或境外分散经营、紧缩商业信用、提高产品质量或差异化水平等经营对冲工具进行风险对冲，以达到稳定或提高企业价值的目标。由于境外并购可以实现多国经营、降低对特定国家出口的依赖性等目标，常作为汇率风险的经营对冲手段。

正如汇率波动对企业价值造成的非对称影响，企业在应对不同方向和波动程度的汇率变化时，也可能采取非对称的汇率风险对冲手段。Hutson 和 Laing 在 2014 年采用 1999—2006 年间美国企业样本，将企业实施跨国经营战略作为汇率风险经营对冲的衡量方式，研究其与金融对冲、企业风险暴露程度之间的关系，发现金融对冲与经营对冲之间呈非线性互补关系，而企业采取的金融和经营对冲手段均可以显著降低汇率暴露风险，但是当汇率波动幅度较大时金融对冲的有效性消失，其与经营对冲之间的互补关系减弱。上述研究证实了在外部危机时期企业经营对冲手段比金融对冲可以为其提供更好的保护。

我国学者也对企业汇率风险对冲手段与汇率风险暴露之间关系进行了一系列实证研究。在经营对冲工具效果方面，刘啟仁和黄建忠 2017 年在分析企业层面实际有效汇率波动及波动幅度变化对研发投资影响关系时发现，表征价值链优势的外部融资约束程度低、反映企业生产率的出口目的地多样化、表征市场势力的成本加成率、出口商品种类的多样化、政治关联及政府扶持均是应对汇率升值及波动弹性增大抑制研发投资的有效工具。李平等在 2017 年的研究认为：在金融市场较为发达的国家，跨国企业会采用部分敞口不完全对冲、多国经营实现自然对冲等方式应对汇率风险，但我国外汇衍生品发展较为滞后，企业面临的汇率风险可能相对较高。在金融对冲工具效果方面，郭飞在 2012 年分析我国非金融跨国上市公司数据发现，外汇衍生品对企业价值增值有促进作用，但企业外汇衍生品的使用带来的价值增值程度随人民币升值预期变化而变化。郭飞等在 2014 年选取美的电器为对象进行案例研究，发现远期结汇、远期售汇和各种外汇衍生品组合可以有效降低汇率交易风险，跨国经营带来的销售收入币种多元化可以有效降低汇率交易风险和经济风险，因此，企业跨国经营和金融对冲可以降低人民币汇率波动对企业经营、投资和融资活动以及企业价值的影响。鲁晓东等在 2019 年发现大出口商同时也是大进口商的双重身份会提高出口企业的汇率免疫力，中间品进口与最终品出口会形成一个汇率对冲机制，弱化了汇率对产品市场价格的传导效应。

综上，企业可能为应对汇率波动的不利冲击采取经营对冲或金融对冲等手段，但以往研究往往注重两者之间互补或替代关系以及对企业价值的影响，除邵丽丽和孙铮等在 2017 年的研究外一般忽略了汇率实际波动程度的调节作用，且大部分以有国际贸易或外汇交易的上市公司为研究对象，仅张瑞君和徐展在

2016 年关注到无外汇交易的企业仍会受到汇率波动的影响。我们通过构建汇率波动与境外并购决策之间的逻辑关系，认为境外并购可以作为企业的一种调整成本较高的汇率风险经营对冲手段，但在汇率波动下，境外并购决策是否可以帮助企业降低汇率风险暴露程度仍需检验。这一方面的分析将拓展企业的汇率风险经营对冲手段与公司价值相关关系的研究文献。

1.3.4 汇率波动与企业并购绩效相关研究

Chakrabarti 和 Scholnick 在 2002 年的研究、Chakrabarti 等人在 2009 年的研究均认为，汇率波动既作用于企业国际贸易或境外投资的决策，也对境外并购的成功与否产生重要影响。以往研究较少地关注汇率波动与境外并购绩效之间的关系及作用机制，但部分文献在对境外并购绩效其他影响因素进行探究时将汇率波动作为控制因素考虑。

在汇率水平层面，Froot 和 Stein 在 1991 年的研究认为，在并购方所在国家相对币值较高时更易发生境外并购，此时有利于并购方以相对较低的价格购入境外目标方，从而提高并购绩效，但是若并购方高估了本币升值影响，对目标方价值评估过高，也不利于并购绩效的提升。Dewenter 在 1995 年使用外国企业对美国目标企业的跨国并购数据研究美元价值与并购价格之间的关系，认为并购方国家货币相对目标国货币的升值有利于并购金额的相对降低，进而有利于提升并购方财务绩效。Erel 等人的研究认为估值因素在境外并购决策及并购绩效中具有重要作用，在交易宣告之前汇率升值国家的企业更易成为并购交易的买方，获得高估值的买方在并购交易中获得更高的异常收益。顾露露和 Reed 在 2011 年采用我国企业境外并购样本和事件研究法探究并购方在交易宣布的前后短期和长期窗口内的累计超额收益变化，采用美元与人民币的中间汇率衡量我国企业境外并购绩效中的汇率影响因素，发现人民币中间汇率相对美元升值 1 个百分点有利于提升并购方约 3 倍的超额收益。Danbolt 和 Maciver 在 2012 年研究发现，与直觉不同的是，在英国企业作为跨国并购目标方的样本中，并购公告前并购方所在国币值相对英国降低；但在英国企业作为跨国并购方的样本中，并购公告前英国币值相对于目标方所在国家有上升但不显著。其进一步研究表明，相对国内并购，汇率变化并未对境外并购目标方或并购方的增量财富效应产生显著影响。谢红军和蒋殿春在 2017 年对我国企业境外并购的实证研究并未发现名义汇率对境外并购的明显作用，因此无法解释汇率波动对并购经济后果是否有增量影响。

从汇率波动程度视角，Chakrabarti 等人在 2009 年使用并购交易前 36 个月的目标方和并购方所在国家之间月度汇率标准差衡量汇率波动程度，但并未发现其对境外并购的短期或长期财务绩效的明显作用。张学超和宣国良在 2006

年采用境外并购企业样本探究并购方公司的汇率风险暴露程度以及企业价值随汇率波动的变化程度，发现汇率波动降低了境外并购企业的超额收益。孙文莉等在2016年对我国企业境外并购完成率受宏观风险影响程度的研究表明，东道国汇率波动风险增加了交易不确定性，并购后整合效率可预见性较低，不利于我国企业成功并购发达国家目标企业，但对发展中国家的境外并购影响不显著。以上研究对汇率波动程度与并购绩效之间关系结论的不一致可能来源于未将企业的汇率风险应对措施考虑在内。

从目标方企业财务绩效视角，曾亚敏和廖理在2008年采用外资并购我国上市公司样本探究并购目标方股票收益受汇率因素的影响，发现被收购的我国上市公司在外资并购首次宣告日附近的短期事件窗口内均呈显著为正的超额收益率，且该收益率受并购方所在国家货币相对人民币的汇率水平影响：人民币相对东道国货币的贬值增强了并购方的相对财富水平和支付能力，更高的支付溢价为目标方企业带来更高收益。顾露露等人在2017年发现人民币相对美元的升值显著提高了我国企业作为并购方的境外并购交易中目标上市企业的短期超额收益率。

1.3.5 国内外研究现状评价

通过对汇率波动与企业长期投资、汇率波动与企业对外直接投资、汇率波动与企业价值、汇率波动与企业并购绩效的影响因素等方面的相关文献进行综述，主要结论包括：

① 汇率波动是影响企业投资决策、对外直接投资决策及企业内部资源国际化配置的重要因素，但现有文献仅停留于汇率波动引发企业投资能力或动机变化进而改变投资决策（包括投资规模、投资强度、投资方式等）层面的研究，对企业投资经济后果或对外直接投资经济后果受汇率波动影响的关注不足。在汇率波动下，企业将基于盈利能力、货币购买力、投资预期收益、市场竞争压力等因素的变化改变投资决策，而此类投资是否具有价值增值效应仍待检验。境外并购属于企业长期投资的重要内容，同时是我国企业进行对外直接投资的主要形式，探究汇率波动与企业境外并购之间的关系有助于拓展汇率波动与投资领域的理论研究。

② 我国汇率制度改革与汇率市场化进一步加强了市场在汇率形成中的作用，汇率波动带来要素或资产价格短期变化对企业投资决策及经济后果的影响重要性凸显，以往文献对境外并购决策驱动因素的探究主要关注制度距离、文化差异、会计准则、社会关系、公司治理等，而此类因素对企业境外并购的影响更趋于累积性后果，无法完全解释我国境外并购规模在某一年度高速增长（2015—2016年）或占对外直接投资比例明显高于附近年份（2008年）的“峰

聚”特征。汇率作为宏观国际价格变量，将对要素、产品、资产（尤其是股票）等价格造成短期影响，我们将从汇率视角探讨我国上市公司是否存在“择时”境外并购现象以及择时境外并购的效率表现。

③ 现有文献有关并购绩效的考虑主要从并购后股票收益变化、并购前后盈利能力变化等财务绩效角度展开分析，注重并购的“财富效应”以及外部资本市场的认可程度，但实际运营效率无法仅用盈利能力或股价反应完全概括。并购交易带来的企业竞争力和资源（资本）配置效率等方面的改善或恶化也是并购经济后果的重要内容，尤其在资产价格（估值优势）驱动的境外并购决策下，择时进行并购交易的并购方企业可能并未对目标企业进行有效估值且不具备协同整合目标企业的能力，因此，这类决策虽然受益于资产价格优势带来的财务收益，但可能并不利于企业生产效率和资源配置效率的提升。我们将从境外并购交易中并购方角度，探究并购前后企业全要素生产率、投资效率、企业间资源配置效率的变化，拓展并购经济后果的相关研究。

1.4 概念界定

1.4.1 汇率波动

本书从本国货币相对其他货币的名义及实际价格变化（汇率升贬值，即汇率水平变化）、价格变化程度（某一时期内汇率升贬值波动程度，即汇率波动程度）及货币预期价格变化（汇率升值或贬值预期，即汇率预期）三个维度定义汇率波动，具体如下。

1. 汇率水平变化

在汇率水平变化方面，我们分别使用人民币兑美元名义汇率（对境外并购规模、境外并购效率等研究中进一步使用人民币兑目标企业所在国家货币名义汇率）和人民币实际有效汇率衡量汇率水平变化。

现有研究通常采用海关数据库提供的企业进出口数据计算企业层面的实际有效汇率，进而体现出不同企业的主要贸易国家和对各国进出口份额差异导致的在国家层面汇率统一波动下实际面临的汇率差异，但这种计算方式已将企业根据宏观价格波动调整过的贸易决策考虑在内，反向因果关系增强。受数据限制且为稳健性考虑，在实证研究章节，我们通过行业进出口数据计算出行业层面实际有效汇率，替代国家层面汇率指标。

2. 汇率波动程度

汇率波动程度是指一段时期内汇率水平变化的幅度，衡量的是企业面临的汇率风险。现有研究多采用某个时期内的汇率标准差作为衡量指标，但汇率波动计量时的时间序列选取及计算方法的差异均有可能是导致汇率与对外直接投资之间异质关系的原因。李平等人在 2017 年将汇率风险计量指标分为汇率实际波动风险和预期风险，汇率实际波动风险即常被实证研究使用的年内汇率波动率，而预期风险使用年末汇率水平变化和年内月度汇率离散系数，分别代表汇率预期变化风险以及汇率预期波动风险。参考李平等人的研究，在境外并购决策和境外并购效率的回归分析中我们使用公司 - 年度样本滞后 1 年内人民币兑美元名义汇率和人民币实际有效汇率月度值的标准差衡量汇率波动程度，在稳健性检验中使用并购交易宣告月份滞后 1 年内月度汇率标准差作为替代。

3. 汇率预期

汇率预期是指对未来某个时期内货币间比价关系的预测，汇率预期影响企业管理层对潜在投资项目的成本支出与未来现金流实现情况的评价，因此，我们将其纳入汇率波动的统一概念框架，并探究汇率预期在境外并购决策中的作用。

在汇率预期衡量指标方面，郭妍和和张立光在 2009 年使用 1 年期境外（离岸）人民币 NDF 汇率作为汇率预期变量；李艳丽和彭红枫在 2014 年采用人民币兑美元远期汇率的掉期率，即人民币兑美元的远期汇率与即期汇率的差异作为汇率预期的衡量指标；郭凯和张笑梅在 2014 年选取成交最为活跃的 1 个月期和 3 个月期的 NDF 价格构造升值预期。彭红枫在 2011 年使用人民币实际有效汇率自回归计算出的残差作为汇率预期，但此方法计算与汇率水平滞后期选择相关，回归模型中的不同滞后阶数可能导致不同的实证研究结果。基于以上研究，我们选取 WIND 数据库中 1 年期人民币无本金交割远期外汇交易（non-deliverable forwards，NDF）与在岸人民币兑美元名义汇率差额作为汇率预期的衡量指标。

1.4.2 境外并购

根据国家统计局的统计指标解释，对外直接投资指我国境内投资主体（包括企业、团体等）在国外及港澳台地区以现金、实物、无形资产等方式投资，并以控制国（境）外企业的经营管理权为核心的经济活动。对外直接投资一般包括绿地投资和境外并购，其中，绿地投资为新建投资，指境内投资者在东道国建立的部分或全部资产所有权归该投资者所有。

根据商务部、国家统计局与国家外汇管理局在《对外直接投资统计制度》中的定义，境外并购（cross-border M&A）包括兼并与收购，前者指境内投资者（或通过其直接投资设立的境外企业）在国（境）外合并其他境外独立企业的行为，后者是指境内投资者（或通过其直接投资设立的境外企业）在国

（境）外使用现金、有价证券等方式购买境外实体企业（包括项目）的股票或资产，以获得该企业（或项目）的全部资产或者某项资产的所有权，或对企业的控制权。

1.4.3 境外并购效率

境外并购效率即企业作为并购方实施境外并购后以财务绩效和非财务绩效变化为表征的并购协同效应情况。理性的并购方在预期交易发生后可以产生来自规模经济、资源互补、风险分散等因素带来的协同收益时会执行并购决策。传统有关企业并购经济后果的文献主要是对并购交易完成后并购方或目标方企业的盈利能力变化或股票市场反应进行分析，但仅研究财务状况隐藏了并购协同带来的潜在企业生产效率变化及资源配置效率变化，而资源配置关系到并购方与目标企业的长期价值走势，我们从并购方视角将企业境外并购效率分为以下层面进行研究。

1. 并购带来的财务绩效：会计利润与股票收益

并购完成后的企业财务绩效变化，既显示出潜在效率变化和协同效应在相对较短期间内的实现，也表征了并购后企业股东可获得的收益。根据现有文献，首先采用境外并购公告日附近窗口期的累计超额收益衡量短期财务绩效；但由于股价中噪声的存在，参考汝毅和吕萍在2014年、Lee等人在2015年的研究，我们进一步采用并购交易前后并购方企业盈利能力（息税前利润率和净资产收益率）变化作为并购财务绩效的另一衡量方式。

2. 并购带来的非财务绩效：全要素生产率

全要素生产率表示除去全部要素投入后的非生产性投入带来的企业产出增长，主要包括技术效率、组织管理、制度改良、知识水平等方面。改革开放以来，尽管很多研究认为要素投入是推动经济高速增长的首要因素，但生产率提升在我国经济增长中也发挥着重要作用。境外并购发生后，并购方企业有动机对目标企业进行组织重构以提高效率，而并购方由于目标企业的加入也会对自身生产经营结构进行调整。我们选取境外并购前后并购方企业的全要素生产率变化作为并购非财务绩效的衡量指标。

3. 并购方企业的内部资源配置效率和企业间资源配置效率

资源配置效率主要强调资源投入与收益产出之间的匹配关系和调整的及时性，参考毛新述和余德慧在2013年、马光荣在2014年的研究，我们采用并购方企业在境外并购前后投资效率变化衡量内部资源配置效率，采用境外并购前后企业资本投入与全要素生产率之间的敏感关系变化衡量并购方（与其他企业）企业间资源配置效率，检验境外并购过程是否可以实现企业内外部资源的重新优化配置。

1.5 内容安排与研究方法

根据研究背景和研究问题，本书共分为7章，概括为5个主要部分。

第1部分为第1章“前言”，为本书的研究基础。基于现实背景和理论背景提出主要研究问题和研究意义；对现有相关文献进行回顾与评价，包括汇率波动与微观企业投资、汇率波动与对外直接投资（OFDI）、汇率波动与企业价值、汇率波动与企业并购等方面，以对研究汇率波动对境外并购的影响关系提供借鉴；最后对汇率波动、境外并购、境外并购效率等核心概念进行界定，确定全书研究框架和技术路线。

第2部分为第2章“汇率波动与我国企业境外并购发展现状分析”，内容包括汇率制度与境外并购政策等背景环境梳理、我国境外并购发展现状的描述性统计、汇率波动与境外并购行为及效率之间的初步拟合关系，为实证分析汇率波动对境外并购的影响奠定基础。

第3部分为第3章“理论分析与实证研究框架”，对汇率波动影响我国企业境外并购决策及境外并购效率的作用机理进行分析，并根据理论分析框架设计实证研究思路。基于有关汇率波动对要素、产品、物价水平等不同层次价格影响的汇率传递理论，有关企业异质性与竞争优势驱动境外并购决策的竞争优势理论、有关企业并购尤其是境外并购中各利益相关方代理冲突的信息不对称理论，以及有关企业在风险条件下进行境外并购决策的风险规避或实物期权理论基本思想，我们提出了汇率波动对境外并购决策和并购效率影响的基本逻辑。本章最后说明了研究样本及数据来源，并对核心模型进行阐述。

第4部分为第4~6章，是实证检验部分。第4章为第一个研究问题——汇率波动与我国企业境外并购决策之间关系的实证检验，针对我们提出的汇率水平变化对境外并购决策影响的“投资效应”与“对冲效应”，以及基于风险规避或实物期权动机的境外并购决策对汇率波动程度的敏感性，本章采用Probit模型进行回归分析，并通过一系列扩展检验论证假设。第5章为第二个研究问题——汇率波动与我国企业境外并购效率之间关系的实证检验，采用OLS回归模型探究并购财务绩效、非财务绩效、投资效率变化及企业间资源配置效率变化受汇率水平及汇率波动程度的影响，并分别从汇率波动导致的购买力或企业生产率变化、市场竞争和汇率风险环境变化、企业价值的汇率风险暴露等作用机制解释境外并购效率成因；第6章为第三个研究问题——企业境外并购中融资特征和并购支付方式对境外并购-汇率波动敏感性影响机制的实证检验，分别从融资约束、融资来源（债权或股权）、特殊融资方式（风险投资支持）、支付方式（现金或换股）等不同维度解释境外并购－汇率波动敏感性的差异化特征。

第5部分为第7章，即研究结论、研究局限和政策建议。

本书以理论分析与大样本实证研究为主要方法，在研究过程中结合上市公司具体情况，辅以实地调研与案例研究等其他方法，深入挖掘企业境外并购决策及并购效率受汇率波动影响的结果及作用渠道。依据主要研究内容设计，将遵循“文献回顾—现状分析—理论分析—假说提出—模型构建—变量定义—样本与数据选取—统计检验—实证结果分析—结论与启示”的思路，综合采用描述性统计、相关性分析、固定效应模型、事件研究法、时间序列分析、倾向匹配得分、双重差分模型等方法对相关研究内容进行深入分析。

第2章

汇率波动与我国企业境外并购发展现状分析

随着“一带一路”倡议的实施，我国对外直接投资规模迅速增加，其中，境外并购的高速增长及其对企业价值、产业转型、经济发展的影响引起了学术界和业界的关注。近年来，我国对外直接投资中民营企业主导比例虽逐渐上升，但国有企业的投资额仍占据半数以上比例；相对不具竞争优势的以租赁和商务服务业为代表的第三产业占据对外直接投资的最高比例，具有相对竞争优势的制造业部门投资存量远远低于服务业部门，但流向制造业的投资正逐年增长；相对绿地投资，我国通过境外并购实现对外直接投资增长幅度更高。在企业主导的境外并购方面，据Dealogic统计数据显示，我国各行业企业发起的主动收购提议或以失败告终，或趋向于支付较高的并购溢价完成并购，并购后的企业协调整合和组织管理效果也受到多方质疑。2016 年 12 月，中华人民共和国发展和改革委员会、商务部、中国人民银行和国家外汇管理局等监管机构鼓励上市公司理性并购，密切关注房地产、酒店、影城、娱乐业等领域出现的“非理性境外投资”倾向，并特别注意境外并购交易中的“高估值”和“高业绩承诺”，着重审视对外直接投资中的风险隐患。

随着汇率形成机制市场化改革的推进，人民币汇率双向波动的幅度逐渐增加，在非对称的国际分工体系下，受产业结构、要素禀赋、产品类型、国际市场势力等限制，发展中国家的企业可能多数采用消费市场货币定价，承担了浮动汇率制度下更大比例的汇率风险，直接影响本币计价利润和企业价值，汇率风险管理显得尤为重要。汇率波动可能通过影响企业营业利润和投资动机、市场经营与汇率风险环境、竞争优势和资产价格等因素作用于跨国企业国际贸易和对外直接投资。

本章通过对人民币汇率波动与我国企业境外并购分布及发展趋势进行描述性统计，初步拟合汇率波动与境外并购（决策和效率）之间的关系，为后文实证探究汇率波动对我国企业境外并购决策及效率的影响奠定基础。

2.1　人民币汇率波动与我国企业境外并购倾向

2.1.1　我国汇率制度环境及人民币汇率走势

2017 年，党的十九大报告指出必须深化金融体制改革，健全货币政策和宏观审慎政策双支柱调控框架，深化利率和汇率市场化改革；2020 年，《中共中央　国务院关于新时代加快完善社会主义市场经济体制的意见》要求继续完善人民币汇率市场化形成机制，增强双向浮动弹性。“十四五”规划建议指出，在全面提高对外开放水平的同时需“稳慎推进人民币国际化，坚持市场驱动和企业自主选择，营造以人民币自由使用为基础的新型互利合作关系”。汇率市场化改革和人民币国际化是我国现阶段以及未来一段时间内要素市场化配置改革的重要内容。其中，汇率是跨境资金价格，而外汇市场与资本市场之间的联动关系已得到广泛验证，汇率市场化对资本市场价格波动、国际贸易和跨境投融资等方面将有直接影响。我国汇率制度在新中国成立以后经历了数次变革，经历了从类市场化、非市场化到市场化改革等不同阶段。图 2－1 为 1994 年人民币官方汇率与外汇调剂价格并轨之前的汇率制度与汇率大体走势情况。

从 1994 年起，人民币官方汇率与外汇调剂价格并轨，我国开始实行以市场供求为基础的、单一的、有管理的浮动汇率制度，个人和企业可按规定向银行买卖外汇，银行参与全国统一的银行间外汇市场交易，进而形成市场汇率，中国人民银行设置汇率浮动幅度并通过公开市场操作平抑供求、保持人民币汇率相对稳定。我国在此期间实施银行结售汇制度：在结汇方面，经常性项目的外汇收入实施强制结汇和超额结汇制度，资本性项目外汇收入结汇实行审批和一定限制制度；在售汇方面，经常性项目基本可兑换，对资本项目外汇售汇实行管制。此外，银行结售汇周转头寸实施上下限双向管理制度。该制度垄断了外汇来源和供给渠道，中国人民银行成为外汇市场交易的主体。

参照双轨制时调剂市场汇率，1994 年 1 月 1 日人民币官方汇率由 1993 年 12 月 31 日的 1∶5.80 调至 1∶8.70。以市场为基础的浮动汇率在一定程度上增加了人民币汇率弹性，微观企业主体可按照国际及国内市场汇率变动情况调节生

1949—1952 单一浮动汇率制	此阶段实施以中国人民银行为核心的新中国金融体系并发行统一货币（人民币），实施统一的汇率制度和外汇管理制度。 人民币汇率形成主要来源于“物价对比法”，即以人民币兑美元的出口贸易商品比较价格、进口商品比较价格以及华侨日用品生活费用比较价格的加权平均数调整。 1949年1月19日天津口岸首先确定了1美元兑换800元旧人民币的汇率，并以此套算旧人民币与其他货币之间的汇率。1952年1月1日起，我国由制定美元汇率改为英镑汇率。 此阶段的物价变化带来汇率波动幅度及频率较大，汇率制度偏向市场化自由定价机制
1953—1972 单一固定汇率制	此阶段我国建立了高度集中统一的利率和汇率管理制度，人民币也呈计划特征，20年间基本保持在美元兑人民币1：2.46的水平，并根据主要国家货币价格波动进行相应调整。此时的外汇收支实行指令性计划管理，外贸盈亏由国家财政负担。 西方国家按照布雷顿森林体系实施美元与黄金挂钩、其他货币与美元挂钩的固定汇率制度。此阶段的汇率制订不再基于物价变化和国际市场供求关系。 此阶段人民币汇率长期固定导致人民币严重高估，对外汇储备和商品出口造成极为不利的影响
1973—1980以“一篮子货币”计算的单一浮动汇率制	为减轻世界石油危机和布雷顿森林体系崩溃导致的国际货币剧烈波动对经济稳定的负面影响，人民币汇率开始采用“一篮子货币”加权平均法进行调整，选择具有代表性、与我国贸易相关性强、可以自由兑换的货币，按重要程度、国际市场变化、我国政策规定等加权计算人民币汇率，进而推行人民币计价结算和国际贸易，美元兑人民币汇率从1：2.46调至1：1.50。 此阶段的汇率制度保证了人民币在我国购买力的稳定，但未充分考虑外汇供求和人民币相对外币的实际购买力，贸易与非贸易单位使用单一汇率，造成人民币汇率高估（扭曲现象：平均出口换汇成本高于出口企业按银行牌价兑换的人民币，企业出口规模越大亏损越多、进口企业只赚不赔），外贸进出口不平衡情况加剧，贸易逆差逐渐增加，不利于经济增长和国际贸易环境的改善
1981—1984 双重汇率制	为缓解贸易逆差趋势逐渐扩大、政府财政负担过重以及出口行业亏损等问题，我国开始实行双重汇率制度，其中，官方汇率主要适用于运输、旅游等劳务项目和经常转移项目下的侨汇等外汇结算，贸易外汇内部结算汇率限于进出口贸易外汇的结算和外贸单位经济效益核算。此阶段人民币官方汇率由1：1.50（1981年7月）下调至1：2.30（1984年7月），官方汇率以盯住美元为主；贸易外汇内部结算汇率根据当时的出口换汇成本确定，固定在1：2.80。 此阶段贸易外汇内部结算汇率的使用在一定程度上缓解了由于出口换汇成本高于官方汇率导致的出口即亏损的扭曲现象，有利于配合当时的外汇留成制度，但双重汇率制没有完全消除人民币汇率高估的问题，同时还造成国家外汇管理的混乱。
1985—1994 双轨汇率制	我国于1985年1月1日取消贸易外汇内部结算，贸易和非贸易外汇兑换均使用单一官方汇率。随着出口企业外汇留成的逐渐增加，开始建立外汇调剂中心以使用外汇调剂市场汇率补偿出口亏损和促进出口创汇，实行的是官方汇率与外汇调剂价格并存的双轨汇率制度。 这一时期，根据出口换汇成本的上升，人民币官方汇率总体呈下跌状态，由1984年7月的1：2.30贬值至1985年1月的1：2.80，直至1990年11月调整至1：5.22。人民币的多次下调一定程度上改善了官方汇率高估的情况，但是通货膨胀水平的提高抵消了人民币下跌的效果，此时的人民币汇率依然高估。与此同时，外汇调剂价格受宏观经济政策影响波动较大，1988年后的通货膨胀和进口需求急增导致外汇供不应求，人民币市场调剂汇率不断下跌。至1993年年底，人民币对美元官方汇率与调剂汇率分别为1：5.70和1：8.70，官方汇率的调整并未赶上外汇调剂价格的变化。 此阶段汇率实际受政府干预，外币价格调整受市场供需调节程度较小、缺乏弹性。企业在不灵活的汇率机制下，以出口低级加工品为主，缺乏创新意识。双轨汇率制虽在一定程度上在稳定企业出口、积累国家外汇储备等方面起到积极作用，但双轨汇率的存在引发外汇市场投机行为，人民币信誉难以提高

图 2－1　1994 年人民币汇率并轨之前的汇率制度

产经营活动，提高经济效率。1997 年，由国际对冲基金投机炒作直接引发了亚洲金融危机，使泰国、菲律宾、印度尼西亚、韩国、日本、俄罗斯等国家货币价值暴跌，市场形成强烈的货币贬值预期。我国坚持人民币汇率不贬值，官方汇率基本维持在 1∶8.28 水平，汇率波动区间大幅收窄，为保持金融体系稳定做出了一定的贡献。在此阶段，单一“盯住美元”的汇率形成机制一方面稳定了出口企业的汇率预期，降低了外贸企业的外汇操作成本和结汇风险，汇率波动区间的收窄也最大限度地降低了金融风险，在一定程度上缓解了亚洲金融危机带来的负面作用，稳定了国内货币金融体系。

图 2-2 为 1957—2020 年月末人民币官方汇率变化走势。1981 年之前我国实施单一浮动汇率制度、单一固定汇率制度、单一浮动汇率制度，导致人民币币值长期高估；1981 年实施双重汇率制度之后，人民币官方汇率逐渐下调，币值高估现象逐步得到改善，但并未完全扭转；1994 年，我国汇率并轨，将人民币官方汇率一次性贬值至 1∶8.70，人民币汇率水平趋于合理，至 1997 年年底，人民币稳步升值 5%，一改连续贬值的常态。直至 2005 年汇改，人民币兑美元汇率一直保持稳中有小幅度升值。

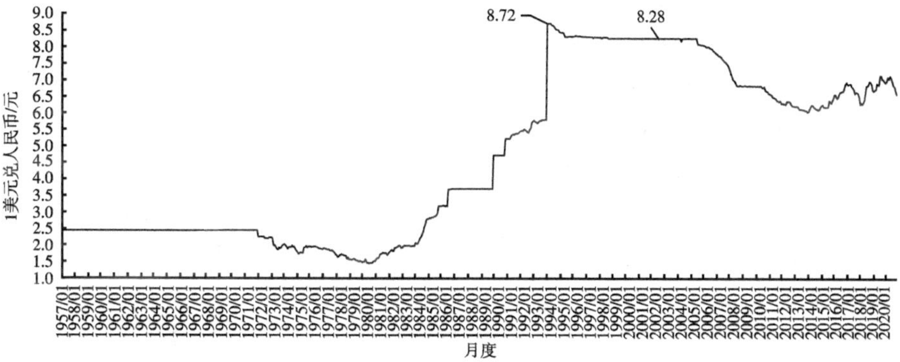

图 2-2　1957—2020 年月末人民币官方汇率（1 美元兑换人民币）走势图
（数据来源：国际清算银行 https://www.bis.org/.）

图 2-3 为 1994 年汇率并轨后，参考采用双边贸易关系进行加权平均得到的名义有效汇率以及在此基础上以消费者价格指数（CPI）进一步调节的实际有效汇率变化趋势。可以发现，我国为应对亚洲金融危机虽然稳定了官方名义汇率，但人民币有效汇率波动幅度剧烈。1998 年 8 月，人民币名义有效汇率达到峰值（为 94.51），相比 1997 年初增长了 17.4%。1998 年 9 月之后，人民币名义有效汇率和实际有效汇率开始回落，振幅仍然较大，在 2000 年 1 月分别降至 89.65 和 91.90。2002 年，随着美联储降息以及美元汇率走低，人民币名义有效汇率和实际有效汇率整体呈震荡下降趋势。

图 2－3　1994—2020 年月均人民币名义有效汇率与实际有效汇率走势图

（数据来源：国际清算银行 https：//www. bis. org/. ）

1994—2005 年间单一“盯住美元”的汇率制度忽略了我国外汇供求以及进出口贸易基本情况，美元兑人民币名义汇率的长期稳定最终导致人民币币值低估，加之外贸顺差的逐渐增加，出口规模逐渐扩大，外汇储备不断积累，人民币货币供应量不合理扩张，通货膨胀程度加剧，人民币面临升值压力；之前为应对外汇储备短缺而实行的出口退税政策进一步促进了外贸出口高速增长，进而引发贸易收支不平衡；单一“盯住美元”的汇率制度，对非美元计价国家的进出口贸易和对外直接投资有不利影响，非美元货币兑美元的剧烈波动对稳定我国企业的进出口和对外直接投资有负面作用；而经常项目的强制结售汇制度要求企业和个人必须将外汇卖给指定银行，银行的周转头寸范围外的外汇必须在银行间市场卖出，中国人民银行作为被动接盘者，约束了宏观调控能力。

基于以上背景，为进一步推进金融体制改革、促进人民币汇率合理定价、提高市场在汇率形成中的作用，2005 年 7 月 21 日，中国人民银行发布关于完善人民币汇率形成机制改革的公告，要求实行以市场供求为基础、参考“一篮子”货币进行调节、有管理的浮动汇率制度。“一篮子”货币是指根据我国国际贸易、外债、外商直接投资等发展情况，选取主要货币并根据重要程度赋予权重组成货币篮子。另外，“以市场供求为基础”强调了此阶段的汇率制度不再“盯住美元”而是“参考”货币篮子且以市场供求为基础计算人民币多边汇率，使人民币在一定范围内浮动，保持相对稳定。在银行间外汇市场中，每日外汇指定银行之间外汇交易中间价为上一工作日银行间外汇市场各货币兑人民币汇率收盘价，外汇指定银行可据此调整对企业和个人客户的挂牌汇价。每日银行间外汇市场美元兑人民币交易价格在中国人民银行公布的美元交易中间价上下 0. 3% 范围内浮动；非美元货币兑人民币交易价格在中国人民银行公布的该货币交易中间价上下 3% 的范围内浮动。此后，中国人民银行进行了三次人民币兑美元交易价浮动幅度的调整以增强人民币汇率双向浮动弹性：2007 年 5 月 21 日将银行间即期外汇市场人民币兑美元交易价浮动幅度，由 0.3% 扩大至 0.5%；2012 年 4 月 16 日进一步扩大到 1%；2014 年 3 月 17 日由 1% 扩大至 2%。

但是，在外汇市场实际运行中，汇率中间价却经常与上一交易日收盘价有较大偏差，明显不符合市场定价特征，因此，汇率中间价常被看作央行汇率政策信号。为提高市场的决定作用，2015 年 8 月，中国人民银行进一步改进了人民币兑外币汇率中间价形成机制，强调中间价报价要参考前一日银行间外汇市场收盘价，确定收盘价与下一日中间价的连续特征要求。2017 年第二季度，外汇市场自律机制在原有“收盘价 + ‘一篮子’货币汇率变化”的报价模型中加入“逆周期因子”，以对冲市场情绪中的顺周期波动、进一步增强人民币兑美元双边汇率弹性。

如图 2 - 2 所示，2005 年 7 月底人民币兑美元名义汇率相对 7 月初升值约 2.06%，之后依次进入渐进升值和快速升值状态，并在 2006 年 9 月至 2007 年 1 月间升值速度达到 4% 左右，2006 年 6 月和 2008 年 4 月人民币兑美元名义汇率分别突破 8.0 和 7.0。随着 2008 年全球金融危机的爆发，全球各经济体经济活动放缓，信贷资源、全球工业产值、商品出口规模均急剧下降，我国外贸出口额也因外需降低而减少，出口企业出现大面积亏损，工业生产增速及国民生产总值增速也随之大幅滑落。我国采取上调出口退税率、“四万亿”投资计划、产业调整振兴计划等激励政策，并维持人民币名义汇率的相对稳定，直至 2010 年 7 月前，人民币兑美元汇率基本维持在 6.8 ~ 6.9。2010 年 8 月起，人民币兑美元汇率整体呈升值状态，在 2013 年 12 月底达到 1∶6.05，为 2005 年汇率改革以来人民币币值最高时点。之后人民币兑美元名义汇率开始震荡贬值，但于 2017 年后又呈震荡升值趋势。

在 2008 年全球金融危机之前，人民币兑美元名义汇率呈单调升值趋势，但名义有效汇率与实际有效汇率均呈双向波动趋势。如图 2 - 3 所示，在 2005 年 7 月至 11 月，名义有效汇率与实际有效汇率均处于升值状态，升值幅度分别达 3.43% 和 3.22%，之后升贬皆存，但整体呈震荡升值趋势。2008 年金融危机后，名义有效汇率与实际有效汇率震荡幅度加大，2008 年 10 月至 2009 年 5 月间最高分别攀升至 108.02 和 107.34，符合我们提出的价格变化因素驱动并购热潮、形成境外并购“峰聚”（2008 年）特征假设的现实条件。之后，人民币名义有效汇率与实际有效汇率总体呈震荡升值趋势，在 2015 年 2 月至 2016 年 5 月间分别攀升至 125 和 130 以上（同期我国企业境外并购规模呈高速增长状态），过后有所贬值。

图 2-4 为 2008—2017 年离岸市场中月度人民币兑美元的一年期无本金交割协议（NDF）与人民币兑美元中间价走向，在人民币汇率震荡波动的情况下，人民币离岸汇率不再单边升值或单边贬值，2008—2014 年 NDF（直接标价法）震荡下跌，之后在 2016 年之前 NDF 走高。我们使用的汇率预期指标为 1 年期 NDF 与在岸人民币兑美元名义汇率（直接标价法）差额，其值越大说明人民币贬值预期越强。从图 2-4 可以看出，汇率预期指标时间变化趋势与 NDF 原值变化趋势基本一致。2009—2011 年间，NDF 均低于人民币兑美元中间价，人民币存在升值预期；2011—2015 年间，人民币贬值预期增强，之后出现回落。

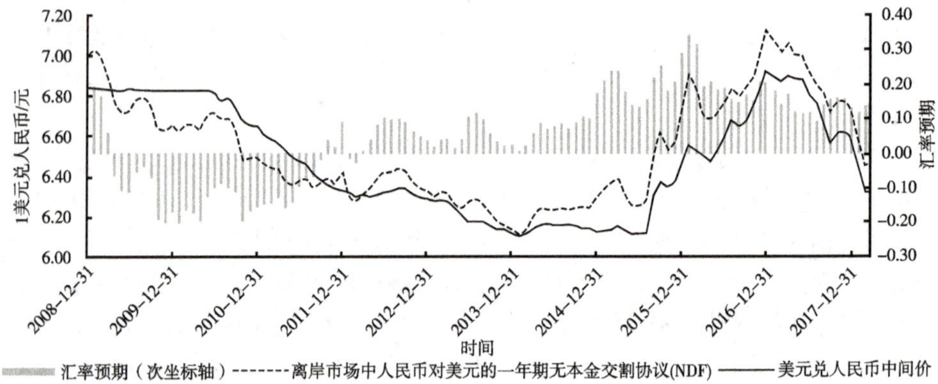

图 2-4　2008—2017 年离岸市场中人民币兑美元的一年期无本金交割协议（NDF）与汇率预期走势图

（数据来源：WIND 数据库）

2.1.2　我国境外并购制度环境及企业境外并购发展现状

1. 我国企业境外并购制度环境

在我国对外直接投资发展历史中，国有企业尤其是垄断行业的国有企业占据了较大比例，但国有企业管理层可能受制于政治升迁带来的短期压力进行低效投资；民营企业虽生产率高于国有企业但受信贷制约和政策限制致使对外直接投资不足。因此，引导投资的制度环境和金融支持对我国企业境外投资尤其是境外并购效率的影响不容忽视。图 2-5 为 1997—2017 年我国颁布的有关对外直接投资的宏观政策发展概况。

时间	政策
1997年 党的十五大	提出要利用国内国外两种市场、两种资源，积极推动我国企业参与世界范围内的区域经济合作和全球多边贸易体系，鼓励发挥我国比较优势的境外投资，将“引进来”和“走出去”战略结合起来以参与经济全球化竞争
2000年第九届全国人民代表大会第三次会议	将“走出去”战略作为国家级战略，并将“进一步鼓励具有比较优势的对外投资，建立健全境外投资的金融、外汇、法律等方面的配套服务体系，为实施‘走出去’战略创造条件”写入《中华人民共和国国民经济和社会发展第十个五年计划纲要》
2003年中国共产党第十六届三中全会	通过《中共中央关于完善社会主义市场经济体制的若干问题的决定》指出“走出去”战略是建设更加开放的经济体系的战略部署，强调利用国外资源与市场，提升国际经济技术合作，提高我国本土企业的国际竞争力。
2004年	2004年9月23日，中华人民共和国商务部第11次部务会议审议通过《关于境外投资开办企业核准事项的规定》（商务部2004年第16号部令），成为我国境外投资历史上第一次公开颁布的管理性文件。商务部为积极推进境外投资便利化，将境外投资核准权限下放到各省、自治区、直辖市和计划单列市政府商务主管部门，规范和简化了核准程序
2005年	2005年3月31日，商务部、国家外汇管理局联合发布《企业境外并购事项前期报告制度》，以向企业境外并购提供及时有效的政府服务
2013年	基于我国中低端产业产能过剩的现状，国家主席习近平提出贯穿亚欧非大陆、推动沿线各国经济战略互相对接、优势互补的“一带一路”倡议。该倡议和亚洲基础设施投资银行的成立提高了投资贸易便利化水平，进一步推动了我国企业对“一带一路”相关国家的直接投资
2014年	2014年3月7日，发布《国务院关于进一步优化企业兼并重组市场环境的意见》（国发〔2014〕14号），要求进一步简化企业兼并重组审批程序，引导商业银行稳妥开展并购贷款业务，鼓励符合条件的企业通过发行股票、企业债券、非金融企业债务融资工具、可转换债券等方式融资，鼓励具备实力的企业开展境外并购，在全球范围内优化资源配置
2014年	2014年11月23日，中国证券监督管理委员会发布《上市公司重大资产重组管理办法》，取消除“借壳上市”外的资产重组行政审批
2015年	2015年5月13日，发布《国务院关于推进国际产能和装备制造合作的指导意见》（国发〔2015〕30号），要求支持符合条件的企业和金融机构通过发行股票、债券、资产证券化产品在境内外市场募集资金，鼓励国内金融机构提高对境外资产或权益的处置能力，支持“走出去”企业以境外资产和股权等权益为抵押获得贷款，用于“走出去”项目
2016年	2016年3月，商务部与国资委联合发布《关于推动中央企业大力开展境外建设项目“建营一体化”工作的指导意见》（商合发〔2016〕66号），要求对“走出去”业务进行转型升级，保证境外建设项目质量与运营收益，在重要行业和关键领域保证国有资本控股地位，在新兴和科技行业形成明显的产业带动力，完善企业间资源配置效率
2016年	2016年11月，商务部、国家发展改革委、科技部、工业和信息化部、中国人民银行、海关总署、统计局等7部门联合下发《关于加强国际合作提高我国产业全球价值链地位的指导意见》，在财税政策、金融支持政策、创新与人才政策等方面提出优化产业全球价值链的改进建议
2016年	2016年12月，国家发展改革委、商务部、中国人民银行、国家外汇管理局就海外投资表示，密切关注在房地产、酒店、娱乐业等领域出现的非理性境外投资的倾向，以及大额非主业投资、有限合伙企业对外投资、“母小子大”、“快设快出”等类型对外投资中存在的风险隐患，审慎对待以规避人民币贬值的资金大规模出境。国家监管部门对海外投资风险管理和绩效表现给予更多关注
2017年	2017年8月18日，国家发展改革委、商务部、中国人民银行、外交部发布《关于进一步引导和规范境外投资方向的指导意见》（国办发〔2017〕74号），明确鼓励、限制及禁止开展的境外投资内容，进一步引导和规范境外投资方向，有效防范各类风险

图 2－5　1997—2017 年我国颁布的有关对外直接投资的宏观政策概况

新兴经济体的企业在国际市场中可能并不具备明显的竞争优势，在经济发展转型以及产业升级的压力下，很多新兴国家政府为企业境外投资提供激励性的政策支持。我国自“走出去”战略颁布之后，商务部、国家外汇管理局、中国证监会等部门均配套了相关政策，鼓励企业开展对外直接投资。由于对外直接投资所需资金规模大、投资期限长、经营风险高，针对我国企业尤其是民营企业“走出去”可能面临的融资约束问题，2014 年以来国务院先后发布《关于进一步优化企业兼并重组市场环境的意见》《关于推进国际产能和装备制造合作的指导意见》等文件，为我国特定行业企业开展对外直接投资提供金融支持。

Morck 等 2008 年认为，激进的投资者有动机实施过度境外投资，不利于国家金融系统稳定。我国监管部门已逐渐认识到非理性并购投资①的不良后果，2016 年，国家发展改革委、商务部、中国人民银行、国家外汇管理局就相关部门将加强对外投资监管答记者问，表示在推进对外直接投资便利化的同时应防范投资风险、减少非理性投资，促进对外投资健康有序发展，并对规避人民币预期贬值的资金出境现象给予特别关注。因此，我们对汇率波动与境外并购效率关系的研究有利于解释“对外投资收购泡沫”对企业长期运营和国家实体经济发展的不利影响，并为监管部门有效控制对外直接投资中的汇率风险提供理论依据。

2. 我国企业境外并购发展现状

《中国对外投资发展报告 2019》显示，在国际直接投资大幅下降的背景下，2018 年中国全行业对外直接投资 1 430. 4 亿美元，投资流量全球第二，占全球比重 14. 1%，对外投资大国地位持续巩固。中国对外投资已成为拉动全球跨境直接投资增长的重要引擎，对扩大对外贸易、提高企业竞争新优势、促进产业转型升级、深化我国与有关国家经贸关系、推动构建高质量开放型经济发挥了积极作用。

根据 UNCTADSTAT 数据库整理，截至 2016 年我国每年对外直接投资一直呈增长趋势，2017—2019 年这 3 年有所收紧（见图 2 -6），包括新建投资和境外并购在内的投资总额从 2003 年的 28. 55 亿美元增长至 2016 年末的 1 961. 49 亿美元（含金融类投资），2019 年约为 1 171. 20 亿美元；从对外直接投资存量来看，从 2003 年年底的 332. 22 亿美元增长至 2019 年年底的 20 994 亿美元（见图 2 -7）。截至 2019 年底，共有 2 万多家境内投资者于 200 多个国家（地区）设立对外直接投资企业 4 万家。另外，重要的是，我们观察到对外直接投资规模占 GDP 的比例在 2001、2008、2016 年比附近年份对应值更高（见图 2 -8），同时人民币有效汇率在 2001、2008、2016 年均处于附近前后年度期间的峰值（见图 2 -3），因此推断有效汇率升值与对外直接投资决策之间可能存在正相关关系。

① 这里的非理性并购投资主要包括：部分企业在开展对外直接投资或寻找并购目标时过度偏离经营主业、在没有系统战略规划和合理估值的前提下盲目做出并购决策，与此同时忽视了东道国环保、能耗、安全等标准或要求，进而引发矛盾纠纷，在交易完成后经营困难，损害企业价值；在房地产、酒店、影城、娱乐业、体育俱乐部等领域的部分境外并购，不仅未能实现预期并购目标、带动国内经济发展，反而导致企业经营风险提升、资金跨境流出大幅增加，不利于我国金融安全。

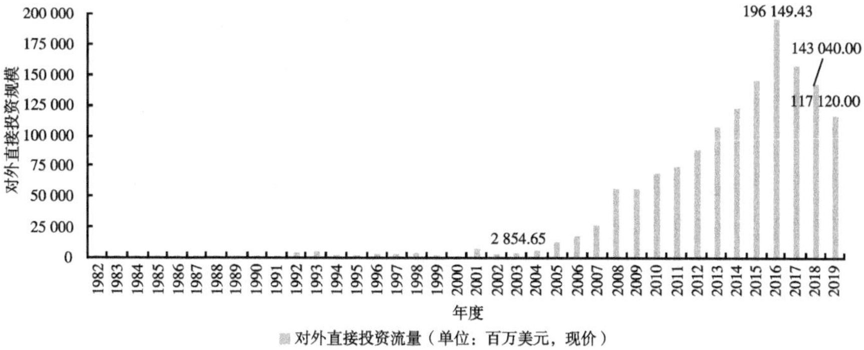

图 2-6　我国对外直接投资流量走势图

（数据整理自 UNCTADSTAT 数据库）

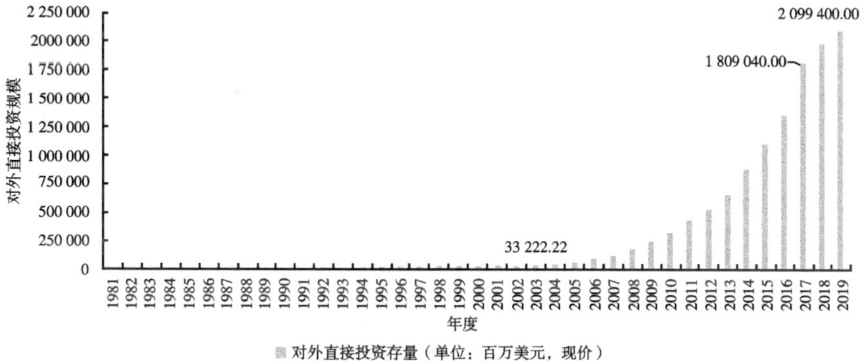

图 2-7　我国对外直接投资存量走势图

（数据整理自 UNCTADSTAT 数据库）

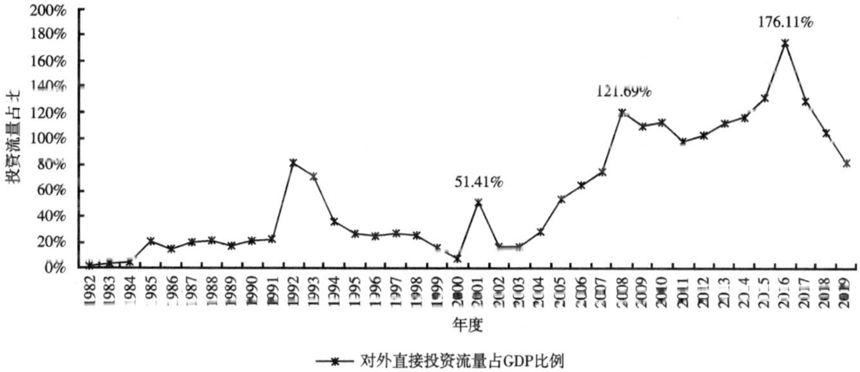

图 2-8　我国对外直接投资流量占 GDP 比例走势图

（数据整理自 UNCTADSTAT 数据库）

图 2 - 9 描述了 2003—2015 年我国对外直接投资中并购实际交易额和并购直接投资额①所占比例的年度变化趋势。从图中可以看出，我国境外并购占比于 2007 年显著下跌，但在 2008 年金融危机期间并购金额同比增加 379.4%，占总投资的比例达到 54%，并购金额及所占比例均高于附近年度，表现出明显的“峰聚”特征，这可能是由于资产价格的相对变化以及作为并购方的我国投资者的投机心理等原因所致，无法使用经济发展、制度距离、社会文化等因素的累积结果完全解释。2009 年之后，境外并购实际交易金额占对外直接投资金额的 40% ~50%。

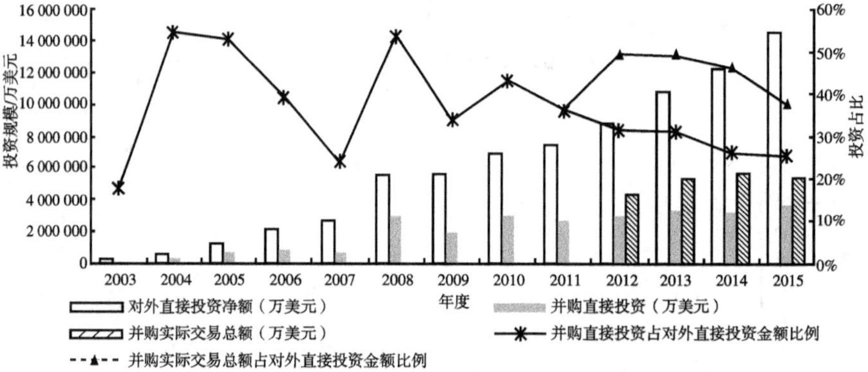

图 2 - 9　2003—2015 年我国对外直接投资流量与境外并购走势图
（数据来源：2003—2015 年《中国对外直接投资统计公报》）

为研究企业境外并购决策及并购效率，本部分进一步关注我国企业主导的境外并购交易发展趋势。我们使用来自 Thomson SDC Platinum 全球企业并购数据库的境外并购数据，描述性统计初始样本为并购交易宣告日在 1990 年 1 月 1 日至 2017 年 12 月 31 日、并购方为中国企业（包括上市公司与非上市公司②）的52 017个并购事件（4 769 个境外并购和 47 338 个境内并购事件），包括已完成、已宣告但未完成的全部并购交易。

从我国企业境外并购年度发展趋势来看（见图 2 - 10 和图 2 - 11），我国全

① 并购直接投资额表示并购实际交易额除去并购项目中境外融资支付的部分，即并购项目的融资来源为境内投资者的自有资金及境内银行贷款。但由于来源限制，我们仅获得了 2012 年之后并购实际交易额的数据。

② 为明确我国企业发起的境外并购事件分布，本章的描述性统计除特别说明外均包含非上市公司以及已宣告但目前状态不明（未撤销）的并购交易事项。在后续章节的实证检验部分，局限于财务数据可获得性、数据可靠性及实证研究效度，对上市公司于 2000. 1. 1—2016. 12. 31 日宣告并且截至目前已完成的境外并购样本进行实证检验。

行业企业的境外并购数量及交易金额（已披露部分①）的年度变化趋势，总体来看，我国企业通过境外并购实现“走出去”的规模逐年扩张，并购交易数量和金额在2014年后获得急剧增长，2015年和2016年的年度境外并购交易数量同比增长率分别为54.7%和40.7%，随着2016年12月国家发展改革委等监管机构提出理性并购、严格监管境外投资中风险隐患的要求出台后，2017年我国企业发起的境外并购数量及规模均有所降低。从年度并购交易完成情况来看，并购交易完成率没有明显提高。

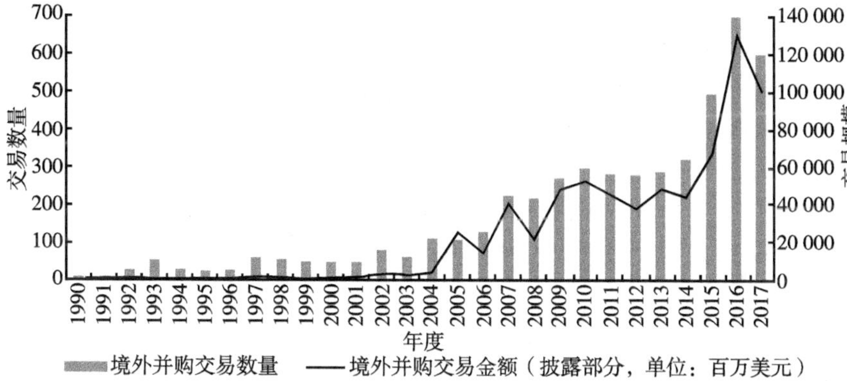

图2-10　我国企业宣告的境外并购交易年度变化趋势（1990.1.1—2017.12.31）

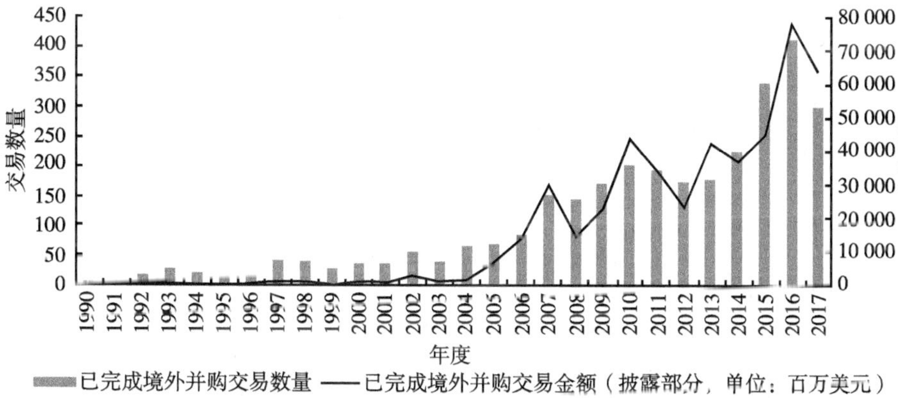

图2-11　我国企业已完成的境外并购交易年度变化趋势（1990.1.1—2017.12.31）

① 由于Thomson SDC Platinum全球企业并购数据库中交易金额数据缺失较多，且很多交易金额仅为估计值，此处仅汇总此字段详细列明的境外并购交易金额。

从我国境外并购企业所属行业①来看（见图2-12和图2-13），我国企业宣告的所有4 769笔境外并购交易中最终有3 009笔交易成功，其中以金融、保险、房地产业并购交易数量最多、金额最大，1990—2017年间制造业企业境外并购交易宣告共有1 588笔，完成962笔，交易金额共涉及1 301.66亿美元（披露部分），明显低于金融、保险、房地产业。在全行业企业并购中，由于自然资源获取及开拓境外市场动机较强，采矿行业企业的单位并购规模较大，已完成的最大规模的采矿业并购交易是中国石化以178亿美元并购巴西Repsol YPF Brasil SA的40%股权。另外，农林牧渔业、公共管理及建筑业企业境外并购发生率较低，这可能是由于这些行业本身不具备以高成长能力、强技术创新、高管理水平为表征的竞争优势，也没有拓展境外市场、学习先进经验、获取稀缺资源的动机，致使其难以开展有效率的境外并购。以上与国家层面的国际生产折中理论和行业层面的比较优势理论有所冲突，近30年中国境外并购并未发生在具有小规模技术优势的制造业部门，金融、保险及房地产行业的大型境外并购交易表明企业境外并购可能并非出于竞争优势，而具有短期套利特征。

从我国境外并购企业与目标方企业所属行业来看（见图2-14），参考垂直并购和横向并购的定义，我们对已完成的境外并购目的分类为横向并购、垂直并购（也称纵向并购）、多元化并购和其他②四类，此处仅以并购数量统计。可以看出我国企业已完成的境外并购目标主要为多元化并购，所占比例约为34.74%，分别有689和402起境外并购交易为横向并购和垂直并购③。

① 在国际行业分类以及Thomson SDC Platinum全球企业并购数据库中，常用SIC Code作为企业所处行业分类编码，为明确其与我国企业常用行业分类编码的对应关系，在附录A中，我们整理了我国《国民经济行业分类》（GB/T4754—2017）、证监会上市公司行业分类指引（2012版）与SIC Code行业编码对应列表。

② “其他”包括借壳上市（反向并购）、战略合作、管理层收购等无法归类至前三类并购目的的所有并购交易。

③ 同花顺（iFinD）企业并购事件研究数据库统计了企业并购后股价走向，从2012年以来我国已完成的56起境外并购交易来看，有50起以纯现金支付方式完成；多元化并购在（$t+120$）期间累计涨跌幅最高，其次为垂直并购、横向并购，以上三类境外并购累计涨跌幅为正；其他类别境外并购（$t+120$）期间累计涨跌幅为负。

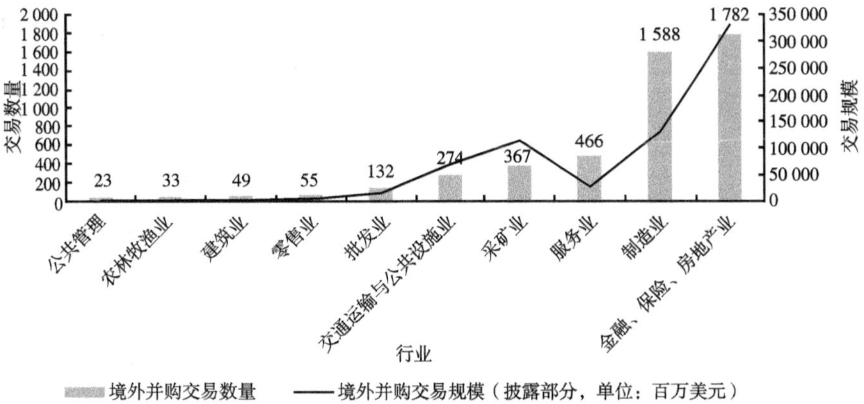

图 2－12　我国企业宣告的境外并购交易行业分布（1990. 1. 1—2017. 12. 31）

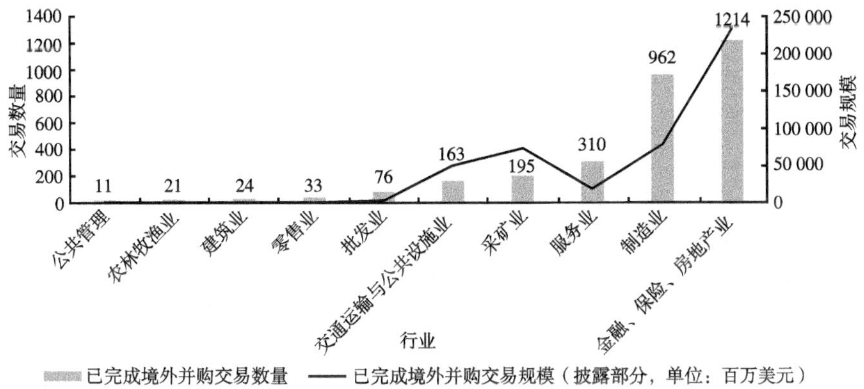

图 2－13　我国企业已完成的境外并购交易行业分布
（1990. 1. 1—2017. 12. 31）

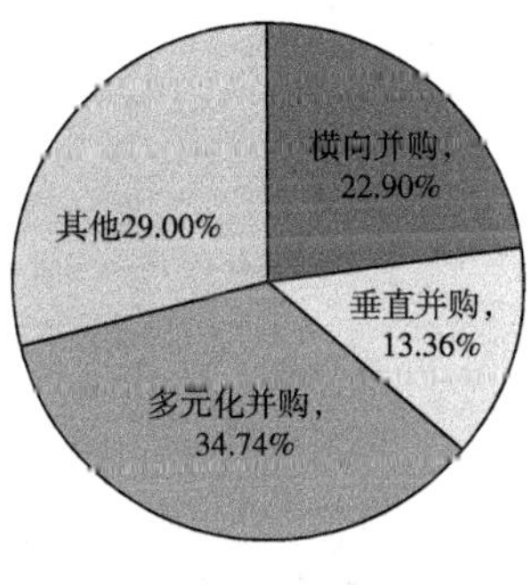

图 2－14　我国企业已完成的境外并购交易目标分布
（1990. 1. 1—2017. 12. 31）

从境内企业发起的境外并购目标企业所在国家分布来看，随着国家政策引导对外直接投资和企业“走出去”步伐加快，境内企业实施的境外并购逐渐从发展中国家向发达国家转移。据 Morck 等人在 2008 年的统计结果，截至 2005 年底，境内企业的对外直接投资主要由大型国有企业或处于国家垄断行业的企业发起，投资目标国家集中在亚洲、拉丁美洲及非洲，对欧洲和北美等发达地区的投资不到对外直接投资总量的 3%，很大比例的投资由于避税原因流向中国香港和其他避税海岛（开曼群岛、英属维尔京群岛等），或出于降低运营成本、获取自然资源和低廉劳动力等原因流向非洲国家。从表 2－1 对境内企业于 1990. 1. 1—2017. 12. 31 间宣告的境外并购交易样本目标方国家（地区）分布统计结果来看，境内企业宣告的 4 769 起境外并购交易涉及的目标方企业遍布 132 个国家（地区），其中以中国香港、美国、澳大利亚、新加坡、加拿大、德国等地占比最多，表明境内企业并非仅出于劳动力要素价格低廉、避税等驱动因素而进行境外并购交易。在发达国家或地区的投资，不仅为企业带来市场拓展和品牌声誉，同时能获取资源、提升技术，促进产业升级，这也可能是境内企业寻找不同国家并购标的的原因。

表 2－1 境内企业宣告的境外并购交易目标企业所在国家（地区）分布
（1990. 1. 1—2017. 12. 31）

国家或地区	交易数量	国家或地区	交易数量	国家或地区	交易数量
中国香港	1 205	美国	684	澳大利亚	401
新加坡	207	加拿大	193	德国	190
英国	172	日本	123	法国	113
意大利	105	韩国	88	中国台湾地区	85
巴西	60	英属维尔京群岛	58	俄罗斯	58
马来西亚	54	荷兰	52	西班牙	44
印度尼西亚	44	泰国	41	印度	40
以色列	37	越南	32	瑞典	31
新西兰	31	哈萨克斯坦	30	瑞士	30
南非	29	蒙古	26	比利时	21
挪威	18	奥地利	18	丹麦	17
阿根廷	15	智利	15	捷克	14
菲律宾	14	卢森堡	13	巴基斯坦	13
葡萄牙、芬兰、尼日利亚	12	百慕大群岛、爱尔兰、开曼群岛、乌克兰	11	哥伦比亚、柬埔寨、秘鲁、中国澳门、墨西哥	10

续表

国家或地区	交易数量	国家或地区	交易数量	国家或地区	交易数量
匈牙利	9	阿拉伯联合酋长国、土耳其	8	波兰、加蓬、希腊、刚果（金）	7
津巴布韦	6	塞拉利昂、几内亚、巴巴多斯、克罗地亚、塞尔维亚、塔吉克斯坦、埃及	5	牙买加、沙特阿拉伯、阿塞拜疆、塞浦路斯、约旦、赞比亚	4
斯洛文尼亚、斯里兰卡、乌兹别克斯坦、罗马尼亚、吉尔吉斯斯坦、立陶宛、伊拉克、刚果(布)、马耳他、厄多尔、乌干达、莫桑比克、爱沙尼亚、乌拉圭	3	白俄罗斯、委内瑞拉、特立尼达和多巴哥、加纳、玻利维亚、卡塔尔、哥斯达黎加、纳米比亚、老挝、毛里求斯、格鲁吉亚、厄立特里亚	2	莱索托、瓦努阿图、摩洛哥、萨尔瓦多、法属玻利尼西亚、泽西岛、英国属地曼岛、象牙海岸、肯尼亚、拉脱维亚、乍得、博茨瓦纳、伊朗	1

2.1.3　人民币汇率波动与企业境外并购年度变化趋势

1. 人民币汇率水平与企业境外并购年度变化趋势

为对汇率波动与我国企业境外并购决策之间的关系建立初步了解，本部分对人民币汇率水平与企业宣告的境外并购交易数量①年度变化趋势进行描述性统计，如图2－15所示。从企业宣告的境外并购数量与人民币有效汇率走势来看［见图2－15（a）］，两者之间存在较为一致的变化趋势；在1994—2005年间我国企业境外并购数量整体处于较低水平，人民币有效汇率的升值或贬值带来小幅度的境外并购增加或下降；在2005年汇率制度改革后，人民币名义有效汇率（NEER）和人民币实际有效汇率（REER）呈加速升值状态，而境外并购数量也出现快速增长趋势；人民币有效汇率在2015年达到最大值，而同期境外并购数量较2014年出现较高的增幅，并于2016年达到峰值，因此，汇率升值引致的境外并购倾向可能存在一定的滞后性。从企业宣告的境外并购数量与人民币兑美元名义汇率走势来看［见图2－15（b）］，人民币名义汇率升值与境外并购存在一定程度的相关性，但较人民币多边有效汇率有所下降。

① 如前所述，Thomson SDC Platinum全球企业并购数据库中境外并购交易金额数据缺失较多且多为估计值，市场中企业加总的并购交易金额并不准确，探究其与汇率波动时间变化的趋势一致性将存在较多噪声，因此不予考虑。

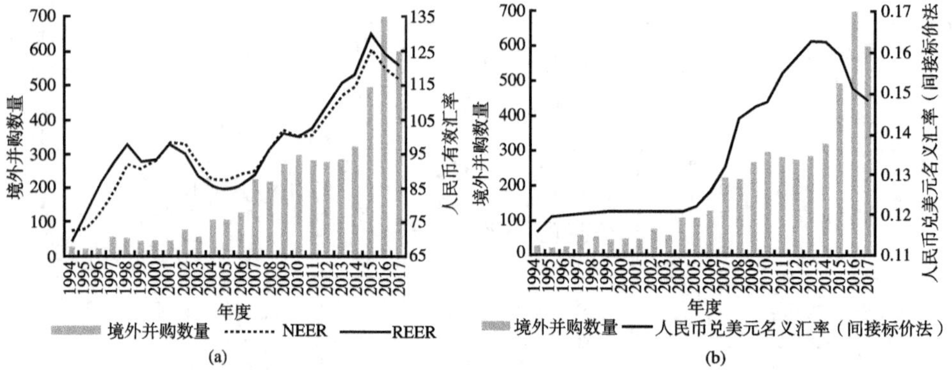

图 2－15　人民币汇率水平与企业宣告的境外并购数量年度变化趋势

2. 人民币汇率波动程度与企业境外并购年度变化趋势

图 2－16 为人民币汇率波动程度与企业宣告的境外并购数量年度变化趋势。其中，汇率波动程度分别使用对应年度内人民币名义有效汇率（NEER）原值、人民币实际有效汇率（REER）原值、人民币兑美元名义汇率（间接标价法）三者的月度标准差衡量。可以看出，人民币有效汇率与人民币兑美元名义汇率的波动程度存在较大差异，如在 1996—2005 年汇率制度改革之前，人民币兑美元名义汇率处于较为稳定的状态，但人民币有效汇率波动程度增减幅度较高。另外，人民币有效汇率波动程度与企业宣告的境外并购数量的时间趋势并不存在明显关系［见图 2－16（a）］，但在 2005 年之后（除 2009 年），尤其在 2011 年及以后，人民币兑美元名义汇率波动程度与企业宣告的境外并购数量走势较为一致［见图 2－16（b）］，故人民币名义汇率波动程度的增加可能导致企业宣告境外并购的倾向提升。

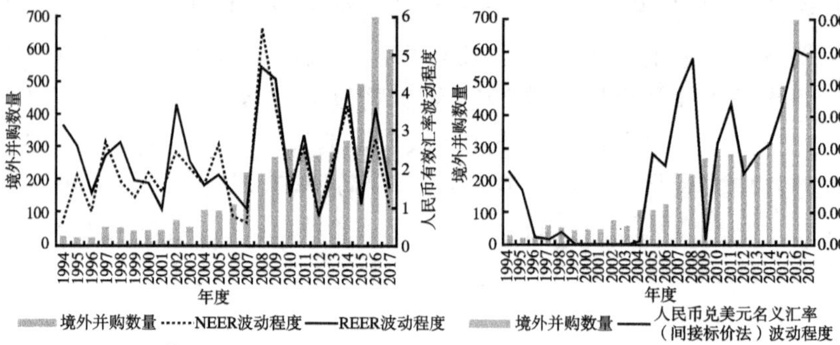

图 2－16　人民币汇率波动程度与企业宣告的境外并购数量年度变化趋势

3. 人民币汇率预期与企业境外并购年度变化趋势

图 2 - 17 为人民币汇率预期与我国企业宣告的境外并购数量年度变化趋势，汇率预期指标为 1 年期 NDF（non-deliverable forwards，无本金交割远期外汇交易）与在岸人民币兑美元名义汇率（直接标价法）的差额。在 2008—2010 年，人民币汇率贬值预期程度降低，但境外并购数量增加；在 2010—2017 年，人民币汇率贬值预期与企业宣告的境外并购数量随时间的变化趋势基本保持一致。人民币贬值预期增强（升值预期减弱）伴随着企业境外并购倾向的增加，2017 年人民币贬值预期下降，而企业境外并购数量也减少。以上结果说明企业会基于本币贬值预期开展境外并购活动，但汇率预期的影响存在时间阶段性特征。

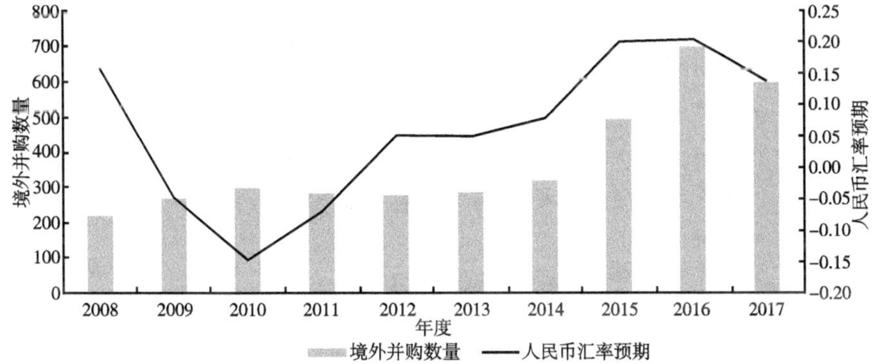

图 2 - 17 人民币汇率预期与我国企业宣告的境外并购数量年度变化趋势

2.1.4 人民币汇率波动与企业境外并购拟合关系

在明确汇率波动与企业境外并购时间序列特征的基础上，本部分进一步探究汇率波动与企业境外并购决策之间是否存在相关关系，主要对月度人民币实际有效汇率（以 2010 年为基期 100 调整后取自然对数）、月度人民币兑美元名义汇率（间接标价法）与对应期间我国企业宣告的并购（包括境内并购和境外并购）交易数量、交易规模关系进行拟合。

1. 人民币汇率水平与企业境外并购

图 2 - 18 为人民币实际有效汇率与我国企业宣告的并购交易数量关系的拟合曲线。可以发现，随着人民币汇率升值，企业宣告并购的可能性以及宣告境外并购的可能性均上升，企业整体并购和境外并购频数与人民币实际有效汇率整体呈明显的正相关关系。

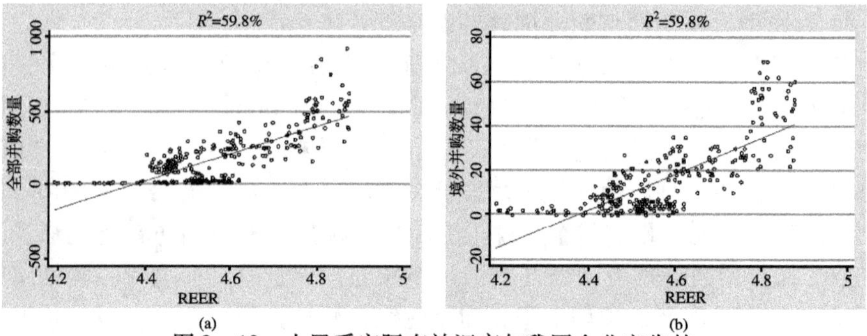

图 2-18　人民币实际有效汇率与我国企业宣告的并购交易数量关系的拟合曲线

图 2-19 为人民币兑美元名义汇率（间接标价法）与我国企业宣告的并购交易数量的拟合关系，由于在 2005 年汇率制度改革之前，人民币兑美元基本保持稳定，我们在作图时仅使用 2006 年及其之后的样本数据。2005 年之后人民币兑美元名义汇率呈先震荡升值、后震荡贬值的趋势，与企业并购倾向有一定的弱正相关关系，拟合效度较 REER 明显降低，这可能是由于我国多边贸易的发展使企业已不再仅以盯住美元为主，在企业经营或投资决策中更加考虑到多国货币价值因素。

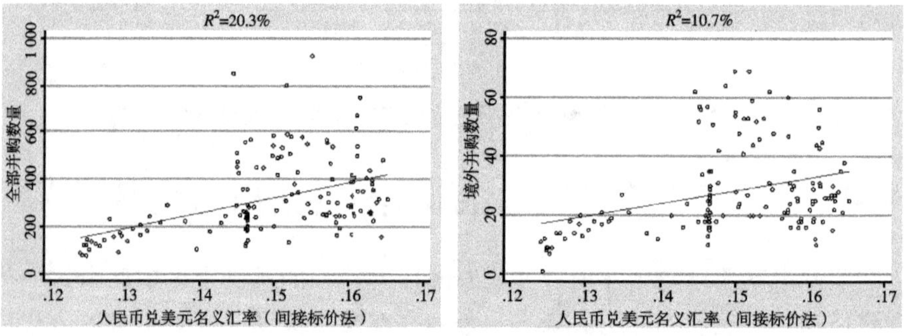

图 2-19　人民币兑美元名义汇率与我国企业宣告的并购交易数量关系的拟合曲线（Year≥2006）

为探究人民币汇率与企业并购规模的关系，我们直接选取有完整披露交易金额信息的并购事件，并将我国企业月度并购交易规模与并购宣告当月的人民币实际有效汇率、人民币兑美元名义汇率（间接标价法）水平进行拟合，结果如图 2-20和图 2-21 所示。可以发现，企业并购规模有显著极差，但与人民币实际有效汇率基本呈正相关关系，境外并购规模与人民币实际有效汇率之间的拟合效度明显降低，R^2 仅为 28.1%。为明确人民币兑美元名义汇率（间接标价法）水平与企业并购规模之间的关系，剔除 2005 年及之前年度样本后，人民币兑美元名义汇率（间接标价法）水平与企业整体和境外并购规模均呈正相关关系，但 R^2 相对较小。

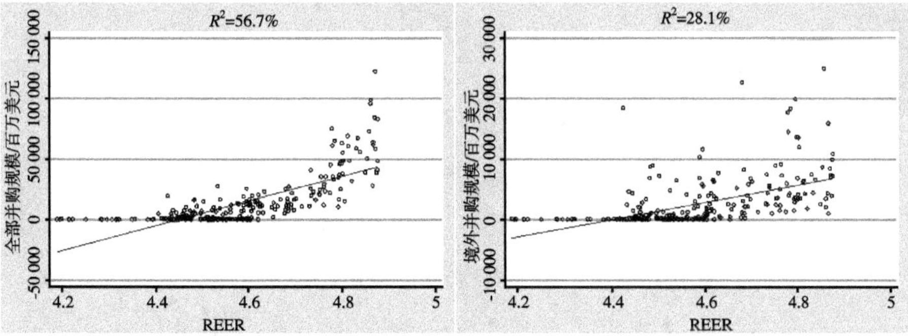

图2－20　人民币实际有效汇率与我国企业并购交易规模拟合曲线

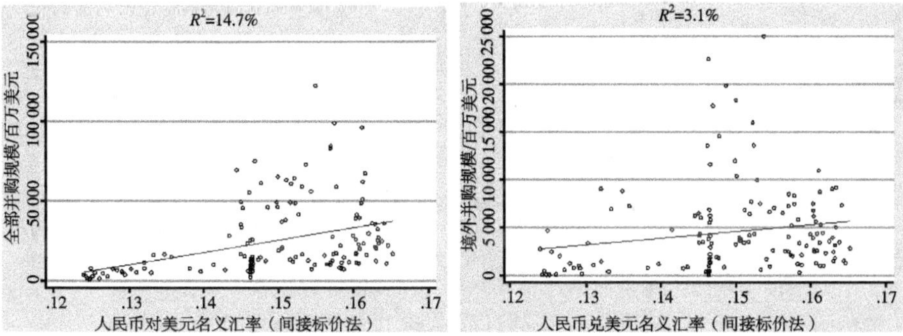

图2－21　人民币兑美元名义汇率（间接标价法）与我国企业并购交易规模拟合曲线（Year≥2006）

2. 人民币汇率波动程度与企业境外并购

为明确汇率波动程度与企业境外并购数量或规模之间的关系，我们计算企业宣告并购月份滞后12个月的人民币实际有效汇率对数值的标准差和人民币兑美元名义汇率（间接标价法）的标准差作为汇率波动程度的指标。图2－22和图2－23分别为我国企业并购数量与人民币实际有效汇率波动程度、人民币兑美元名义汇率（间接标价法）波动程度的拟合关系。可以发现，人民币实际有效汇率波动程度对企业并购和境外并购数量的解释力度较低但呈负相关关系，R^2 分别为1.2%和1.1%；人民币兑美元名义汇率（间接标价法）波动程度与企业并购和境外并购数量呈正相关关系，R^2 分别为4.1%和6.0%。以上结果初步说明，人民币实际有效汇率与人民币兑美元名义汇率（间接标价法）波动程度对企业（境外）并购决策的影响存在差异。

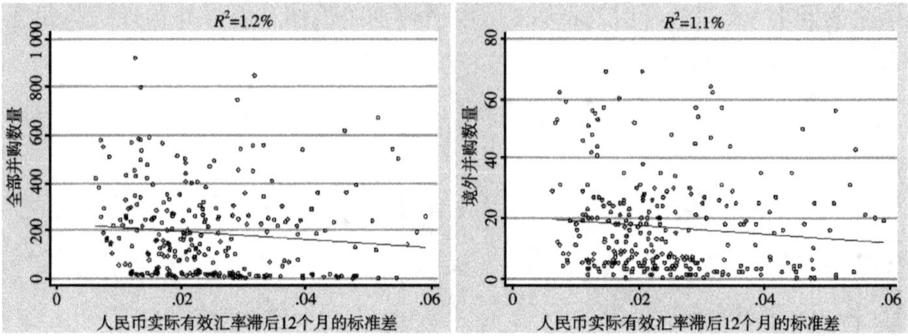

图 2－22　人民币实际有效汇率波动程度与我国企业并购交易宣告数量拟合曲线

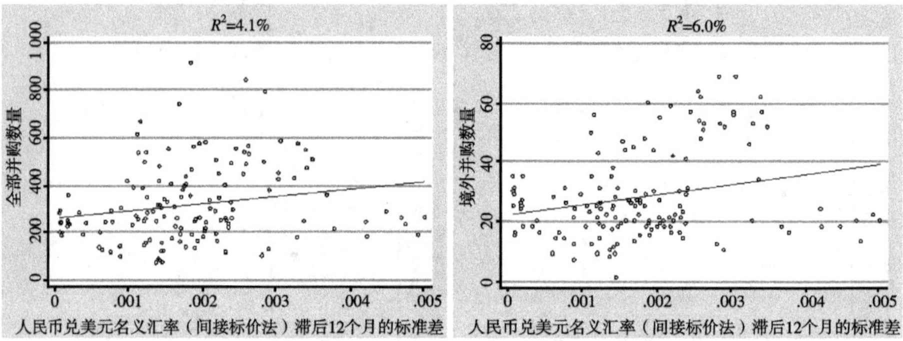

图 2－23　人民币兑美元名义汇率（间接标价法）波动程度与我国企业并购交易宣告数量拟合曲线（Year≥2006）

图 2－24 和图 2－25 分别为我国企业并购规模与人民币实际有效汇率波动程度、人民币兑美元名义汇率（间接标价法）波动程度的拟合关系，结果大致与并购数量一致，企业并购规模与人民币实际有效汇率波动程度负相关、与人民币兑美元名义汇率（间接标价法）波动程度正相关，但 R^2 进一步下降。

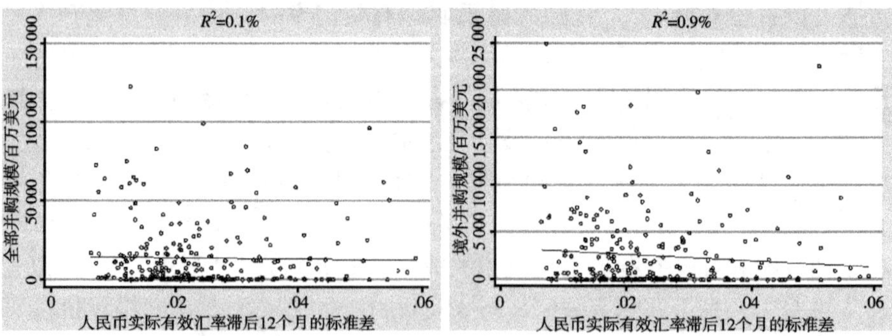

图 2－24　人民币实际有效汇率波动程度与我国企业并购交易规模拟合曲线

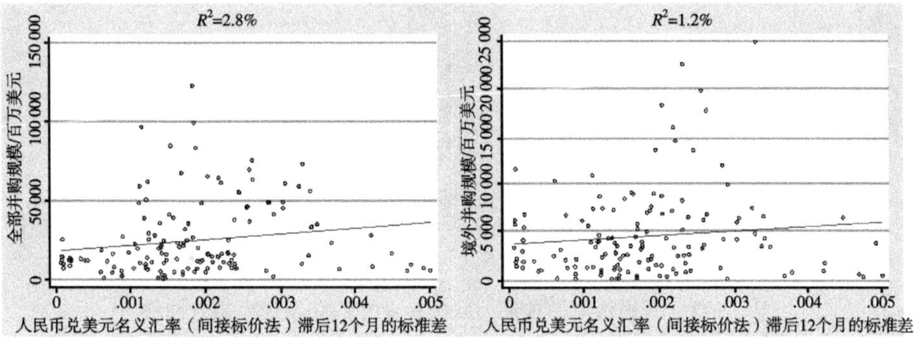

图 2－25　人民币兑美元名义汇率（间接标价法）波动程度与我国企业并购交易规模拟合曲线（Year≥2006）

3. 人民币汇率预期与企业境外并购

图 2－26 和图 2－27 为人民币汇率预期与我国企业并购交易月度宣告数量（规模）之间的拟合关系。其中，人民币汇率预期采用 1 年期 NDF 与在岸人民币兑美元名义汇率（直接标价法）的差额衡量，其值越大说明人民币贬值预期越强。从图 2－26 可以看出，人民币贬值预期增强时，企业宣告并购的可能性以及宣告境外并购的可能性均增加，拟合优度 R^2 分别为 36.7% 和 33.4%；图 2－27表明，人民币贬值预期与企业并购规模、境外并购规模均呈正相关关系，拟合优度 R^2 分别为 44.9% 和 11.5%。结合汇率水平变化的研究，人民币汇率实际升值但存在贬值预期时，企业整体并购或境外并购的倾向更高，企业致力于抓住购买力和估值优势时机开展境外并购。

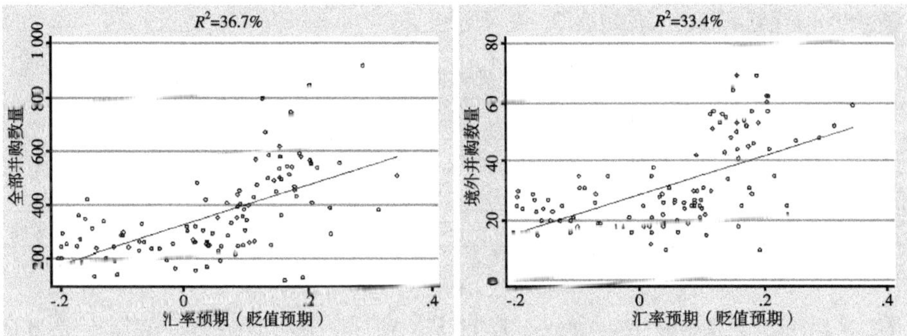

图 2－26　人民币汇率预期与我国企业并购交易宣告数量拟合曲线

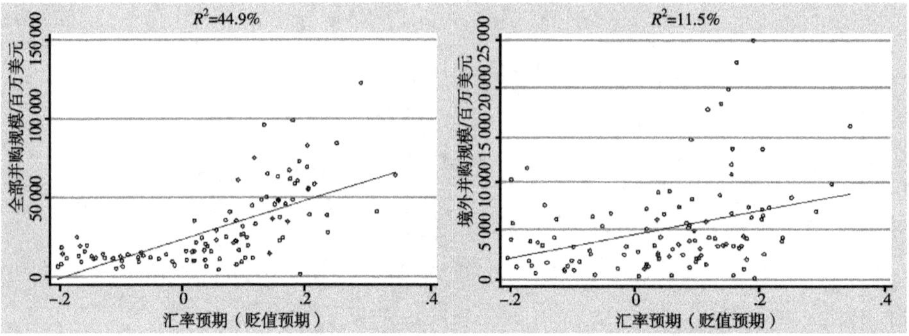

图 2－27　人民币汇率预期与我国企业并购交易规模拟合曲线

2.2　人民币汇率波动与我国企业境外并购绩效

现有研究对企业并购经济后果的研究多基于并购活动带来的并购方或目标方企业财务绩效的变化展开分析。为初步了解汇率波动对企业境外并购绩效是否存在影响，本章参考现有文献，对以股价反应为基础衡量以及以会计利润为基础衡量的并购财务绩效与人民币汇率波动之间的关系进行拟合。

2.2.1　人民币汇率波动与企业境外并购累计超额收益

首先，本部分采用以股价为基础计算的上市公司境外并购宣告事件（以首次宣告日为 $t=0$ 即事件日）不同窗口期［－1，＋1］、［－3，＋3］、［－30，＋30］内的累计超额收益率（CAR，cumulative abnormal return）① 表示并购财务绩效，描述性统计结果如表 2－2 所示②。

表 2－2　我国上市公司境外并购事件财务绩效（股价基础计算）

变量	样本量	均值	标准差	最小值	第一四分位数	中位数	第三四分位数	最大值
CAR［－1，＋1］	827	0.006 8	0.059 1	－0.170 6	－0.017 3	0.000 0	0.027 0	0.209 4
CAR［－3，＋3］	827	0.002 7	0.089 7	－0.334 6	－0.036 3	0.000 0	0.043 3	0.291 1
CAR［－30，＋30］	827	－0.059 2	0.332 7	－1.925 6	－0.153 3	－0.020 3	0.105 0	0.685 8

① 采用市场模型（market return model）估计，估计窗口期为境外并购事件宣告日［－200，－30］，事件窗口期分别选取［－1，＋1］、［－3，＋3］、［－30，＋30］。

② 经筛选我们共获得 851 个沪深 A 股上市公司境外并购宣告样本（包含最终未完成的并购交易），但其中 24 个样本在并购宣告事件的估计窗口期［－200，－30］中有部分数据缺失，因此剔除，最终共得到 827 个境外并购事件样本。

与我国学者已有研究结论基本一致，我国A股上市公司的境外并购交易短窗口期内整体呈正向股价收益表现，符合股东财富和企业价值最大化目标，但相对中长窗口期的CAR［-30，+30］均值和中位数均为负。我国资本市场的持续发展在一定程度上改善了对企业投资决策的资源配置效果的引导作用，这一结论部分否定了早期研究中基于自由现金流假说、委托代理冲突、管理层过度自信、股市估值错误等原因提出的我国并购往往获得股市负面评价的结论；但随着时间推移，境外并购的协同效应若未得到及时体现，股票累计超额收益率将有所下降。

1. 人民币汇率水平与企业境外并购累计超额收益

上市公司境外并购事件窗口内累计超额收益率与对应月度人民币实际有效汇率、人民币兑美元名义汇率（间接标价法）的关系拟合情况如图2-28、图2-29、图2-30所示。图中CAR1、CAR3、CAR30分别表示CAR［-1，+1］、CAR［-3，+3］、CAR［-30，+30］，下同。人民币实际有效汇率与企业境外并购窗口期内累计超额收益CAR［-1，+1］、CAR［-3，+3］之间直接相关关系较弱（R^2均较小），但呈正相关，与CAR［-30，+30］为弱负相关关系（$R^2=0.2\%$）；人民币兑美元名义汇率（间接标价法）与企业境外并购各窗口期内累计超额收益呈正相关关系，但拟合优度依然较低。再者，本部分求出各年度内宣告境外并购的上市公司各窗口期内累计超额收益率的均值，并将该收益率的年度均值走势与人民币汇率水平变化情况进行比较发现：在人民币从2002年至2003年相对贬值的同时，我国上市公司境外并购事件短期超额收益出现下跌；2008—2014年间CAR［-1，+1］、CAR［-3，+3］与人民币有效汇率之间基本呈同向变化，但2006—2008、2015—2016等年间阶段累计超额收益与人民币有效汇率之间并未呈明显相关关系。从上市公司境外并购事件相对中长窗口期内累计超额收益CAR［-30，+30］与人民币汇率变动趋

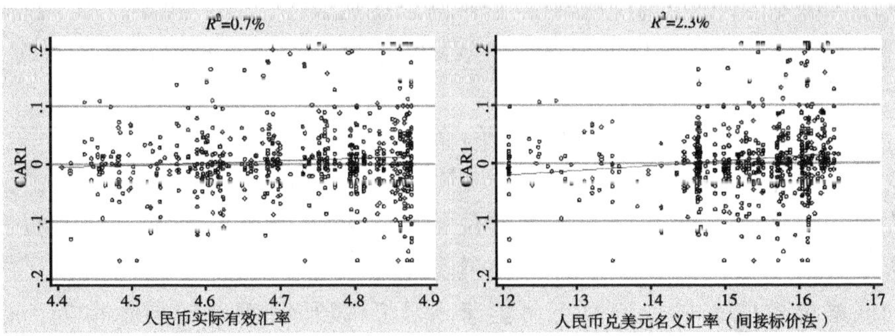

图2-28　人民币汇率水平与上市公司境外并购事件CAR［-1，+1］拟合曲线

势可以看出，除 2000—2001、2015—2016 年外，CAR [-30， +30] 与人民币汇率变动方向基本一致（正相关）。

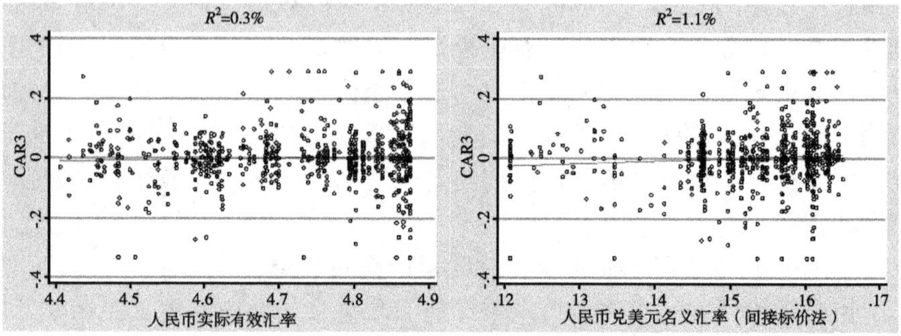

图 2 -29　人民币汇率水平与上市公司境外并购事件 CAR [-3， +3] 拟合曲线

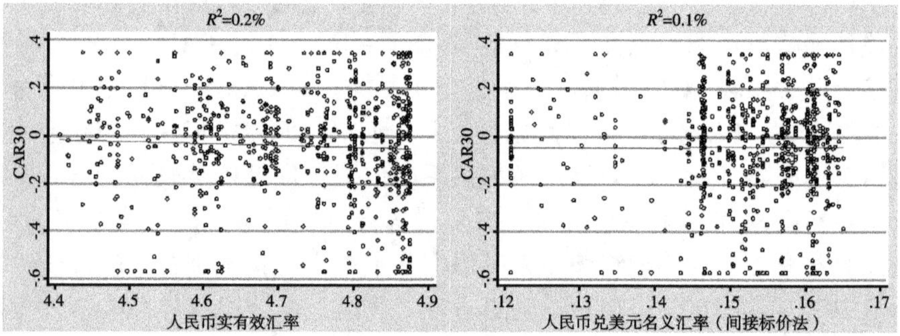

图 2 -30　人民币汇率水平与上市公司境外并购事件 CAR [-30， +30] 拟合曲线

此结果可能来源于企业宣告境外并购交易带来的累计超额收益分布较为分散且两者拟合关系中未控制其他因素，汇率变量又集中为年度变量且汇率制度改革作为重要的外部冲击将影响并购决策。因此，本书在后续实证章节将控制影响并购财务绩效的其他变量后进一步对汇率波动与境外并购绩效之间的关系进行多元分析。

综上，以股价收益为基础计算的企业境外并购绩效与人民币汇率存在弱正相关关系，本国货币升值可能提升了境外并购在股票市场短期的正面评价。一方面有可能来源于货币升值导致的我国上市公司本身估值提升以及资本市场走势向好，境外并购中的交易成本相对降低，继而实现了并购的价值增值效应；另一方面有可能来源于汇率升值带来的国际市场与国内市场的双重竞争效应，促使企业做出高效率投资决策，并得到股票市场短期内的积极反应。

2. 人民币汇率波动程度与企业境外并购累计超额收益

图 2 – 31 ~ 图 2 – 33 为境外并购事件窗口内累计超额收益率与人民币实际有效汇率波动程度、人民币兑美元名义汇率（间接标价法）波动程度关系的拟合结果。可以看出，以境外并购事件宣告月的滞后 12 个月内人民币实际有效汇率标准差衡量的汇率波动程度与各窗口期内累计超额收益呈正相关关系，以滞后 12 个月内人民币兑美元名义汇率（间接标价法）标准差衡量的汇率波动程度与各窗口期内累计超额收益呈负相关关系，但拟合优度均小于 1%。此结果在一定程度上说明，名义汇率波动与实际有效汇率波动对上市公司境外并购财务绩效的影响存在差异，在第 5 章将在控制其他影响因素后对汇率波动程度对境外并购财务绩效的影响关系进行多元回归检验。

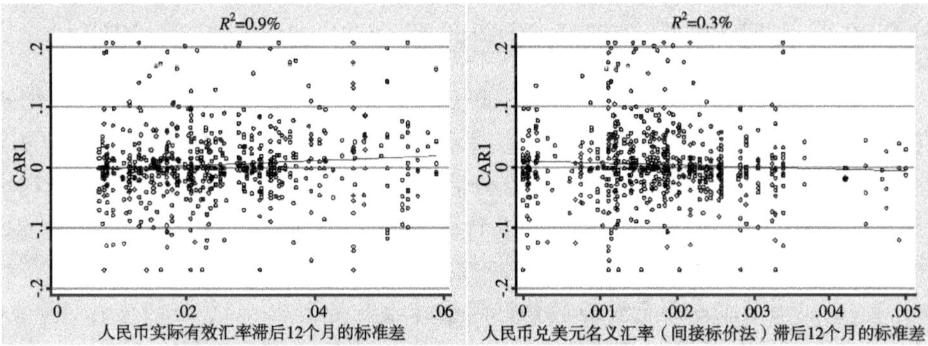

图 2 – 31　人民币汇率波动程度与上市公司境外并购事件 CAR［ –1， +1］拟合曲线

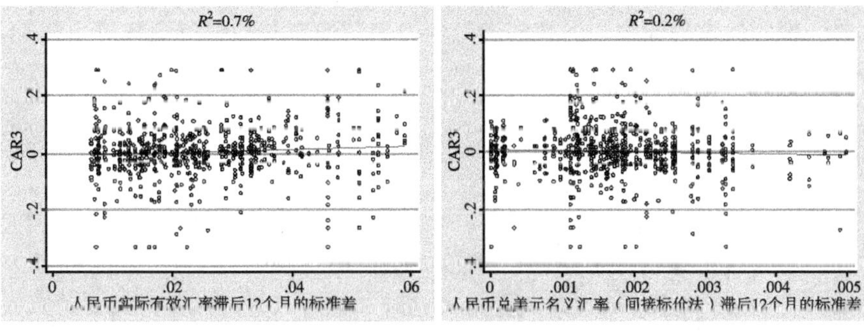

图 2 – 32　人民币汇率波动程度与上市公司境外并购事件 CAR［ –3， +3］拟合曲线

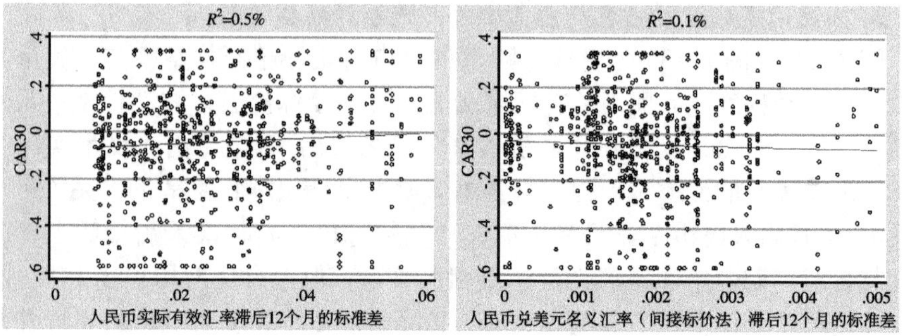

图 2－33　人民币汇率波动程度与上市公司境外并购事件

CAR［－30，＋30］拟合曲线

2.2.2　人民币汇率波动与企业境外并购会计收益变化

上述分析均以股价反应为基础计算上市公司境外并购的财务绩效，根据现有研究，企业进行并购交易之后的协同效应及整合效果同样会体现在并购方企业的盈利能力上，本节以境外并购宣告后第一年减去宣告前一年的权益净利率（ROE）差值（Delta_ROE）作为以会计利润为基础的境外并购财务绩效衡量指标，分析其与人民币汇率波动之间的拟合关系。

1. 人民币汇率水平与企业境外并购会计收益变化

上市公司境外并购财务绩效与并购宣告对应月度人民币实际有效汇率、人民币兑美元名义汇率（间接标价法）水平的关系拟合情况如图 2－34 所示。在未控制其他因素的情况下，人民币实际有效汇率与企业境外并购财务绩效之间呈较弱的正相关关系，人民币兑美元名义汇率（间接标价法）水平与境外并购财务绩效负相关，拟合优度均较小。后文将进一步控制其他对并购财务绩效产生影响的因素，对人民币汇率的作用进行实证检验，并对其中的作用渠道给予详细解释。

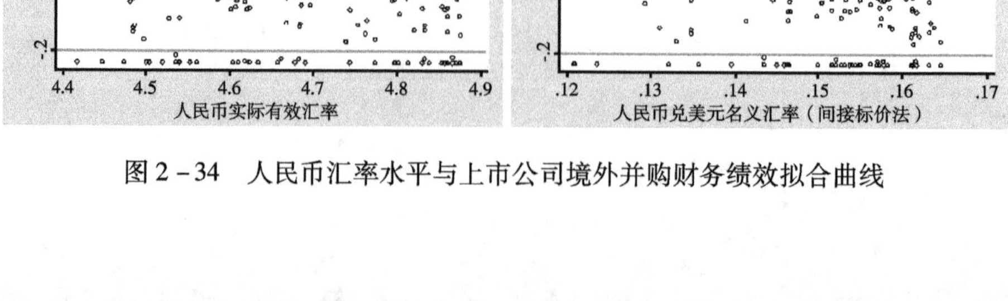

图 2－34　人民币汇率水平与上市公司境外并购财务绩效拟合曲线

2. 人民币汇率波动程度与企业境外并购会计收益变化

上市公司境外并购财务绩效与以并购事件宣告月度滞后期内人民币实际有效汇率或人民币兑美元名义汇率（间接标价法）标准差衡量的汇率波动程度的关系拟合情况如图2－35所示。可以发现，人民币实际有效汇率波动程度的增加伴随着境外并购财务绩效的增加，而人民币兑美元名义汇率（间接标价法）波动程度增加时，境外并购财务绩效降低，R^2为1.5%。与人民币汇率波动程度与企业境外并购累计超额收益拟合关系较为一致，人民币实际有效汇率波动程度与人民币兑美元名义汇率（间接标价法）波动程度对上市公司境外并购财务绩效的影响分别为正相关与负相关。

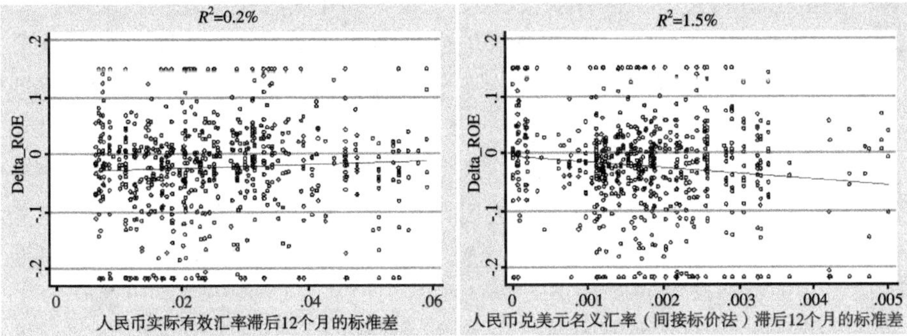

图2－35　人民币汇率波动程度与上市公司境外并购财务绩效拟合曲线

2.3　本章小结

本章结合汇率制度市场化变革和境外并购相关的政策背景，对我国汇率波动情况、境外并购发展现状进行阐述，发现人民币汇率双向波动幅度逐渐增强，人民币汇率水平变化具有阶段性差异，并不再呈现长期单边升值或单边贬值趋势；境外并购规模逐年扩张，涉及行业多元化，除金融、保险、房地产业之外，制造业企业主导的境外并购占有全行业新增境外并购数量和并购交易金额的很大比例；我国企业境外并购的目标企业所在国家逐渐从发展中国家向发达国家转移，目标企业国家涉及亚洲、大洋洲、北美洲、南美洲、欧洲及非洲的100多个国家或地区。

基于人民币汇率与我国企业主导的境外并购发展现状，我们初步对人民币汇率与境外并购倾向、境外并购规模及境外并购财务绩效之间的关系进行拟合发现：

① 随着人民币实际有效汇率升值，企业宣告并购或宣告境外并购的可能性随之上升，但并购可能性与人民币兑美元名义汇率（间接标价法）之间关系较弱，即人民币实际有效汇率变化对企业并购倾向的影响程度高于人民币兑美元名义汇率（间接标价法）；我国企业进行的并购交易规模（包括境内与境外）差异明显，但与人民币实际有效汇率和人民币兑美元名义汇率（间接标价法）仍呈正相关关系，相对并购数量来讲，境外并购规模与汇率水平之间的拟合效度降低。

② 人民币实际有效汇率波动程度对企业（境外）并购数量的解释力度较低，但呈负相关关系，人民币兑美元名义汇率（间接标价法）波动程度与企业并购数量呈正相关关系，拟合效度较人民币实际有效汇率波动程度更高。汇率波动程度与企业并购规模的拟合关系与并购数量一致，但拟合效度有所降低。

③ 人民币汇率贬值预期程度与企业宣告并购的可能性及并购规模均呈明显的正相关关系。

④ 在不考虑其他影响因素的情况下，以股价变化为基础计算的企业境外并购财务绩效（累计超额收益率）与人民币汇率水平之间存在较弱的线性正相关关系，本国货币升值在一定程度上提升了境外并购在股票市场短期的正面评价，但中长期窗口的累计超额收益均值为负；以会计收益为基础计算的企业境外并购财务绩效与人民币汇率之间的直接关系较弱。

⑤ 在不考虑其他影响因素的情况下，以股价变化为基础计算的企业境外并购财务绩效（累计超额收益率）与以人民币实际有效汇率标准差衡量的汇率波动程度之间呈较弱的正相关关系，与以人民币兑美元名义汇率（间接标价法）标准差衡量的汇率波动程度之间呈负相关关系，但拟合效度均较低。以会计收益为基础计算的企业境外并购财务绩效与汇率波动程度之间的拟合关系与累计超额收益率一致。

汇率作为宏观货币价格表征，不仅影响全球化背景下我国整体国际贸易、股市价格、经济发展，也同时对微观企业的经营和投资活动、产品市场竞争、企业效率、企业价值起着重要作用。后续章节则着重对汇率波动对微观企业境外并购决策及经济后果的影响及作用机制进行理论分析与实证检验。

第3章

理论分析与实证研究框架

本章主要对汇率波动影响企业境外并购的作用机理进行分析，在理论逻辑框架提出时运用汇率传递理论、竞争优势理论、信息不对称理论、实物期权理论、风险规避理论等基本思想，选取上市公司境外并购的两个维度——并购决策和并购效率进行研究，回答三个问题：

① 汇率波动是否以及怎样影响企业境外并购决策？具体地，根据汇率传递理论，汇率波动将作用于包括要素、产品、股市、物价等不同层次的价格，进而影响企业盈利水平与投资能力，境外并购作为企业长期投资，是否受限于汇率波动带来的投资能力上升或下降的影响？加之汇率波动导致的价格变动风险也将表现在企业价值层面，企业是否会出于缓解汇率暴露风险的动机进行境外并购？

② 汇率波动是否以及怎样影响企业境外并购效率？具体地，在汇率波动对企业境外资产购买能力、全要素生产率、产品市场竞争、汇率暴露风险、股票市场价格等因素造成影响的情况下，上市公司进行的境外并购效率是否对汇率波动具有敏感性？

③ 若汇率波动对境外并购的影响成立，并购方融资特征和并购支付方式是否影响境外并购－汇率波动敏感性？在汇率波动下，股权或债权融资支持的境外并购、换股或现金支付完成的境外并购是否表现出不同的效率？

3.1 理论框架

理论框架如图3－1所示。在图3－1左半部分，我们构建了汇率波动对企业并购决策影响的理论框架。从汇率波动的价格传递效应出发，要素、产品、股票等价格的波动将影响企业经营与并购决策，其中，以企业盈利能力、融资成本、全要素生产率为表征的并购能力与市场竞争程度为表征的并购需求共同作用于企业并购决策（包括境内并购与境外并购）。相对境内并购，境外并购一般以外币计价和结算，汇率波动导致本国货币购买力以及并购交易成本发生变动，与此同时，企业进出口和净利润对汇率波动的暴露程度促使企业开展境外并购以对冲汇率风险。

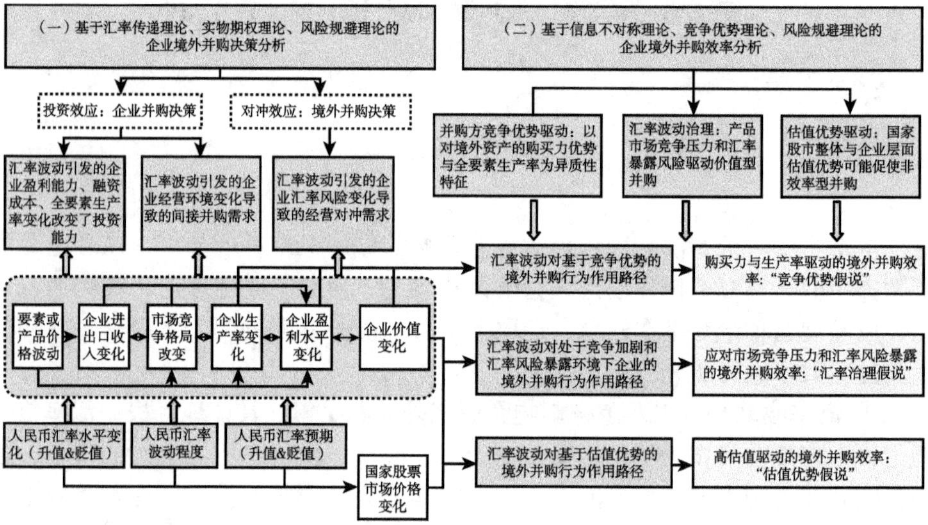

图 3－1　理论框架

如图 3－1 右半部分所示，在汇率波动显著作用于境外并购决策的前提下，我们构建了驱动境外并购决策的三类重要因素：

① 以全要素生产率和企业对境外资产的购买力（除货币本身带来的购买力提升或降低外，企业价值与盈利能力在汇率波动中的变化也表征购买力强弱）为特征的并购方竞争优势。

② 以为应对产品市场竞争带来的经营风险和企业价值在汇率波动中的暴露风险为特征的并购方规避风险动机。

③ 以国家股票市场价格和企业价值在汇率波动下发生相对变化为特征的并购方估值优势。

以上三类因素不仅显著影响我国企业境外并购决策，而且在不同因素驱动下的境外并购交易可能呈现不同的并购效率，本章将进行详细的机理分析。

3.2　汇率波动对企业境外并购决策影响的机理分析

宏观经济政策的变化可以通过调整国家或行业经济前景预期、改变企业外部融资成本和内部现金流管理、影响企业经营信息环境等途径作用于微观企业的投融资活动、会计政策选择、内部控制、税收筹划、公司治理等行为。在会计政策（包括汇率制度选择、汇率水平确定、货币兑换等）角度，我国多次汇率制度改革引发了汇率水平和外汇储备的阶段性波动，与此同时，国内股票市场价格、房地产市场价格、债券利率、物价水平均因汇率波动带来的短期投机性资本进出而出现不同程度的变化。本文选取企业（境外）并购作为微观企业行为关注对象、选取境外并购效率为微观企业产出关注重点，探索汇率市场化改革背景下的汇率波动对境外并购决策的影响和作用机制。

我国企业常见的境外并购类型包括贯彻国家政策的战略资源类并购、以获取关键技术或品牌资源为目标的“弯道超车”类并购、以获取东道国自然资源或利用当地廉价劳动力为目标的生产导向型并购、以进入东道国市场为目的的市场导向型并购、以避税等为目标的其他类型并购。我国现行经济模式下的企业“走出去”尤其是境外并购行为往往受到非经济因素和非市场性因素的驱动，我国出台的金融支持政策、产业政策、双边投资协定等因素均可能促使非市场化境外并购行为的产生，而汇率波动在境外并购决策中是否起到“驱动”或“影响”作用仍需检验。刘青等在 2017 年采用二阶段引力模型，对我国 1985—2012 年完成的境外并购交易目标企业所在国家的制度质量（政府稳定、法律秩序、腐败程度）、自然资源（矿产资源出口情况）、战略资产（创新能力）和市场发展（经济增长）等四个因素在境外并购投资区位决策和投资规模决策中的驱动作用进行实证研究，发现中国企业的境外并购具有市场寻求、矿产金属资源获取的特征，而在“走出去”倡仪实施后开始出现战略资源获取动机。马金城等在 2014 年研究认为：企业境外并购在选择目标企业时的主要原因有拓展现有竞争优势、获取新的竞争优势、寻找自然或人力资源、分享东道国区位优势以及把握目标企业的低估值机会等，对我国企业在 2005—2012 年间的境外并购梳理发现中国企业境外并购主要受政府和国际经济环境的驱动。吴先明在 2017 年研究认为，利用自身特定优势和探索新资产是企业对外直接投资的驱动力量，而前者往往是发达国家企业进行对外直接投资的前提条件，而新兴市场国家是以弥补竞争劣势为目标进入东道国市场投资。我们主要基于汇率波动视角，探究企业购买力、生产率、估值优势以及汇率风险的加剧是否对境外并购决策有增量驱动作用。

3.2.1 基于汇率传递理论的汇率水平变化与企业并购

基于汇率传递理论，汇率波动对一国进出口价格及总体物价水平、国内分类物价、进出口行业分类价格、股市价格等不同层面价格因素具有直接影响，进而作用于一国国际贸易收支、货币政策实施及通货膨胀的调节效果。在各国货币自由兑换、无交易成本、信息完全透明以及国家间进出口关税为0的前提下，汇率波动会通过进出口厂商的套利行为造成进出口商品价格的同比例变化，即汇率变化率对进出口商品价格变化率的传递系数为1，汇率波动带来的贸易后果完全由进出口厂商承担。然而，在不完全竞争以及具有信息摩擦的市场中，汇率无法实现对进出口价格的完全传递，此时定价策略（包括厂商的按市场定价行为和产品标价货币选择）成为汇率传递效果的主要影响因素，汇率传递理论基本框架如图3-2所示。

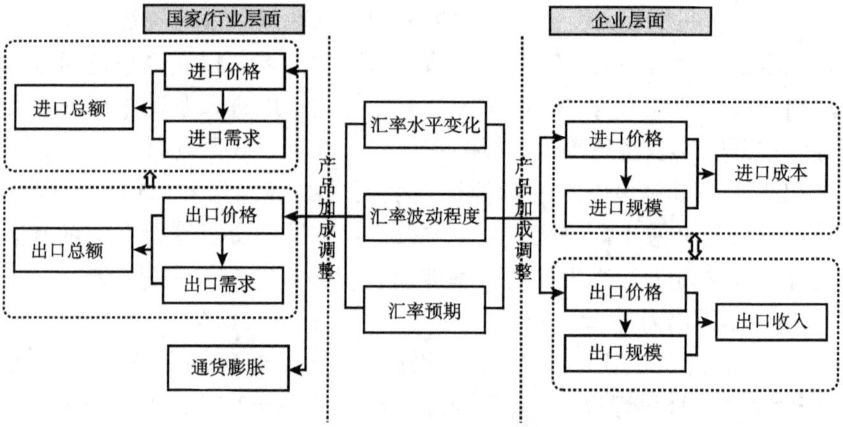

图3-2 汇率传递理论基本概念框架

在汇率价格传递效应的宏观表现层面，马歇尔-勒纳条件描述了货币贬值与国际贸易之间的关系，当进口商品需求弹性与出口商品需求弹性之和大于1时，本国货币贬值有利于改善贸易收支。发达国家进出口多以需求弹性较高的工业产成品为主，发展中国家进出口则往往以需求弹性较低的产品为主，因此，发达国家更易获得本国货币贬值带来的贸易收支情况改善，发展中国家进出口数量受价格变化影响不大。但是，20世纪末美元连续贬值并未缓解美国贸易收支逆差，日本在广场协议后的日元升值也并未降低贸易顺差，我国在2005年汇率制度改革后人民币汇率升值的同时国际贸易仍呈现持续顺差。对此，以往研究表明，汇率传递过程中的产品市场需求、企业经营特征（平衡国内外销售）、进出口依赖性、产品质量、对不同国家的产品出口加成策略、价格调整延迟性等均可以吸收汇率波动带来的价格传递效应，影响一国国际贸易与对外直接投资。在汇率波动对国家出口影响的基础上，本国货币价值通过出口需求的变化会进一步作用于进口需求。在汇率对进出口价格不完全传递的情况下，进出口价格变化反映了汇率波动的部分影响，汇率波动对国际贸易收支具有一定的调整功能，但不同商品或要素的进出口需求有所差异。Menon 在 1995 年研究认为，汇率的不完全传递在各个国家之间存在普遍性，来源于价格的不完全反应以及汇率传递具有延迟反应特征；各国之间汇率传递系数的不同是因为国家经济发展和开放程度的差异导致进出口产品的需求弹性变化存在差异；不同产业及产品的汇率传递系数存在显著差异，出口商为限制汇率波动的负面效应会采取国内和出口市场的差异定价策略；汇率升值或贬值的传递效果具有非对称特征。受汇率波动影响，国家或行业整体的进出口收入变化将影响对应层面的投资水平，而本文以微观企业境外并购行为为研究对象，因此主要关注汇率价格传递的微观表现。

在汇率价格传递效应的微观表现层面，汇率波动导致的价格变化将作用于企业营业利润、全要素生产率、产品市场竞争环境，并最终对境外并购决策产生影响。以本国汇率升值时期的出口企业为例，由于产品差异化特征以及国家之间市场分割的存在，企业可以根据出口目标国家实施不同的加成策略（pricing to market）。若出口商品以消费者所在国家货币定价（local currency pricing），为维持在出口目标国家的销售份额，本国汇率升值将促使企业大幅度调低以出口国家货币标价价格，使消费者所在国家商品标价保持相对稳定，因此汇率波动不会对目标国进口商短期价格产生显著影响，汇率对商品进口价格的传递效应基本为 0，但此时企业以本国货币计价的出口收入与营业利润因商品出口到岸价格的降低而缩减；若出口商品选择以生产者所在国家货币定价（producer currency pricing），那么出口国名义汇率上升的汇率传递效应使进口商成本增加，相对购买力降低，出口商会调低商品价格以其本国货币标价价格，使进口国货币计价上升幅度接近（小于）其货币贬值幅度，此时汇率传递较完全，进口商会降低对该商品的需求，企业以本国货币计价的出口收入与营业利润因出口商品在东道国市场需求的降低而缩减。因此，无论企业选择何种货币计价方式，本国汇率升值终将导致出口相关的营业利润降低。此时，若出口收入渠道成立，汇率波动将因缩减营业利润负面作用于企业长期资产投资水平。

除出口收入渠道之外，进口成本、进口产成品竞争、利润转移等渠道也是汇率波动作用于微观企业利润进而影响投资水平的重要途径。①进口成本渠道是指当汇率升值时，生产过程中需要进口原材料或进口投入品的企业将受益于进口成本降低而实现利润水平的上升，从而积极作用于长期投资水平。②进口产成品竞争渠道是指汇率升值将作用于进口产成品价格，进而对国内市场中类似产品的竞争环境造成影响，无进出口业务的企业面临国外出口企业的挤出压力，利润水平下降进而负面作用于投资水平。③利润转移主要是指汇率波动对劳动力要素价格的影响，汇率升值理论上降低了物价水平，但名义工资的相对稳定性将利润转移至劳动力手中，致使企业投资能力下降。

并购作为企业长期投资的重要组成部分，并购能力和并购倾向将同样受到汇率波动影响。上述有关汇率波动通过价格传递效应进而影响进出口收入与营业利润并作用于企业投资能力的逻辑也对企业并购能力在汇率波动下的变化起到一定的解释作用。汇率升值可能通过出口收入、进口产成品竞争、利润转移渠道负向影响企业盈利水平，进而削弱企业并购能力。而相对一般长期资产投资，企业并购尤其是境外并购不确定性更强、一次性投入较大、投资回收期较长、国家差异（制度、文化、准则等）导致的信息不对称水平更高，在不利的汇率冲击下，企业营业利润和投资能力受限，对并购决策的消极作用可能更强。

在汇率波动导致企业盈利水平和市场竞争力下降时，企业有动机寻找优质目标进行并购，而非仅受限于盈利能力的下降而缩减并购投资，为避免市场淘汰产生的并购需求可能大于其自身盈利水平下降导致内部现金流和投资能力受限对并购带来的消极效应。具体地，若汇率升值对企业投资影响的出口收入、进口产成品竞争、利润转移渠道成立，汇率升值因降低企业盈利水平和市场份额进而有提升其通过并购扩大销售与提高核心竞争力的倾向。本国汇率升值导致出口价格相对上升加剧了国际市场竞争程度，且进口投入品价格的相对下降也促使企业在生产过程中将国内生产的投入品替换为进口投入品，进一步加剧了国内产品市场竞争。在市场淘汰机制下，企业将有较强的动机进行并购。受汇率波动影响的企业将主动调整要素投入、提高生产率，而市场竞争也将留存高生产率企业，此类企业更易形成扩张需求和并购倾向。另外，汇率水平变化通过价格传递作用于国内物价水平与股市价格时，企业的融资能力也将随之改变，并最终作用于企业并购动机。

企业境内并购和境外并购都可帮助企业整合优质资源、获取规模经济或协同效应、扩大市场份额、提升核心竞争力，因此，汇率升值最终将表现为企业整体并购可能性的增加，此为“投资效应”，即汇率升值通过影响企业盈利水平、融资成本、全要素生产率等途径作用于企业并购能力，改变企业所处市场竞争环境作用于并购需求，最终积极作用于包括境内与境外并购在内的整体并购倾向。

相对境内并购，境外并购可以作为企业获取比较优势的重要工具，在外部竞争加剧的条件下，企业即使以高成本收购竞争对手完成并购也是有利可图的。汇率升值将促使国家之间资产价格（尤其是股票价格）出现差异，而境外并购目标资产一般以其东道国所用货币计价与结算，因此，在本国汇率升值时，境外并购的并购成本相对下降。与此同时，本国汇率升值使企业出口面临了更大的障碍，出口面临的收入成本变动风险及贸易壁垒增加，企业汇率暴露风险加剧，增加了企业实施境外并购的替代性动机，以实现在东道国保持市场占有的同时规避汇率风险对企业营业利润和整体价值的不利影响。

另外，如前所述，名义汇率与实际汇率变化可能分别通过资产重新估值或市场需求波动等不同渠道作用于企业价值，因此，企业出于减轻本国货币升值导致进出口贸易阻碍加剧的需求目的开展境外并购活动，但境外并购是否可以帮助企业降低其对各种汇率的暴露风险仍待检验。具体地，若名义汇率实为通过资产估值渠道作用于境外并购倾向，那么境外并购活动将不能缩减汇率风险暴露程度，反而因将外币资产纳入并购方财务报表核算范围增加了企业盈利或价值随汇率波动的敏感水平；若实际汇率有通过市场需求渠道作用于境外并购倾向，那么境外并购活动将因缓解汇率升值带来的出口阻碍、迅速融入东道国市场等实现汇率风险规避的初衷。此为境外并购的经济后果（对冲汇率风险的效果），我们将在“汇率波动对企业境外并购效率影响”的相关论证中详细分析。

综上，相对境内并购来讲，本国汇率升值将通过货币购买力（能力）与企业对冲汇率暴露风险的需求（动机）进一步作用于境外并购决策，即为汇率波动对境外并购的“对冲效应”。因此，汇率水平变化对企业境外并购决策影响具有“投资效应”与“对冲效应”，其具体作用机理如图3－3所示。

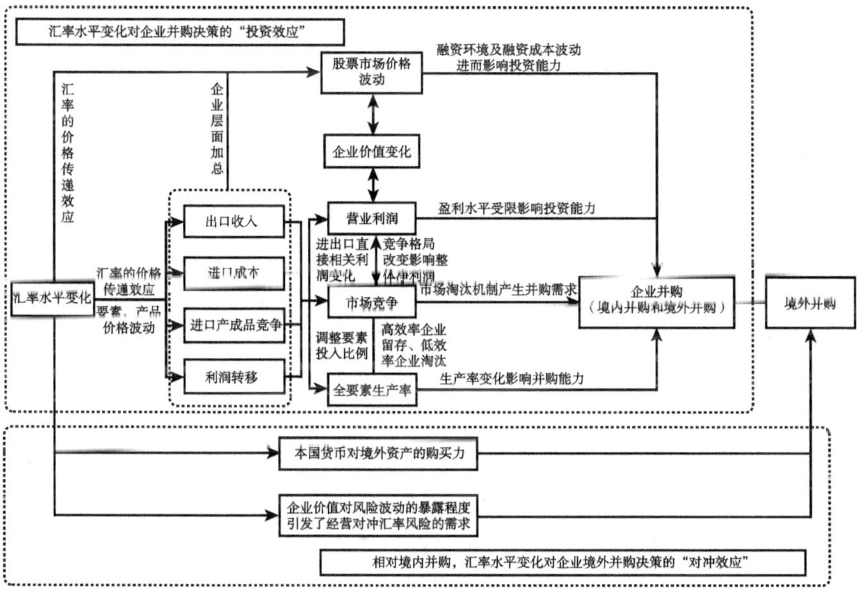

图3－3 汇率水平变化对境外并购决策的作用机理

3.2.2 基于风险规避或实物期权理论的汇率波动程度与境外并购

人民币汇率制度经过多次市场化改革，人民币汇率双向波动趋势明显，同时我国对世界各国的开放程度有所提升。在微观层面，有国际贸易或跨境投融资的企业在汇率的即时波动下呈现出收入、费用、现金流的相应变化，此时企业面临较强的汇率交易风险与经济风险，而境外子公司或纳入核算范围的境外合营、联营机构的会计核算又进一步涉及汇率结算风险。

为应对汇率波动对企业价值造成的不利影响，企业可能采用不同的对冲方式。相对西方发达国家，我国金融衍生品市场发展缓慢，可供使用的不同币种的金融工具缺乏，金融对冲工具成本较高，因此，经营对冲可能是企业应对汇率风险、稳定企业价值、维持竞争地位的有效手段。若企业对某几种货币汇率的敏感性较强，进口成本和出口收入受该汇率的影响程度较高，此时地理上的分散经营、以并购形式迅速融入东道国市场等有利于缓解企业出口收入对某些汇率的依赖程度，稳定客户资源，进而在剧烈的市场竞争中依然维持稳定经营。另外，当汇率波动明显时，此类企业盈利水平将受到显著的直接影响，汇率波动将促使出口贸易替代型的对外直接投资可能性增加，有助于受限于东道国关税政策和贸易保护等环境下无法实现出口的企业在东道国外商直接投资政策允许时直接在东道国开展生产经营。在汇率非长期性波动下的投资初期，境外并购的内部一致性和外部一致性成本更低，可以帮助企业获得以比绿地投资更快的速度来对冲汇率风险。

在汇率波动程度增加时，企业将面临更高水平的汇率经济风险、交易风险与折算风险。若前述汇率波动对境外并购决策的“对冲效应”成立，即企业会出于规避汇率风险的动机实施境外并购决策，那么境外并购由于可以实现对出口的替代或补充、生产经营地理位置多元化、降低对单一货币的依赖性、在东道国当地生产并面向更为广阔的国际市场等功能，可作为企业的汇率风险经营对冲手段稳定或增加企业价值。因此，出于风险规避动机的企业管理层在外部汇率波动程度增加的情况下，趋向于实施境外并购决策。

另外，实物期权理论也可用于解释不确定情况下企业境外并购决策的推迟或取消。实物期权理论关键是将环境的不确定性转化为企业的优势，强调投资的三个特征：①投资至少是部分不可逆的，即投资成本不可以通过变卖资产完全收回，企业投资行为具有一定的沉没成本和机会成本。②投资决策是在不确定的环境下做出的，即投资具有风险性，不同投资时机可能带来投资绩效的差异。③企业可以调整、延迟、取消执行投资决策，在此期间可以获得更多有关投资项目价值的信息。进一步，企业境外并购决策执行的回报为未来收益的现值，而看涨期权的价值为企业等待并于未来进入境外市场的期权价值。

在对外直接投资的相关研究中，Brouthers 等在 2008 年在交易成本模型中加入实物期权价值评估，并阐述了会产生实物期权价值的三种情况，可运用于对并购决策及并购效率的研究范畴。第一，投资东道国制度环境和市场环境并非保持不变，投资者择时投资对其投资效率具有明显影响，因此，并购方衡量交易成本和协同收益后将选择是否把握并购机会，即执行增长期权以获得并购价值效应最大化。第二，在东道国目标企业面临的外部风险较高的情况下往往伴随着更具挑战的成长机会，与此同时增加了并购方与目标企业之间的信息不对称水平，此时并购方可依据并购目标的增长机会做出投资决策，即拥有在未来获得利润的实物期权价值。第三，在企业宣告并购交易事项后，随着外部环境和企业估值的变化，企业预先进行的投资可以作为战略性实物期权，在并购交易完成之前的期间内随时调整投资策略和资源配置，并获得并购绩效的优化。

现有研究较为一致地发现在东道国①汇率不确定性或市场风险更大时，企业更易选择以绿地投资而非并购形式进入市场。而实物期权理论在本研究的应用中主要针对的是并购方企业所在国家的汇率波动程度。相对境内投资，企业管理层将在更加不确定性的外部环境和投资机会下做出境外并购决策，汇率波动将加剧实施并购后目标企业未来收益的不确定性，因此，境外并购的实物期权性质将导致企业择时实施或撤销境外并购（执行增长期权或清算期权）。另外，汇率波动将导致企业面临的信贷系统功能及信贷资源配置效率发生变化，不利的汇率冲击将加剧企业面临的融资约束，进而使企业执行增长期权、存续期权和清算期权的可能性增加，即满足“汇率波动—融资环境—投资决策（境外并购）—期权价值”的逻辑。

综上，从风险规避视角，本国汇率波动程度增加将提高企业境外并购可能性；从实物期权视角，本国汇率波动程度增加将降低企业境外并购可能性。图 3 -4揭示了除汇率水平变化对企业境外并购决策影响途径外的汇率波动程度的作用机理。

---

① 值得注意的是，本研究与这些文献的差异主要是我们以并购方所在国家而非目标企业所在国家汇率风险为关注对象。贾玉成和张诚在 2018 年的研究中发现：在境外并购中，并购方所在国家的外部不确定性将促进并购，但目标企业所在国家即投资东道国的外部不确定性将阻碍并购。

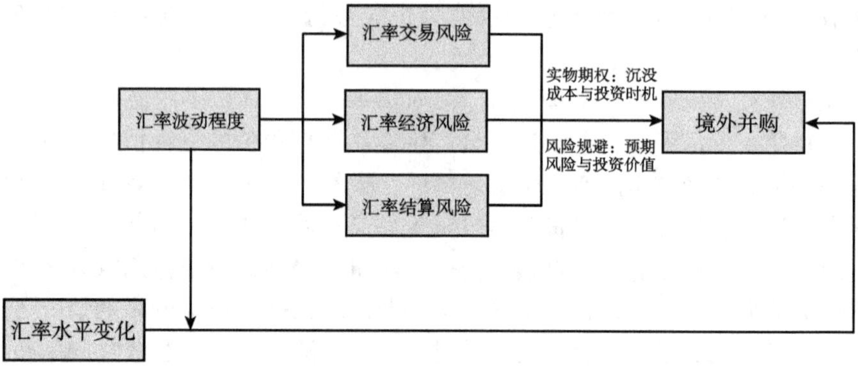

图 3－4　汇率波动程度对境外并购决策的作用机理

3.3　汇率波动对企业境外并购效率影响的机理分析

当汇率波动通过影响企业境外并购能力与动机作用于境外并购决策后，这些境外并购的完成是否能为企业带来价值增值或效率改善仍待分析。我们将企业（并购方）境外并购效率分为并购方企业盈利能力、全要素生产率、企业投资效率、企业之间资源配置效率变化四个层面，旨在明确汇率波动对企业境外并购效率的影响机制，提出“竞争优势假说”“汇率治理假说”“估值优势假说”。

3.3.1　基于竞争优势理论的境外并购效率“竞争优势假说”

竞争优势理论主要来源于生产率的国际比较，是比较优势理论的深化和发展，但逻辑起点为绝对优势理论。竞争优势理论认为国家及其内部行业、企业的竞争力来源于生产要素、需求情况、产业集聚、企业战略等四个方面。Brander 和 Spencer 在 1985 年的研究认为：企业可以通过研发提高整体生产率、维护国家战略性产业地位，进而增强国际竞争力和市场份额。

竞争优势对跨国投资有重要作用。Dunning 在 1977 年提出的“国际生产折中理论”认为在所有权特定优势、内部化优势以及区位优势三者共同作用下，企业即具备对外直接投资的充分必要条件。首先，所有权特定优势是指企业不仅具有在生产设备、厂房等固定资产和专利技术、创新能力、营销手段、品牌商标等无形资产方面的优势，而且在跨国经营、资源配置以及交易风险控制等方面具有其他国家企业无法替代的优势。其次，内部化优势是指由于外部市场信息不完全、国际交易市场失灵等因素，跨国企业进行内部交易的成本远低于外部交易，因此可以通过建立内部市场实现国际贸易或投资，将分布在不同国家的经营活动或经营机构规制于同一公司治理框架下，以实现企业内部的高效率资源配置。所有权特定优势和内部化优势仅是企业进行对外直接投资的必要条件，若无区位优势条件支撑，企业可以选择国内生产、国外出口的模式实现利益最大化。最后，区位优势是指企业进行对外直接投资的地点拥有母国市场不具备的有利环境，如东道国引入外资的优惠政策、税收优惠、廉价的生产要素以及更具吸引力的市场需求等。因此，在存在以上三种优势的情况下，企业进行对外直接投资更具价值增值效应。

在“国际生产折中理论”三种优势定义的基础上，有学者进一步扩展出“所有权优势理论”“内部化优势理论”“区位优势理论”。Caves 在 2007 年的所有权优势相关研究中提出，进行对外直接投资的企业资产所有权，包括产品品牌和商标、创新外观设计和生产技术、销售渠道和营销手段、先进的管理经验等，其专有资产应满足有明显的权利界限、现有资产创造利润的能力高于东道国当地企业的同类资产、专有资产贬值速度较慢等优势特征。另外，具备优势的专有资产也可以是投资母国的制度或法律优势、社会规范或社会关系、国家文化或企业文化、治理制度和管理模式等。Dunning 和 Lundan 在 2008 年的研究中认为，相对外部市场，企业内部市场可以有效改善国际交易中的市场失灵情况，包括相关交易者对市场的不完全信息认知导致的不利于市场功能发挥的机会主义、道德风险和逆向选择；国际交易存在的外部不经济；对某一产品需求不足导致厂商无法实现充分的规模经济和范围经济等。在区位优势理论中，多数研究认为企业开展对外直接投资倾向于选择降低自身运营风险和组织协调成本的政治和政策稳定，政治制度较为成熟，与本国制度、文化、心理距离较为接近的地区。

但是，所有权优势理论、内部化优势理论更适用于发达国家企业，而发展中国家企业开展有价值增值的对外直接投资主要基于与发达国家相比的小规模技术方面的竞争优势以及市场熟悉程度带来的事务性竞争优势。由于发展中国家市场需求远远小于发达国家企业投资所需达到预期的规模经济起点值，且发达国家技术复杂性相对更高，发展中国家的企业融入投资东道国时进行改造的成本超出其收益，因此，发展中国家的跨国企业可以凭借小规模技术优势在投资东道国开展生产活动并获得规模经济，进而获得与发达国家企业相媲美的竞争优势。事务性竞争优势主要是指由于经济发展水平差异等因素，发达国家跨国企业可能不熟悉其他发展中国家的制度差异，而发展中国家跨国企业开展对外直接投资更加适应投资东道国的制度设置、法律保护以及信息环境，此时发展中国家跨国企业的竞争优势有利于境外并购整合效率提升。我国学者葛顺奇和罗伟在2013年采用新产品占销售产出比例、人均管理成本、资本密集度表征企业专有资产；采用人均产出和企业全要素生产率衡量企业异质性特征；采用利润率和债务利息率分别表示内源、外源融资约束程度；采用出口强度代表对外直接投资意愿，实证研究认为我国企业开展对外直接投资受母公司竞争优势的显著影响，证实了竞争优势理论在我国制度和市场环境下的适用性，但尚未进一步分析竞争优势驱动的对外直接投资效率是否有别于其他因素驱动下的对外直接投资效率。

我们将企业全要素生产率、市场估值、融资特征等上市公司竞争优势因素考虑在内，参考竞争优势理论基本思想，解释生产率优势与购买力优势在境外并购决策及并购效率中的作用。汇率波动通过企业利润和生产率变化引发竞争优势驱动的境外并购，其理论机制如图3－5所示。

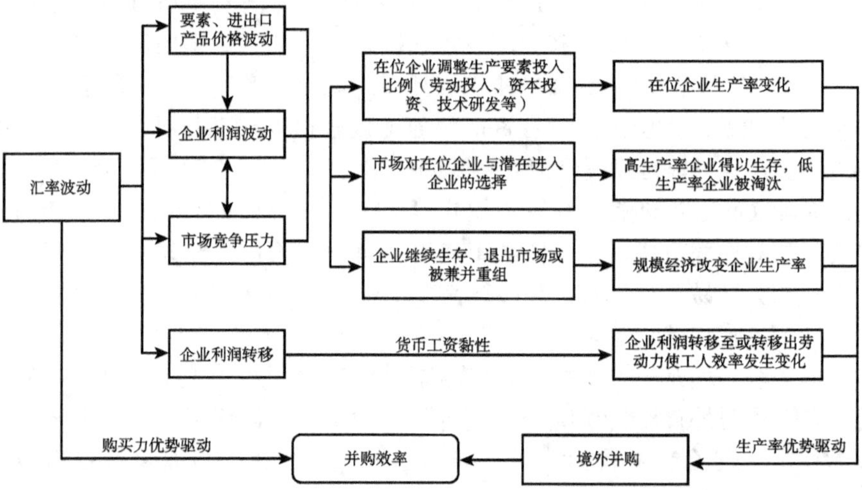

图3－5　汇率波动与竞争优势驱动下的境外并购效率

首先，汇率波动可能通过影响生产要素投入比例、企业规模经济、市场选择作用，进而通过企业进入与退出、企业利润转移等途径作用于微观企业生产率。与此同时，目标企业所在国家货币的不利汇率冲击也将导致其被兼并或收购的可能性增加，甚至最终退出市场。在企业异质性理论框架中，生产率往往被作为企业选择国内经营、出口或对外直接投资（绿地投资或境外并购）的主要影响因素。我国有学者研究发现，相对绿地投资，生产率越高的企业更有可能使用并购模式进入境外市场。以高生产率作为竞争优势的企业进行境外并购往往表现出比估值因素驱动的境外并购交易更高的完成率，以及更优秀的并购后资源整合能力，境外并购的完成又有可能促进并持续推动企业生产率提升。另外，本国汇率升值导致境外资产价格即境外并购成本的相对降低、本国货币购买力的提升也是并购方竞争优势的重要表现，企业将在此类并购中以相对更低的本币价格（境外目标资产一般以当地货币计量）获取目标企业。

因此，汇率波动导致的企业生产率变化可提高竞争优势驱动的境外并购交易可能性，而此类并购交易往往表现出比估值因素驱动交易更好的并购效率。

3.3.2 基于风险规避理论的境外并购效率“汇率治理假说”

企业进出口行为受汇率波动的直接影响，不利的汇率冲击将导致企业利润和竞争环境发生剧烈波动，但从现有文献研究成果来看，很多学者发现企业并不存在明显的汇率风险敞口，之所以得出这样的结论，除计量方法、研究背景、时间序列选择及样本选取之外，可能来源于企业采用的经营对冲或金融对冲手段，这些汇率对冲工具可以帮助面临汇率冲击的企业稳定自身价值，以致出现“汇率不相关”现象，面临汇率风险的管理层具有风险规避倾向并采用了风险对冲手段。

如汇率波动对企业并购的“投资效应”假说所述，产品市场竞争在其中发挥了重要作用。当本国汇率升值时，出口企业面临来自国际市场中其他替代产品的竞争压力，无论是在生产者所在国家货币定价情况下的出口价格上升或是在消费者所在国家定价情况下的出口企业承担价格损失均对企业利润产生负向冲击，加之国际市场竞争环境的加剧将不利于企业提升投资能力；本国汇率的升值也使国内市场中外国企业因其母国货币相对贬值而实现竞争力提升，对本土企业产生挤出效应。从进口角度来看，本国汇率升值将降低企业进口投入品成本及进口产成品成本，国内同行业企业（纯本土经营和有进出口业务的企业）将面临巨大的替代压力。在竞争压力下的企业有动机购买优质资产实现规模经济、降低边际成本，而市场竞争作为企业外部治理机制之一，可以有效约束管理层机会主义以及在并购交易中的超额支付行为，此时企业并购满足“汇率波动—市场竞争—企业（境外）并购—效率提升”的逻辑关系。

如汇率波动对企业境外并购的“对冲效应”假说所述，跨国多元化经营属于汇率风险的经营对冲手段之一，境外并购可以通过在地理上分散经营业务、以当地生产代替出口、整合目标企业优质资源等方式应对汇率波动带来的市场竞争环境变化、稳定企业价值，但现有研究对经营对冲工具与企业汇率风险敞口之间关系的分析未得出一致结论。Choi 和 Jiang 在 2009 年的研究中认为，相对外汇衍生品等金融对冲工具，经营对冲有利于降低汇率风险敞口、增加企业股票收益与企业价值，但在跨国公司中表现更为明显；郭飞在 2014 年对美的电器的案例研究表明，企业境外子公司的区域多元化分布对汇率波动交易风险和经济风险的降低均有积极作用；但是，跨国多元化的经济后果与其本身跨国经营宽度与深度相关，也与外汇衍生品等金融工具匹配使用相关。当企业面临不利的汇率冲击时，出口受阻或出口结构转化具有时滞性的企业将会加快作为替代行为的对外直接投资的速度。作为可以帮助企业建立境外子公司、深入东道国经营的途径之一，我们将境外并购作为企业的汇率风险经营对冲手段，探究汇率波动下企业的境外并购行为是否可以应对市场竞争、增加企业价值、缓解汇率暴露风险，进而表现为境外并购效率的优化，此时企业境外并购满足“汇率波动—风险应对—境外并购—效率提升”的逻辑关系（见图 3-6）。因此，无论汇率波动对企业境外并购决策的影响通过“投资效应”还是“对冲效应”实现，最终企业将会为应对市场竞争环境变化导致的经营风险或汇率波动对企业价值不利影响的汇率风险而提升境外并购可能性，且伴随着并购效率的提升。我们将企业受经营风险与汇率风险环境约束下的高效率并购作用渠道定义为“汇率治理假说”。

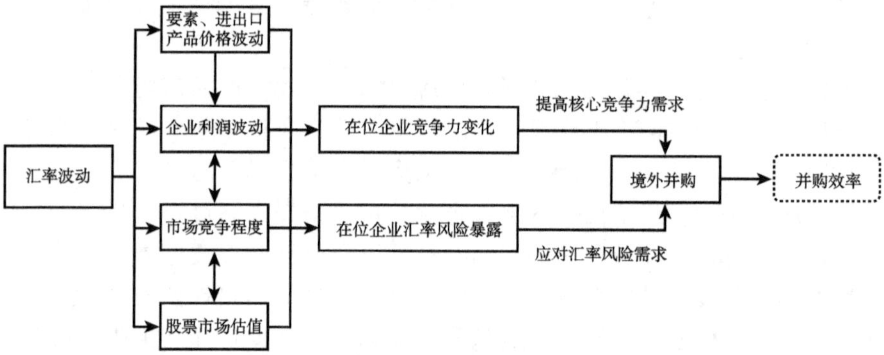

图 3-6　汇率波动与经营风险和汇率风险驱动的境外并购效率

3.3.3　基于信息不对称理论的境外并购效率“估值优势假说”

信息不对称理论可以用来阐明并购交易中并购方管理层与目标企业股东之间、并购方管理层与外部股东之间的信息不对称引发的并购决策、企业融资及支付方式选择等，也可用于解释并购方企业因汇率风险引致额外交易成本可能带来的境外并购效率（主要为财务绩效）的差异。境外并购相对境内并购面临着更高的信息不对称水平，政治制度、法律环境、市场条件、社会文化、公司治理、会计准则等方面的差距也会导致跨国企业“外来者劣势”更加明显，较高的不确定性增加了并购方信息搜寻和处理成本，投资国和东道国之间的各层次差异易导致并购失败或并购效率低下。

传统完备资本市场理论的前提假设是经济人拥有完全信息，内外部融资成本不存在差异，企业投资也不受融资成本差异的影响。但实际经济生活中，各市场主体不可能拥有完整信息，信息优势方利用信息不对称获取自身收益的动机易导致道德风险和逆向选择，而外部投资者由于信息劣势无法判断管理层决策是否与公司价值最大化目标一致。Jensen 和 Meckling 在 1976 年提出委托代理理论，即管理层受托经营公司，其掌握的有关公司经营和企业价值的信息远多于外部股东，但管理层决策带来的成本和风险由外部股东共同承担，因此导致管理层与股东利益不一致的代理冲突。Shleiffr 和 Vishny 在 1997 年从信息不对称理论视角探究了投资者获取回报、维持企业外部筹资的公司治理问题，管理层按照契约管理投资者的资本投入，但契约的不完整性造成管理层与投资者之间剩余控制权的低效率分配，管理层会利用信息优势进行投资决策，进而可能出现投资效率低下等问题。

在并购交易尤其是境外并购中，并购方企业与目标企业之间存在严重的信息不对称（见图 3 -7），目标企业股东掌握有关自身真实价值的私有信息，并购方只能根据目标企业的历史财务信息、管理层预测数据、第三方金融中介机构提供的信息、资本市场信息进行价值估计，此时并购方可获得信息的数量和质量对并购估值和并购效率将产生直接影响，目标企业是否接受并购也会向外界传递出增量信号。与此同时，并购方企业管理层与股东之间的信息不对称可能导致管理层做出低效率投资决策，并购方管理层拥有的高价值信息促使其在并购对价、外部融资、支付方式等方面做出决策，而并购方外部股东的利益可能在管理层的不同决策中遭受损失。例如，目标企业认为自身价值被低估且其对被并购后的未来经营保持乐观态度时，更倾向于接受并购并更愿意接受股票支付以在整合后的企业中保留持股地位并获得并购前价值低估带来的并购后的价值增值，此时，资本市场对并购交易的反应确定了支付价值，并购方和目标方企业共同承担了并购中因信息不对称带来的额外风险，而并购方企业管理层认为自身价值被市场高估时，更愿意进行投资活动且倾向于选择发行股票以实现并购交易的换股支付，降低融资成本。与此同时，外部股东对企业发行股票行为传递的信号往往持消极态度，受限于自身信息劣势而压低企业估值，进而造成逆向选择现象。相对境内并购，境外并购面临更为广泛的信息不对称，这不仅来源于上述微观企业层面的两种信息不对称，而且同时来自国家之间制度、经济、市场、文化、社会、语言等差异对并购方与目标方企业之间信息不对称程度的加剧。

在并购交易涉及利益相关方所在国家汇率波动剧烈的情况下，目标企业资产价值的不确定性进一步提高，因此将影响并购方的相关决策。根据汇率波动影响股票价格的现金流导向理论（flow-oriented theory）和资本流动理论（capital flow theory），汇率波动会对企业进出口收入、国内外市场竞争力以及短期资本流动产生影响，进而作用于营业利润和股票价格，而股票价格波动中进一步包含了汇率波动风险，当并购方所在国家货币价值相对目标企业所在国家货币发生变动时，并购方企业股票价格的相对高估或者低估将驱动其做出或撤销并购决策。此时，并购方管理层与目标企业股东之间的信息不对称程度进一步扩大，并购交易的价值相关性相比境内并购可能具有其他异质性特征。

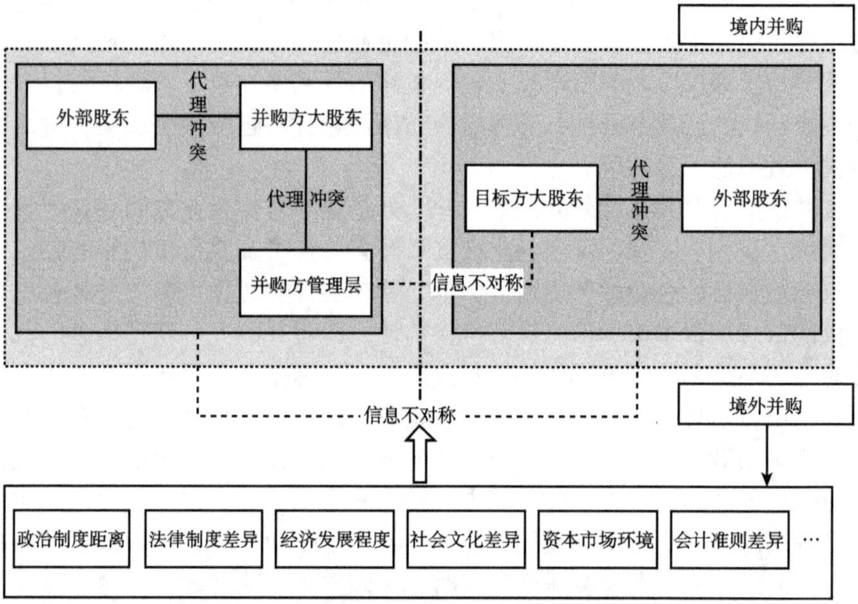

图 3-7　并购交易中的信息不对称理论框架

在信息不对称理论的基础上，我们定义企业“过度并购”为并购方管理层在企业自身估值有利但并未对目标企业价值以及并购后协同效应做出准确评估时即进行境外并购交易。一方面，信息不对称问题阻碍了管理层并购效率的提升，同时，代理冲突导致管理层的私人利益攫取动机损害了外部股东价值。而汇率波动带来的股票市场价格相对目标企业所在国家资本市场价格的变化和企业自身估值的变化促使具有择时特征的境外并购交易的实施，即并购方企业估值优势来源于国家股票市场的相对高估和企业自身价值的相对高估两个层面，具有追求廉价资产动机的企业在价值高估时融资成本降低、支付能力提高，往往忽略了目标企业的真实价值与自身的资源整合能力。因此，估值优势驱动的境外并购（也称为“资产价格驱动型并购”）可能受益于本国汇率升值导致的并购成本降低，进而表现为短期会计收益的提升，但并购带来的长期效率将低于自身竞争优势引发的并购交易效率。

如图3－8中汇率波动与估值优势驱动的境外并购效率逻辑框架所示，价值高估对境外并购的低（长期性）效率可能通过以下三种渠道实现：

① 价值高估一方面促使企业内部经营目标提升以及外部分析师等中介的乐观估计，为避免因未达内部目标而减少薪酬或未达外部盈余预测而使整个企业受到市场惩罚，企业管理层会为维持股价不得不做出短期内符合市场预期但损害股东财富与企业长期价值的投资行为，如兼并重组、投资于净现值为负的风险性项目、过度的内部现金流支出等。此时，价值高估驱动的境外并购并未实现资源的有效配置，而目标方的加入可能为并购方企业带来负向的利润冲击。

② 企业价值高估来源于内部管理层与外部股东之间的信息不对称，当股价高于其真实价值时，管理层可以利用自身信息优势发行股票获得低成本外部融资、实施并购交易或在并购中使用股票支付方式，目标企业原股东为了在并购后的企业中保持所有权地位等原因接受换股并购，在此情况下，市场一旦发现错误估值，并购方股价降低与目标方企业股价升高导致市值差异消失，且股票收益和经营表现均低于可比企业，此并购交易的长期股票收益将出现大幅下降，同时对应着并购涉及企业的资源配置效率低下。

③ 企业利用市场估值优势进行境外并购尤其是换股并购可能造成并购方的超额支付，并同时向外部投资者传递了自身价值被高估的信号，此时，无论并购方企业管理层是否对目标企业价值进行了有效评估以及对并购后协同效应有效预期过高的并购溢价转移了并购方股东财富，并购方企业最终都将获得负面的市场回报，并购绩效降低。

Akbulut在2013年采用管理层内部人交易衡量企业市值高估研究问题中，发现股票高估的企业管理层更有可能进行换股并购，但这类交易对并购方企业短期内股票收益有显著负面影响，且并购方长期的业绩走向也显著低于其他同样被高估但未进行并购的可比企业，股东财富在以市值高估驱动的境外并购行为中遭受损失。如图3－8所示，我们认为企业价值高估驱动的境外并购可能通过因高并购溢价将价值增值让渡给目标企业股东，或因交易前对目标企业估值错误以及并购后整合能力较差，绩效低于其他无并购的可比企业。相对竞争优势驱动的并购交易，企业在价值高估下进行的并购交易虽可能因汇率变化带来的并购成本降低而获得短期会计收益，但股东财富或长期内并购效率较低。

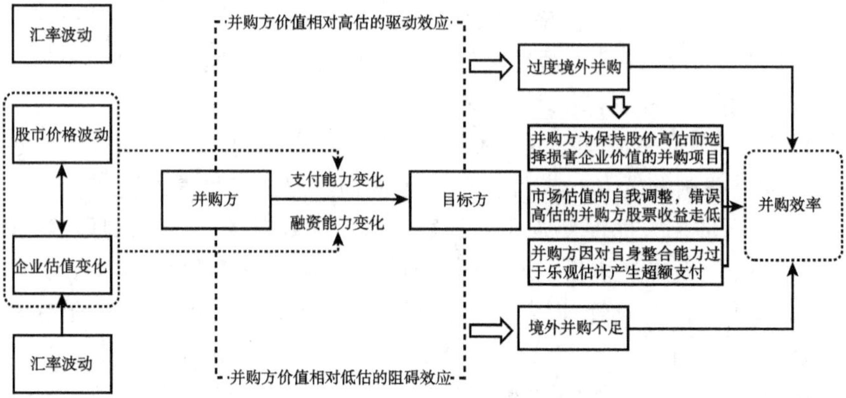

图 3-8　汇率波动与估值优势驱动的境外并购效率

综上所述，本书实证逻辑框架为：

针对第一个研究问题，我们分别从汇率水平变化、汇率波动程度两个维度讨论汇率波动对企业境外并购决策的影响，并在已得出汇率水平变化与汇率波动程度对境外并购决策影响关系的基础上再讨论汇率预期的增量作用。首先，汇率水平变化可能通过“投资效应”与“对冲效应”两种机制作用于上市公司境外并购决策；其次，我们从风险规避和实物期权视角构建了汇率波动程度对上市公司境外并购决策的双向影响机制：企业出于风险规避动机将提升境外并购可能性以避免未来更高的汇率波动风险带来的额外损失。同时，境外并购的投资不可逆和信息不对称等特征促使企业取消或推迟境外并购以获得实物期权价值。此问题将在第 4 章进行实证检验。

针对第二个研究问题，我们分别从汇率水平变化和汇率波动程度两个维度讨论汇率波动对企业境外并购效率的影响。第一，汇率升值将提升企业对境外资产的购买力与全要素生产率，企业基于货币价值和生产率优势开展的境外并购将受益于并购成本缩减与自身资源整合能力，进而提升并购效率，即为“竞争优势假说”。第二，汇率升值将通过影响企业面临的产品市场竞争环境进一步积极作用于境外并购效率，而汇率波动程度增加带来的汇率风险将促使企业开展价值型并购，虽因系统风险加剧而可能降低并购财务绩效，但资源配置效率更高，市场竞争程度与汇率波动风险均对企业境外并购决策起到治理作用，即为“汇率治理假说”。第三，汇率升值作用于国家股市价格与企业价值，具有套利动机的企业将在缺乏对目标企业的正确估值和对并购后协同整合能力有效判断的情况下择时购进境外廉价资产，此类并购促使企业获得财富效应，但并购资源配置效率相对较低，即为“估值优势假说”。此问题将在第 5 章进行实证检验。

针对第三个研究问题，属于前两个研究问题的拓展，将在第6章给予详细讨论。首先，在汇率波动对上市公司境外并购决策影响的基础上加入融资约束的考虑，认为汇率升值导致的流动性短缺以及汇率波动程度增强导致的信贷系统不确定性将促使融资约束企业进一步降低境外并购的可能性。再者，在汇率波动对上市公司境外并购效率影响的基础上加入并购融资来源、是否有风险资本支持以及并购交易支付方式的考虑，认为债务融资、风险投资均可对上市公司境外并购行为起到治理作用，而现金支付的境外并购可以缓解并购跨时较长导致的汇率交易风险和经济风险，以及股价受汇率波动影响带来的额外交易风险。因此，在汇率波动情况下，债务融资、有风险投资支持以及现金支付的境外并购效率更高。

3.4　实证研究框架

3.4.1　实证研究思路

针对我们提出的两个基本研究问题——汇率波动怎样作用于境外并购决策、汇率波动怎样作用于境外并购效率，一个拓展问题——并购方融资特征与并购支付方式怎样影响境外并购-汇率波动敏感性，我们设计两个基本研究模型，即汇率波动对上市公司境外并购宣告可能性Probit回归模型和汇率波动对上市公司境外并购效率的OLS回归模型。之后，为进一步研究并购方融资特征和并购交易支付方式对并购的影响，在基础回归模型中加入调节效应（交乘项）或分组回归分析。

为厘清汇率波动对上市公司境外并购的作用渠道以及存在条件，我们进一步基于汇率传递理论、信息不对称理论等基本理论，对企业竞争地位、行业竞争环境、企业进出口属性、要素密集程度等因素的中介或调节效应进行拓展性检验。最终，通过替换主要变量计量方式、根据汇率制度的市场化变革节点进行分时间序列统计、对内生性问题进行讨论等途径以保障基本检验结论的稳健性。实证研究思路如图3-9所示。

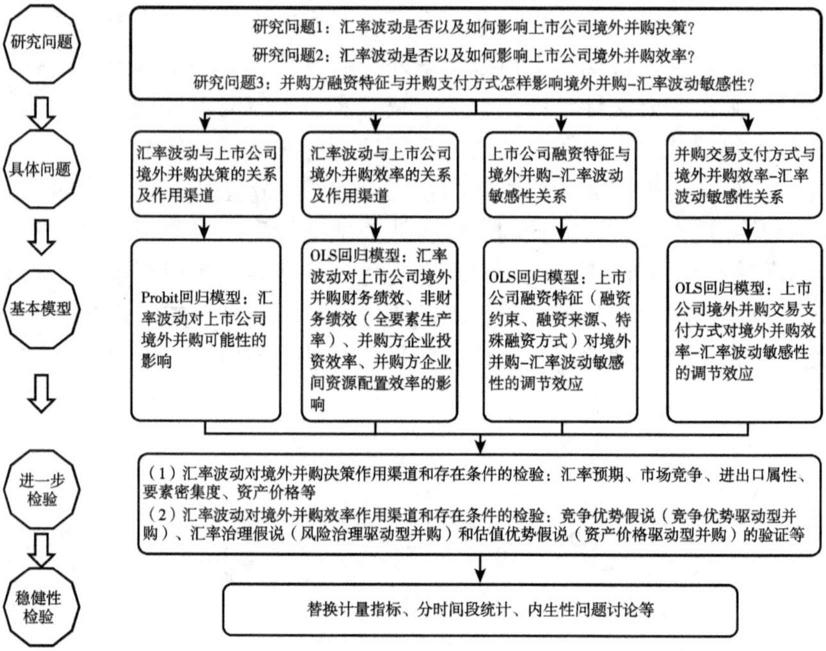

图 3－9　实证研究思路

3.4.2 样本选择

本书在实证研究部分（第4~6章）选取沪深A股上市公司于2000—2016年间宣告的全部并购交易（包括境内并购和境外并购，包括已完成和未完成状态）为初始基础样本，探究汇率波动对上市公司并购决策的影响，并通过境外并购与境内并购的对比厘清汇率波动对企业并购“投资效应”和“对冲效应”的差异。我们通过Thomson SDC Platinum全球企业并购数据库提供的并购方英文名称手动匹配沪深A股股票代码后，共有2 622家上市公司宣布的16 230笔并购交易或事项，其中境内并购15 379起，境外并购共851起。初始样本分布如表3－1和表3－2所示。

表3－1　并购交易样本分布

样本描述	样本总体分布
2000—2016年间我国企业宣告的并购交易[①]	45 072
2000—2016年间我国上市公司宣告的并购交易	16 393

① 我们使用Thomson SDC Platinum全球企业并购数据库中提供的Deal Number字段作为并购交易的识别变量，防止一项并购交易的多次宣告导致样本扭曲，但并购样本包括并购方对同一目标企业的渐进收购。

续表

样本描述		样本总体分布
按照并购方企业英文名称可匹配上市公司股票代码（A+B股）的并购交易		16 315
2000—2016年间我国沪深A股上市公司宣告的并购交易		16 230
（1）	沪深A股上市公司宣告的境内并购	15 379
（2）	沪深A股上市公司宣告的境外并购	851

表3-2 沪深A股上市公司宣告的境外并购交易目标方所在地分布

目标企业所在地	数量	目标企业所在地	数量	目标企业所在地	数量
中国香港	135	美国	132	澳大利亚	67
德国	62	加拿大	42	意大利	35
新加坡	31	英国	28	日本	26
法国	24	巴西	20	泰国	16
中国台湾地区	14	韩国	13	荷兰	13
西班牙	10	俄罗斯	8	印度尼西亚	8
马来西亚、印度、瑞典、丹麦					7
瑞士、蒙古、克罗地亚					6
加蓬、以色列、哈萨克斯坦					5
巴基斯坦、芬兰、葡萄牙、卢森堡、比利时、英属维尔京群岛					4
挪威、菲律宾、塔吉克斯坦、匈牙利、土耳其、新西兰、智利、南非、中国澳门、越南、阿根廷、开曼群岛					3
波兰、立陶宛、伊拉克、玻利维亚、捷克、奥地利、刚果（金）、乌兹别克斯坦					2
伊朗、赞比亚、塞尔维亚、老挝、秘鲁、乌拉圭、塞浦路斯、毛里求斯、多米尼加、阿塞拜疆、卡塔尔、爱尔兰、吉尔吉斯斯坦、尼泊尔、牙买加、尼日利亚、白俄罗斯、哥伦比亚、象牙海岸、爱沙尼亚、沙特阿拉伯、阿联酋、莫桑比克、莱索托、乌干达、埃及、阿曼、斯洛文尼亚、斯洛伐克、乍得					1

在探究汇率波动与境外并购效率关系的实证研究中，参照以往有关境外并购交易的认定，选择同时符合以下条件的境外并购样本为研究对象：①并购方为沪深A股非金融保险类上市公司；②目标企业来自境外（包括中国香港、中国台湾等，但剔除英属维尔京群岛、开曼群岛等避税海岛）非金融保险类行业

企业；③并购方收购的目标公司股权比例大于 20%；④并购交易已完成（Status = Completed）[①]，剔除宣告但未完成或无状态更新的样本；⑤并购事件前后盈利能力财务数据和股票交易数据无缺失；⑥剔除研究年度内被特殊处理（ST/PT）或资不抵债的上市公司。为避免多次并购交易带来的交叉影响，只保留每个上市公司 2 年内仅发生 1 次境外并购交易的样本，剔除 2 年内发生多次境外并购的样本公司。

3.4.3 数据来源

本书使用的汇率数据来自国际清算银行（http://www.bis.org/）、WIND 数据库、中国人民银行等；国家股票价格指数数据来自国际货币基金组织（IMF）金融数据库，我国深圳和上海证券交易所股价指数数据来自 CSMAR 数据库；行业进出口数据来自中经网统计数据库中“海关月度库”和世界银行数据库；企业层面进出口数据手工整理自上市公司财务报表及其附注；并购交易（如目标方财务情况、并购金额、支付方式、并购态度等）相关数据来自 Thomson SDC Platinum 全球企业并购数据库；并购方财务数据和治理数据来自 CSMAR 数据库。其余特殊变量的数据来源在书中将详细阐述。

3.4.4 核心模型设计与被解释变量说明

1. 汇率波动与境外并购决策

为探究汇率波动与企业境外并购决策之间的关系，本书实证研究的基本模型（Probit 模型）如式（3－1）所示，用该模型分别探究汇率水平变化、汇率波动程度及汇率预期对企业并购可能性的影响。其中，i 为公司标识、t 为年度标识，$M\&A_{i,t}$为企业并购哑变量（公司 i 在 t 年度是否宣告并购），$Exchange\ Rate_t$为汇率波动变量，$Exchange\ Rate_t$的回归系数 α_1 为企业并购倾向对汇率波动的敏感性，即主要关注系数；控制变量集合 Controls、回归系数集合 β 表明各控制变量对企业并购决策的影响程度；在基本检验中，控制行业固定效应（$\sum INDUSTRY$），由于 $Exchange\ Rate_t$衡量方法均基于国家层面的汇率数据，即汇率变量为年度变量，为避免共线性，回归模型中不再控制年度固定效应；α_0为截距项，$\varepsilon_{i,t}$为随机扰动项。

$$M\&A_{i,t} = \alpha_0 + \alpha_1 Exchange\ Rate_t + \beta Controls + \sum INDUSTRY + \varepsilon_{i,t} \qquad (3-1)$$

① 并购交易的其他状态有 Pending（待定）、Tentative（未定）、Unknown（未知）、Withdrawn（撤销）。

2. 境外并购效率的衡量

1）财务绩效：股价反应与会计收益

若资本市场中投资者对企业发生并购交易后的盈利能力与发展态势有着乐观预期，这将最终反应至股票价格中；而并购后会计盈余的变化直接体现了并购方对目标企业协同整合的效果。基于此，我们分别采用以股价为基础的市场反应和以会计盈余为基础的盈利能力变化两个角度衡量境外并购财务绩效。在以股价为基础的市场反应衡量方面，分别选取并购交易宣告日附近不同期间窗口的累计超额收益作为境外并购财务绩效的衡量指标。我们使用事件研究法以市场回报模型（market return model）估计个股期望回报，并依次得出异常收益，如式（3-2）所示。

$$R_{i,t} = \alpha_i + \beta_i R_{m,t} + \varepsilon \tag{3-2}$$

首先，以并购交易首次宣告日（$t=0$）的［-200，-31］窗口为模型估计期①，计算市场回报模型参数 α_i 和 β_i 的估计值（$\hat{\alpha}$，$\hat{\beta}$），其中，i 为公司标识，t 为首次宣告日标识，$R_{i,t}$为考虑现金红利再投资的日个股回报率，$R_{m,t}$为考虑现金红利再投资的流通市值加权平均法计算的综合日市场回报率，ε 为随机扰动项。

然后，根据市场模型估计参数，按式（3-3）求得事件窗口内的个股异常收益（abnormal return，AR）。

$$\mathrm{AR}_{i,t} = R_{i,t} - (\hat{\alpha}_i + \hat{\beta}_i R_{m,t}) \tag{3-3}$$

最后，分别选取境外并购交易宣告日附近不同的事件窗口，按式（3-4）计算各窗口期内个股累计超额回报（cumulative abnormal return，CAR），其中 T 为并购首次宣告日 t 的窗口期。

$$\mathrm{CAR}_{i,T} = \sum \mathrm{AR}_{i,t} \tag{3-4}$$

此外，还采用并购宣告前后年度的并购方企业息税前利润/年初资产价值（EBITA）和净资产收益率（ROE）的增加值作为会计利润基础计量的境外并购财务绩效。

2）非财务绩效：全要素生产率

企业全要素生产率本质上可以被理解为要素投入无法解释的总产出的剩余

---

① 我们在估计并购事件日相对短窗口期［-1，+1］、［-3，+3］、［-10，+10］、［-30，+30］时使用的估计窗口期为［-200，-31］，在估计并购事件日长窗口期［-60，+60］时使用的估计窗口期为［-200，-61］。

部分，即投入转化为产出的效率水平，全要素生产率不仅表示技术进步带来的效率改善，还反映了企业管理经验、知识水平、外部环境以及计算误差等非生产性投入带来的产出水平变化。以往研究形成了对微观企业全要素生产率的不同衡量方法，包括 Olley-Pakes 法、Levinsohn-Petrin 法、广义矩估计法等。参考 Giannetti 等在 2015 年对中国企业生产率的研究，我们将企业全要素生产率定义为上市公司层面回归方程的残差，如式（3－5）所示。

$$y_{i,j,t} = \alpha_{j,t} + \beta_{j,t} l_{i,j,t} + \gamma_{j,t} k_{i,j,t} + \sigma_{j,t} \vartheta_{i,j,t} + \varepsilon_{i,j,t} \tag{3-5}$$

其中，i 为公司标识，j 为行业标识，t 为年度标识。$y_{i,j,t}$为属于行业 j 的企业 i 在 t 年度的主营业务收入的自然对数，$l_{i,j,t}$为企业 i 在 t 年度的员工数量自然对数，$k_{i,j,t}$为企业 i 在 t 年末总资产的自然对数，$\vartheta_{i,j,t}$为企业 i 在 t 年度购买商品、接受劳务实际支付的现金流量的自然对数，$\varepsilon_{i,j,t}$为残差。以上回归模型以行业－年度分组回归，求出 $l_{i,j,t}$、$k_{i,j,t}$、$\vartheta_{i,j,t}$ 等变量的估计系数$\widehat{\beta_{j,t}}$、$\widehat{\gamma_{j,t}}$、$\widehat{\sigma_{j,t}}$及常数项估计值$\widehat{\alpha_{j,t}}$，进而计算各企业的残差值 $\varepsilon_{i,j,t}$，即为全要素生产率（TFP），如式（3－6）所示。

$$\mathrm{TFP}_{i,j,t} = \varepsilon_{i,j,t} = y_{i,j,t} - (\widehat{\alpha}_{j,t} + \widehat{\beta}_{j,t} l_{i,j,t} + \widehat{\gamma}_{j,t} k_{i,j,t} + \widehat{\sigma}_{j,t} \vartheta_{i,j,t}) \tag{3-6}$$

3）企业内部资源配置效率：投资效率①

首先，分别采用投资－投资机会敏感性和投资支出回归残差衡量并购方企业在宣告境外并购前后的内部资源配置效率变化，即投资效率。投资－投资机会敏感性（Q）衡量的是企业可以抓住投资机会并开展投资活动的程度，该敏感性越强表示企业投资效率越高。参考 Li 等人在 2013 年提出的投资－投资机会敏感性模型，采用公司层面聚类稳健标准差、控制行业和年度固定效应进行回归分析，模型如下：

$$\begin{aligned}\mathrm{INVEST}_{i,t} = {} & \alpha_0 + \alpha_1 \mathrm{TobinQ}_{i,t-1} + \alpha_2 \mathrm{CFO}_{i,t-1} + \alpha_3 \mathrm{SIZE}_{i,t-1} + \alpha_4 \mathrm{LEV}_{i,t-1} + \\ & \alpha_5 \mathrm{LISTAGE}_{i,t} + \sum \mathrm{INDUSTRY} + \sum \mathrm{YEAR} + \varepsilon_{i,t}\end{aligned} \tag{3-7}$$

其中，i 为公司标识、t 为年度标识。INVEST 为企业资本支出，用现金流量表中“购建固定资产、无形资产和其他长期资产支付的现金”经总资产标准

① 在投资效率模型方面，由于境外并购本身就是企业长期投资的形式之一，结合企业自身发展阶段、财务状况、所处行业以及股票估值等特征的异质性，企业可能存在投资不足（并购不足）或投资过度（过度并购）现象。在投资效率模型的设计中，我们针对的是剔除并购支出后的固定资产、无形资产和其他长期资产的投资效率变化，具体包括固定资产、无形资产、开发支出、在建工程、投资性房地产等投资，用以探究境外并购前后的并购方企业内部资源配置效率是否出现提升或下降，进而描述企业境外并购这一活动是否显著改变企业长期资产投资效率。

化的值来衡量；TobinQ 为企业投资机会，即市值账面比，但企业层面 Q 值可能存在噪声，本部分同时选取上市公司行业层面以企业资产规模加权的平均 TobinQ（INDTobinQ）作为投资机会的稳健衡量变量。另外，加入企业层面控制变量 CFO（经总资产标准化的经营活动净现金流量）、SIZE（企业规模）、LEV（财务杠杆）、LISTAGE（上市年限自然对数）；$\sum$INDUSTRY 和 $\sum$YEAR 分别为行业、年度固定效应。α_1 为投资－投资机会敏感性，即企业投资效率，后面将基于模型（3－7）开展汇率波动与投资－投资机会敏感性的关系研究，其他各控制变量系数分别代表各自对企业投资规模的影响程度。

为稳健性考虑，我们将进一步采用 Richardson 的投资回归模型残差衡量并购方企业的投资效率，采用模型（3－8）对投资效率进行估计。

$$\begin{aligned}\mathrm{DINVEST}_{i,t} = {} & \beta_0 + \beta_1 \mathrm{Tobin}Q_{i,t-1} + \beta_2 \mathrm{LEV}_{i,t-1} + \beta_3 \mathrm{RCASH}_{i,t-1} + \\ & \beta_4 \mathrm{LISTAGE}_{i,t-1} + \beta_5 \mathrm{SIZE}_{i,t-1} + \beta_6 \mathrm{RETURN}_{i,t-1} + \\ & \beta_7 \mathrm{DINVEST}_{i,t-1} + \sum \mathrm{INDUSTRY} + \sum \mathrm{YEAR} + \varepsilon \end{aligned} \tag{3-8}$$

其中，DINVEST 为企业 i 在年度 t 的新增投资，等于"（资本支出－出售长期资产收入－折旧）/总资产"，其中，资本支出为现金流量表中"购建固定资产、无形资产和其他长期资产支付的现金"，出售长期资产收入为"处置固定资产、无形资产和其他长期资产收回的现金净额"，折旧为"固定资产折旧、油气资产折耗、生产性生物资产折旧"。控制变量选取 TobinQ（企业投资机会）、LEV（财务杠杆）、RCASH（现金及现金等价物期末余额/总资产期末余额）、LISTAGE（上市年限自然对数）、SIZE（企业规模）、RETURN（考虑现金红利再投资的个股年回报率）。所有控制变量均取滞后一期值。此外，回归时控制了年度和行业固定效应。按照模型（3－8）回归之后得到的残差即为企业 i 的投资效率 ABNDINVEST，ABNDINVEST >0 为投资过度（OVERINVEST），ABNDINVEST <0 为投资不足（UNDERINVEST）。

4）企业间资源配置效率

借鉴现有研究，我们将资源投入（固定资产及其行业占比）与效益产出（全要素生产率）之间的敏感关系作为企业间资源配置效率的衡量指标①，模型如式（3－9）所示。

① 理论上使用资源投入（并购交易金额）对目标企业产出水平（全要素生产率、企业成长能力或主营业务增长率等）的敏感关系在并购前后的不同表现更能直接衡量并购引起的并购方企业与目标方企业之间的资源配置效率变化，但通过对境外并购样本和并购规模数据的分析可以发现，多数并购交易金额为估计值而并非实际值，且缺失较多，而目标企业大都是非上市公司，难以获得目标企业较为完整的财务数据。因此，我们从并购方企业在境外并购交易前后的资本投入视角，使用并购方企业在并购交易前后的固定资产投资与生产率的敏感关系来衡量企业间资源配置效率。

$$ASSETRATIO_{i,t} = \alpha_0 + \alpha_1 TFP_{i,t-1} + \beta Controls + \sum INDUSTRY + \varepsilon_{i,t} \quad (3-9)$$

其中，i 为公司标识，t 为年度标识。$ASSETRATIO_{i,t}$采用企业 i 占其所在行业所有 A 股上市公司固定资产比重，从行业投资份额角度考察高生产率企业是否获得更高比例的固定资产投资；α_1 为企业间资源配置效率。其他变量意义同前。

综上，并购方企业生产率、投资效率、企业间资源配置效率均从财务绩效角度之外考虑境外并购带来的经济后果，尤其考虑了并购交易对企业长期性生产效率的改善及对经营投资活动的影响，有助于解释除股价反应和会计利润等传统并购绩效计量指标之外并购对企业的实际作用。

第4章 汇率波动对企业境外并购决策的影响实证分析

由前面理论分析可知，汇率波动是企业境外并购决策的重要影响因素，除购买境外资产的价格和交易实际成本发生相对变化直接作用于企业境外并购倾向之外，汇率波动还将通过对不同层次价格的传递效应作用于营业利润、市场竞争、股票估值、汇率暴露风险等因素，进而影响企业并购尤其是境外并购决策。本章将对汇率波动对上市公司境外并购决策的影响进行实证检验，从企业并购能力与并购动机视角提出汇率水平变化的“投资效应”和“对冲效应”两种机制；从风险规避和实物期权视角提出汇率波动程度对境外并购决策的促进或抑制的竞争性假设；在进一步检验中考虑汇率预期影响企业对境外并购成本收益的权衡，提出汇率预期的“价格效应”与“替代效应”假说。

4.1 理论分析与研究假设

4.1.1 汇率水平变化与企业并购

1. 投资效应：汇率水平变化与企业整体并购

在汇率升值或贬值直接影响企业购买境外资产的成本和预期收益之外，当汇率发生波动并作用于企业出口商品、进口投入品、进口商品、物价水平等不同层次价格时，除与进出口收入有关的盈利波动导致可用于投资的内部现金流发生变化之外，企业所处国内与国外两个市场竞争环境、企业所处资本市场价格和自身估值的变化也将促使其改变生产经营与投资决策。并购决策作为企业投资的重要形式与规模扩张的途径，其受汇率波动的影响机制可能具备普通固定资产投资特征，同时也存在其他异质性表现。

第一，从汇率波动对企业进出口相关营业利润和要素配置影响的视角来看，以人民币相对升值、出口目标国货币相对贬值为例，由于我国出口企业产品基本遵循生产者货币定价原则，以人民币标价的产品出口价格（产品离岸价格，不包含国际物流和进口国家当地发生的运输成本等）基本不受汇率冲击影响，在本币标价不变的同时导致该出口商品在目标国以当地货币计价的价格增长，汇率价格传递率较高。此时，我国出口商品的国际竞争力因价格增长而降低，成本黏性的存在导致出口收入减少和营业利润降低，企业投资能力因盈利水平降低而受到限制。与此同时，本币升值降低了进口投入品和产成品成本，虽可能降低了进口投入品依赖型企业的生产成本，但国外商品的进入和国外原材料的替代性增强加剧了国内类似产成品的市场竞争程度，对于本土经营或国内销售占企业总销售收入比例较大的企业，受到国外低价产品的挤出效应影响，营业利润和固定资产投资能力下降。

以上分析主要针对有直接进出口业务或进出口业务占整体营业收入较大比例的企业以及生产类似产品的本土经营企业在汇率水平变化时投资能力的波动，连接汇率升贬值与投资支出关系的支点即为企业营业利润，随汇率波动发生的利润变化对投资能力形成限制。出口收入和进口产成品竞争渠道表现为汇率升值与企业固定资产投资之间的负相关关系，进口成本渠道表现为汇率升值与企业固定资产投资之间的正相关关系。当汇率波动对企业固定资产投资的正负影响作用无法完全抵消时，为降低要素边际投入成本、提高企业生产效率、稳定经济收入，企业将主动调整资本支出规模与劳动力的比例，即资本要素与劳动力要素的相对密度，资本要素密度将最终作用于生产效率，而高效率企业更倾向于进行价值型并购，且生产率的提高对境内和境外并购都有明显的推动作用。

第二，企业并购与普通固定资产投资的关键差异在于并购交易不仅同固定资产投资一样可以实现企业的扩大再生产和持续成长，而且并购带来的企业间有效资源的整合促进了企业核心竞争力的发掘和竞争优势的提升，以缓解汇率波动对其营业利润的不利影响，即固定资产投资受限于企业利润水平与投资能力变化，但并购型资本支出可以通过整合不同企业资源、提高核心竞争力应对企业利润走低，汇率波动对企业收入支出的不利影响可能倒逼并购决策。因此，无论是出口依赖型企业还是在本国出口市场中占有较大份额的企业，在面临汇率升值导致的出口竞争压力增加的情况下，倾向于兼并或收购优质资产、内部化交易成本、扩大经营规模，进而缓解出口竞争力的下降，稳定企业利润；而进口中间品依赖型企业由于生产成本的降低，将进一步把国内投入品替换为国外类似中间品以最大化利用成本优势，营业利润的提升促使其并购能力的增加，而生产规模的扩大依然需要稳定的市场需求，因此，面向出口以及国内销售的进口型企业在汇率升值的情况下同样有开展并购交易、扩大市场份额的需求。

第三，从汇率波动对纯本土企业（无任何进出口业务）经营环境影响的视角来看，本国汇率升值导致进口产成品价格相对降低，在关税和反垄断等政策不变的情况下，国外生产该产品的企业更易在我国实现出口，国内市场中生产类似该进口产品的企业竞争优势下降，而出口企业在面临汇率升值时可能进一步将国外业务转向国内，从而导致纯本土经营企业边际利润和竞争优势下降。国内市场竞争压力的增加带来企业经营风险的进一步提高和垄断利润的降低，此时市场竞争作为一种外部治理机制将约束管理层机会主义，面临被兼并收购和破产风险的企业将更倾向于并购其他优质资产应对汇率升值的不利冲击，企业的并购倾向将显著增加。此时，低效率企业将在汇率升值的竞争压力下被淘汰或被兼并重组，在位企业或新进入市场的企业往往具有更高的生产率，为其开展并购活动奠定了基础。

第四，若汇率波动对企业投资的利润转移渠道成立，本币升值导致国内物价水平的降低，进而将企业利润转移至人力资本手中，虽限制了普通固定资产投资的规模，但汇率升值带来的竞争压力将减少劳动要素的粗放型投入。在员工薪酬得到优质保障的情况下有利于企业稳定或吸引管理型、技术型人才。因此，企业在提升生产效率的同时可能获得有丰富并购经验或营销能力的管理人员，也有可能导致管理层过高估计自身能力与并购协同效应，但最终均表现为企业并购倾向的增加。

第五，已有研究表明汇率波动与股市价格波动之间存在一定程度的相关关系，有关“汇市影响股市”还是“股市影响汇市”的研究主要包括“流量导向理论”和“存量导向理论”。前者针对汇率对股价的影响，当一国经济对进出口贸易具有较大的依赖性时，汇率水平变化将影响进出口企业在国际市场中的竞争力和自身价值，而且汇率波动带来的通货膨胀也将对股市价格产生影响。后者针对股价对汇率的影响，当一国股市价格上涨时带动了本国货币需求和利率水平上升，进而导致本币升值和资本内流。当本币汇率升值时，传统国际贸易理论认为贸易顺差降低，国家为降低汇率升值对出口的不利影响将增加外汇储备，即买入外币、投放本币导致货币供应量增加；与此同时，在本国汇率升值或预期升值时，投机性外国资本将进入国内以期资本升值收益，而外汇占款的增加导致本国基础性货币投放量增加，引发流动性提升，股市将因此上涨。吴江林在2007年、邓燊和杨朝军在2007年的研究中发现，人民币汇率升值导致我国股市价格走高（单向Granger原因），而当一国股市相对高涨时，企业融资成本较低，受外部融资约束程度较小，企业可能择时发行股票获得融资，并拥有足够的资金开展并购活动，从而引发企业并购可能性的相应提升。

基于以上分析，在未区分境内并购与境外并购的前提下，基于企业所处产品市场竞争环境和资本市场价格波动的角度提出以下汇率水平变化对企业并购影响的“投资效应”假设：

H1a：其他因素不变，人民币汇率升值促使上市公司进行并购。

2. 对冲效应：汇率水平变化与企业境外并购

汇率波动风险包括交易风险、经济风险和折算风险，或分为立足于市场需求波动的长期经济风险和基于结算汇兑损益的短期交易风险。其中，交易风险是指使用外汇计算交易收付价格的企业因汇率波动受到损失的可能性，主要包括商品与劳务进出口交易、资本流入流出中的风险，如汇率变化发生在进出口实际收付劳务或货物和费用支付过程、外币计价的资产和负债的发生或偿还过程、远期外汇交易等活动中；经济风险即经营风险，是指未预期的汇率波动对企业正常生产和销售（包括生产与销售数量、商品价格、生产成本等方面）的影响进一步引发企业未来期间收益受损或经营活动净现金流减少的可能性；折算风险即会计风险，是指企业在对涉及外汇的交易进行会计处理时（如由交易货币转为记账本位币），因汇率波动导致账面损失的可能性。有学者认为，发达国家企业面临的汇率风险主要是经济风险和折算风险，而我国跨国企业主要面临交易风险。但是，从近年来国际贸易保护演进与人民币实际有效汇率来看，出口难度与汇率震荡幅度均有所增加，而未预期汇率变化对我国出口产品在目的国的需求直接受到影响，纯本土经营的企业也将因国内市场中的价格波动和国外低价产品的涌入面临汇率经济风险。

企业在面临汇率冲击时会采用经营对冲或金融对冲手段应对汇率波动对企业价值的不利影响。经营对冲方式主要是指改变公司的实际经营方式以降低整体汇率风险暴露程度（企业价值对汇率波动率的敏感性），如分散出口目的地国家以降低对一种货币汇率波动的依赖性、采用本国货币计价以获得稳定出口收入、维持客户以缓解汇率波动对市场需求的冲击、加快生产速度并减少商业信用以减少汇率折算风险、在销售合同中加入有关汇率波动补偿的条款以降低汇率在应收账款偿付期间内的不利冲击等。金融对冲方式包括远期合约、期权、掉期交易、外币负债等金融性质的对冲工具。现有对发达国家资本市场的研究发现金融对冲工具可以通过降低税收负担、缓解企业破产风险和价值波动程度、降低对管理层风险补偿水平要求、降低代理冲突、缓解投资不足等途径提升或稳定企业价值；我国学者郭飞在 2012 年的研究中发现，使用外汇远期、货币掉期等外汇衍生金融工具的跨国公司价值受金融对冲的正向影响，但仅在汇率升值期间表现更为明显。当企业在多国有经营业务时，其往往放弃使用金融衍生品以实现汇率风险对冲，这可能来源于现有金融衍生品涉及币种无法完全匹配企业对冲需求。

由上文分析可知，汇率波动将直接作用于企业进出口相关利润与市场竞争环境，因此，为应对汇率波动的不利影响，企业可能积极调整经营决策，加之我国金融衍生品市场发展较晚，且缺乏多类别币种的对冲工具，或企业持有的金融衍生品规模太小以至于并不会对分散汇率风险和企业价值增值起到明显作用。因此，经营对冲可能是我国上市公司针对汇率波动进行主动风险管理的主要途径。境外并购虽具有较高的调整成本，但具备实现多国化经营、替代或补充出口、分散化币种、降低对某一出口客户的依赖性等功能，基于此，本部分将其作为企业应对汇率风险的经营对冲手段，探究上市公司境外并购倾向是否受汇率波动影响进而作用于企业价值。

以人民币汇率升值为例，汇率升值提高了我国企业对境外货币标价投入品和资产的购买能力、降低了外币负债的还款压力，而企业也将在融资活动中减少外币资产或增加外币负债、在经营活动中缩减生产成本、在投资活动中降低固定资产投资支出，因此，本国汇率升值将导致企业对其他国家企业的并购成本相对降低，境外并购交易发生的可能性增加。再者，由于出口与对外直接投资可能存在的替代关系及全球价值链约束，汇率升值对出口的阻碍（汇率经济风险）反而促进了企业对外直接投资尤其是生产型投资的增加，企业尤其是高效率企业有动机选择更具风险的投资项目或寻找优质并购目标在汇率剧烈波动的宏观环境中维持竞争地位，而低效率企业更易被市场淘汰或被兼并重组。最后，当企业决定并购且并购方管理层认为汇率波动是短暂现象时，通过境外并购可实现套利并最终带来并购方企业短期超额收益的增加，而企业未来预期收益并不会受到汇率短暂升值的不利影响，即汇率升值对企业境外并购的影响中“财富效应理论”和“相对成本理论”相对“预期收益理论”占据主导作用。因此，在汇率升值时，企业更宜采用境外并购这种方式对冲汇率风险。

基于以上分析，境外并购比类似境内并购具有成本优势，且通过分散经营实现了对交易风险和经济风险的对冲，因此，提出汇率水平变化对企业境外并购影响的“对冲效应”假设：

H1b：其他因素不变，相对境内并购，人民币汇率升值促使上市公司进行境外并购。

4.1.2 汇率波动程度与企业并购

汇率波动程度对企业经营或投资决策有直接影响，而汇率水平对微观企业决策及企业价值的影响可能在汇率波动程度不同的情况下表现有所差异，如Devereux和Yetman在2002年研究发现汇率波动程度较大时汇率的价格传递作用更强；但Webber在1999年对亚太地区九个国家的进口价格受汇率波动影响的短期和长期表现进行研究时，发现汇率波动程度与汇率对进口价格的传递作用呈显著负相关关系；谷任和朱琳慧在 2016 年研究发现，当汇率波动幅度较小时，汇率水平变化对企业经营投资决策影响不大。随着我国汇率市场化改革的推进，人民币名义汇率和实际有效汇率的震荡弹性均有明显提升，汇率波动程度的增长进一步增加了未来汇率预期的难度及物价的不确定性，企业根据汇率水平变化做出经营和投资决策调整的可能性会受到汇率波动程度的影响。与现有文献对对外直接投资或出口东道国汇率波动程度的相关研究不同，本研究主要解释本国汇率（并购方所在国家）波动程度对企业境外并购决策的影响。

从实物期权理论角度来看，本国汇率波动程度的增加对企业利润波动有助推作用，由于并购活动固有成本的存在，企业受制于经营风险将对重大资产投资决策持审慎态度；企业并购具有不可逆等实物期权特征，汇率波动程度增加将促使企业延迟或取消并购等投资活动。外部风险提升了企业并购的实物期权价值，管理层有动机推迟并购以获得更多有关目标企业的价值信息，如 Chen 等在 2006 年研究发现，台币相对人民币的实际有效汇率波动程度阻碍了台湾对大陆的直接投资，其中原因可能来源于投资可被视为看涨期权，其价值随着潜在不确定性的增加而提升，此时投资者可能会进一步等待投资时机、延迟投资行为以在未来一段期间内获得更多与投资项目价值相关的信息；进一步，在境外并购与绿地投资的对外直接投资方式选择中，应用实物期权理论的现有研究发现，企业在不确定性越高的情况下越倾向于选择绿地投资而非并购。李平等在 2017 年采用历史波动率衡量汇率预期波动风险、采用实际波动率衡量汇率实际波动风险时，发现我国企业的对外直接投资受汇率实际波动风险的负面影响，汇率预期波动风险影响不明显，即企业可以通过对冲方法规避或缓解汇率预期风险，而汇率实际风险带来的预期收益少于汇率波动的损失，汇率波动程度主要通过实物期权作用机制负面影响对外直接投资。综上，基于实物期权角度，汇率波动性加剧可能导致企业整体并购和境外并购减少。

从风险规避理论角度，汇率波动程度增加，提升了企业开展投资活动或涉外行为的未来预期收益的各种可能性，当预期收益现值超过汇率波动风险带来的额外成本时，企业将倾向于对外直接投资。在汇率波动程度增加时，出口商营业利润不确定性增加，本土企业经营风险增加，导致出口减少，即出口的不可逆性带来汇率波动程度与出口之间的负相关关系，而出口企业预期收益不确定程度的增长又导致产品市场竞争加剧，反过来将迫使企业增强核心竞争力、降低经营风险。有效的企业并购，包括横向、垂直及多元化并购，具有整合优质资源、提高市场占有率、拓展产业链等功能，汇聚并购方和目标方资源之后的企业将更具备经营优势，提高竞争地位，汇率波动程度与企业并购决策呈正相关关系。再者，在母国市场竞争压力加剧的情况下，企业在境外市场谋求发展可以规避汇率波动带来的不确定性，而当汇率波动程度对国际贸易造成的负向影响较大时，对外直接投资可以作为克服贸易壁垒的手段替代公司出口，企业的对外直接投资规模会因汇率波动程度的增加而增加。当企业管理层面临的宏观环境波动风险与信息不对称水平提高时，目标企业所在国家、市场及其本身的不确定性会为其未来经营带来更高的风险，此时，企业通过并购而非绿地投资或出口方式进入目标国家将可以更快融入当地市场环境，减少外部投资者的错误定价。境外并购可以将本以出口形式占有东道国市场的途径转化为东道国当地生产、当地乃至更广的国际范围销售的模式，即并购本身可以作为企业应对汇率经济风险和交易风险的经营对冲手段，汇率风险的增加促使境外并购交易的形成。因此，风险规避型企业在汇率波动加剧时倾向于增加并购交易，以避免未来汇率剧烈波动带来的更大损失。

自从人民币汇率市场化改革以来，虽多次调整人民币兑美元汇率波动区间，但一直强调汇率变化的稳定性与渐进性，当外界投资者面临的整体风险中汇率风险的影响程度较低时，其预期报酬率可能并未发生明显变化。而且，人民币汇率预期进一步巩固了汇率波动环境的相对稳定性，因此，可能并未最终显著作用于企业并购决策。再者，无论是企业出口与汇率波动还是对外直接投资与汇率波动之间的关系，均可能存在国别、行业、区域、时期、企业等层面的差异，虽然名义汇率与实际汇率已非常接近，但两者的作用机制可能存在区别，因此基于汇率波动程度对企业并购的影响提出竞争性假设：

H2a：其他因素不变，若实物期权理论成立，人民币汇率波动程度与上市公司进行并购或境外并购的可能性负相关。

H2b：其他因素不变，若风险规避理论成立，人民币汇率波动程度与上市公司进行并购或境外并购的可能性正相关。

汇率波动程度对汇率升贬值与企业并购倾向之间的关系具有调节作用。汇率水平变化对企业投资的影响一般在汇率波动程度相对较大的情况下表现更为显著，这来源于当汇率波动程度较小时，企业经营或投资决策的调整成本远高于汇率波动带来的经济损失，此时企业经营、投融资等决策变化不明显；但在汇率升值或贬值时期，不同币种的汇率波动程度对企业价值和投资决策的影响可能具有不对称特征。Clark 和 Mefteh 在 2011 年采用法国上市公司样本研究中发现股票收益对汇率风险的反应呈非对称性，对美元与非美元货币的暴露程度具有差异，而金融对冲工具的使用仅对非美元货币的升贬值以及美元贬值有作用，对美元升值无明显效果。谷任和朱琳慧在 2016 年的研究中发现我国上市公司股价对美元、日元、欧元名义汇率以及人民币实际有效汇率的暴露程度有显著差异，认为企业未来的风险管理应主要应对美元升值以及日元和欧元贬值带来的非线性汇率风险。

继汇率波动程度对企业并购直接影响的理论分析，若汇率波动程度对企业整体并购和境外并购起促进作用（风险规避），汇率升值与较大的波动程度对市场竞争环境和预期收益不确定性的双重推动作用将导致企业并购倾向提升更加明显，此时并购决策的调整成本小于汇率波动可能带来的经济损失，但若汇率波动幅度较小，可预期的汇率走势以及并购交易较高的调整成本将缓解企业并购倾向的进一步增加，即汇率波动幅度对汇率升值与并购正相关关系具有正向调节作用；若汇率波动幅度对企业整体并购和境外并购起阻碍作用（实物期权），汇率升值对企业并购的正向促进作用受汇率波动程度增加带来期权价值的负向影响，企业在汇率波动程度增加时将推迟或取消并购，即汇率波动幅度对汇率升值与并购倾向正相关关系具有负向调节作用，因此对应 H2a 和 H2b，提出竞争性假设：

H3a：其他因素不变，若实物期权理论成立，人民币汇率波动程度负向调节汇率水平变化与上市公司并购或境外并购倾向之间的正相关关系。

H3b：其他因素不变，若风险规避理论成立，人民币汇率波动程度正向调节汇率水平变化与上市公司并购或境外并购倾向之间的正相关关系。

4.2 模型设计与变量定义

我们使用模型［式（4－1)］估计汇率波动对企业并购决策的影响。采用人民币兑美元名义汇率和人民币实际有效汇率作为汇率水平变化的衡量指标，采用滞后年度人民币月度名义汇率或实际有效汇率的标准差衡量汇率波动程度，采用 1 年期人民币无本金交割远期外汇交易（NDF）与即期人民币兑美元名义汇率（直接标价法）之差作为汇率预期的衡量指标。由于汇率变量均为年度变量，因此，在回归模型中不再控制年度固定效应。

除汇率因素之外，在对并购倾向的回归分析中采用控制企业资产规模（SIZE)、企业盈利水平（ROA)、企业财务杠杆（LEV)、并购方产权性质（SOE)、企业发展能力（GROWTH)、公司年龄（ESTAGE)、公司股权集中度（TOP1)、高管薪酬（COMP）等公司层面特征变量，并控制行业固定效率（$\sum$ INDUSTRY)。本章涉及的其他重要变量具体定义详见表 4－1，其中 i，j，t 的意义同前。

$$\begin{aligned} \mathrm{M\&A}_{i,t} = {} & \alpha_0 + \alpha_1 \mathrm{Exchange\ Rate}_t + \alpha_2 \mathrm{SIZE}_{i,t-1} + \alpha_3 \mathrm{ROA}_{i,t-1} + \\ & \alpha_4 \mathrm{LEV}_{i,t-1} + \alpha_5 \mathrm{SOE}_{i,t} + \alpha_6 \mathrm{GROWTH}_{i,t-1} + \alpha_7 \mathrm{ESTAGE}_{i,t} + \\ & \alpha_8 \mathrm{TOP1}_{i,t-1} + \alpha_9 \mathrm{COMP}_{i,t-1} + \sum \mathrm{INDUSTRY} + \varepsilon_{i,t} \end{aligned} \tag{4-1}$$

式（4－1）中，$\alpha_0 \sim \alpha_9$ 为回归系数，Exchange Rate 意义同前。

表4－1　变量定义

类别	变量名称			变量定义
被解释变量	并购可能性		$M\&A_{i,t}$	并购事件哑变量，企业 i 在 t 年度宣告了并购交易或事项取1，否则为0
			Cross-Border $M\&A_{i,t}$	境外并购事件哑变量，企业 i 在 t 年度宣告了并购交易或事项且目标企业为境外企业（含港澳台）时取1，否则为0
			Domestic $M\&A_{i,t}$	境内并购事件哑变量，企业 i 在 t 年度宣告了并购交易或事项且目标企业为境内企业时取1，否则为0
	境外并购完成率		Completed Cross-Border $M\&A_{i,j,t}$	并购完成哑变量，企业 i 在 t 年度对境外目标企业 j 宣告的并购状态为"已完成"取1，为"已撤销"则取0
	并购规模		M&A $Volume_{i,t}$	并购规模变量，并购交易金额加1取自然对数（并购交易规模单位：百万元人民币；若交易金额以外币计价，则通过Thomson SDC Platinum全球企业并购数据库提供的交易汇率字段折算为人民币）
解释变量	人民币兑美元名义汇率	汇率水平变化	EXC_US_t	间接标价法下人民币兑美元月度名义汇率在 t 年度的平均值①
		汇率波动程度	$EXC\_US\_VOL_t$	间接标价法下人民币兑美元月度名义汇率在 t 年度滞后12个月的标准差②
	人民币实际有效汇率	汇率水平变化	EXC_REER_t	人民币月度实际有效汇率自然对数在 t 年度的平均值
		汇率波动程度	$EXC\_REER\_VOL_t$	人民币月度实际有效汇率自然对数在 t 年度滞后12个月的标准差③
	人民币兑目标国货币名义汇率	汇率水平变化	$EXC\_TARGET_{j,t}$	间接标价法下人民币与目标企业所在国家 j 货币月度名义汇率在 t 年度的平均值
		汇率波动程度	$EXC\_TARGET\_VOL_{j,t}$	间接标价法下人民币与目标企业所在国家 j 货币月度名义汇率在 t 年度的标准差
	汇率预期		$NDF_{i,t}$	人民币无本金交割远期外汇交易（数据可获得完整年度2009—2016）与对应年度在岸人民币兑美元名义汇率的差额。由于此计量方式的人民币离岸或在岸汇率均为直接标价法，因此，NDF越大说明人民币贬值预期越严重，NDF越小说明存在人民币升值预期

① 在描述性统计部分，保留间接标价法下人民币兑美元月度名义汇率的原始值以明确该汇率指标的实际水平；为使回归系数大小合理，在统计回归时将 EXC_US_t 和 EXC_REER_t 做标准化处理。

② 由于各年度之间人民币与美元月度名义汇率的标准差较小，为使多元回归系数大小合理，在相关系数检验以及多元线性回归部分均将 $EXC\_US\_VOL_t$ 标准化。

③ 由于各年度之间人民币实际有效汇率自然对数的标准差较小，为使多元回归系数大小合理，在相关系数检验以及多元线性回归部分均将 $EXC\_REER\_VOL_t$ 标准化。

续表

类别	变量名称		变量定义
控制变量	企业资产规模	$SIZE_{i,t}$	企业 i 在 t 年末总资产的自然对数
	企业盈利水平	$ROA_{i,t}$	企业 i 在 t 年度的总资产收益率
	企业财务杠杆	$LEV_{i,t}$	企业 i 在 t 年末的总负债除以总资产，即资产负债率
	并购方产权性质	$SOE_{i,t}$	并购方 i 的产权性质哑变量，当企业 i 为国有企业时取 1，否则为 0
	企业发展能力	$GROWTH_{i,t}$	企业 i 在 t 年度的营业收入增长率
	公司年龄	$ESTAGE_{i,t}$	企业 i 成立年度加 1 的自然对数
	企业股权集中度	$TOP1_{i,t}$	企业 i 在 t 年时第一大股东持股比例
	高管薪酬	$COMP_{i,t}$	企业 i 在 t 年度董事、监事及高管年薪总额的自然对数
	国家文化距离	$CULTURE_{i,j}$	目标企业 j 所在国家的 Hofstede（1980）的国家文化分数的 6 个分指标与我国对应指标的差异离散程度，取自然对数
	国家间贸易联系	$ECORLT_{i,j,t}$	采用大年度我国对目标企业 j 所在国家的出口额占中国总出口的比例衡量贸易关联程度
	并购行业相关性	$SAMEIND_{i,j,t}$	并购交易的目标企业 j 和并购方 i 是否属于同一行业，当双方企业的 SIC 四位编码均一致时取 1，否则为 0
	并购交易涉及目标企业股权比例	$SHARE_{i,j,t}$	企业 i 宣告的对目标企业 j 并购的涉及股权比例哑变量，当交易涉及股权比例超过 50% 时取 1，否则为 0
	并购态度	$ATTITUDE_{i,j,t}$	采用 Thomson SDC Platinum 全球企业并购数据库公布的并购态度构建哑变量，当并购态度为“友好”时取 1，否则为 0
	目标企业在并购宣告日前的资产规模	$TARGETSIZE_{j,t-1}$	目标企业 j 在并购公告日前最后 1 个资产负债表日的总资产的自然对数
	目标企业在并购宣告日前的盈利能力	$TARGETROA_{j,t-1}$	目标企业 j 在并购公告日前最后 1 个会计年度的总资产收益率
	行业	INDUSTRY	并购方企业所处行业固定效应

4.3 实证检验结果

4.3.1 变量描述性统计

本部分以在我国沪深A股上市的企业为研究样本，进一步删除金融类行业、资不抵债（LEV>1）企业、研究年度内被特殊处理（ST/PT）的企业，一年内多次宣告并购交易的以第一次宣告时间为准，剔除所需变量数据缺失样本，并对连续型变量进行［1%，99%］的Winsorize处理。

表4-2为对企业并购可能性回归分析中所有涉及的主要变量的描述性统计结果。可以看出，32.91%的公司-年度样本存在并购事件宣告，其中5%为境外并购，95%为境内并购；样本期间内人民币兑美元名义汇率（间接标价法）均值为0.1462，人民币实际有效汇率均值为4.6563（自然对数），两种汇率均有一定的波动幅度。从控制变量描述性统计结果来看，上市公司资产规模均值为21.7150，样本之间规模差距较大；企业盈利水平均值为4.16%，同时存在负利润企业（最小值为-13.31%）；不同企业之间资本结构有较大差异，资产负债率最小值为4.90%，最大值为86.74%；样本中有52.52%的公司-年度样本为国有企业。

表4-2 主要变量描述性统计

变量	样本量	均值	标准差	最小值	第二四分位数(P25)	中位数(P50)	第三四分位数(P75)	最大值
$M\&A_{i,t}$	23 920	0.329 1	0.469 9	0.000 0	0.000 0	0.000 0	1.000 0	1.000 0
$Cross\text{-}BorderM\&A_{i,t}$	23 920	0.016 3	0.126 8	0.000 0	0.000 0	0.000 0	0.000 0	1.000 0
$DomesticM\&A_{i,t}$	23 920	0.312 8	0.463 6	0.000 0	0.000 0	0.000 0	1.000 0	1.000 0
EXC_US_t	23 920	0.146 2	0.015 5	0.121 8	0.131 5	0.150 6	0.159 2	0.162 7
$EXC\_US\_VOL_t$	23 920	0.001 3	0.000 9	0.000 1	0.001 1	0.001 4	0.002 2	0.002 9
EXC_REER_t	23 920	4.656 3	0.140 1	4.438 2	4.553 1	4.630 0	4.772 7	4.865 6
$EXC\_REER\_VOL_t$	23 920	0.021 8	0.012 5	0.007 1	0.010 6	0.017 8	0.034 5	0.047 8
$SIZE_{i,t-1}$	23 920	21.715 0	1.189 9	19.344 8	20.863 4	21.558 0	22.362 0	25.380 7
$ROA_{i,t-1}$	23 920	0.041 6	0.052 2	-0.133 1	0.013 7	0.036 2	0.066 1	0.221 3
$LEV_{i,t-1}$	23 920	0.457 6	0.199 4	0.049 0	0.306 8	0.464 9	0.612 5	0.867 4
$SOE_{i,t}$	23 920	0.525 2	0.499 4	0.000 0	0.000 0	1.000 0	1.000 0	1.000 0
$GROWTH_{i,t-1}$	23 920	0.219 4	0.545 9	-0.603 1	-0.017 3	0.127 1	0.306 2	3.868 5

续表

变量	样本量	均值	标准差	最小值	第二四分位数（P25）	中位数（P50）	第三四分位数（P75）	最大值
$ESTAGE_{i,t}$	23 920	2.599 1	0.410 9	1.098 6	2.302 6	2.639 1	2.890 4	3.332 2
$TOP1_{i,t-1}$	23 920	0.378 0	0.160 0	0.093 1	0.250 0	0.359 4	0.498 7	0.769 5
$COMP_{i,t-1}$	23 920	14.598 4	0.961 5	11.918 1	13.994 3	14.679 5	15.243 9	16.778 8

4.3.2 变量相关系数检验

表4－3为变量相关系数检验结果，其中下三角为Pearson相关系数，上三角为Spearman相关系数。从相关系数检验结果来看，人民币相对美元升值以及人民币实际有效汇率的升值均显著提升了企业整体并购、境内并购和境外并购倾向，人民币兑美元名义汇率波动程度的增加与企业宣告并购也呈正相关关系，并在1%水平上显著，但人民币实际有效汇率的波动程度对企业并购倾向的影响并非一致（$M\&A_{i,t}$和Domestic $M\&A_{i,t}$与$EXC_REER_VOL_t$的Pearson相关系数显著为正，Cross-Border $M\&A_{i,t}$与$EXC_REER_VOL_t$的Spearman相关系数显著为负，其余相关系数均不显著），初步证明了汇率升值对企业整体并购具有“投资效应”，对境外并购具有“对冲效应”，但汇率波动程度对企业并购倾向的影响需进一步进行多元回归分析。其余控制变量的相关系数表明回归变量之间并不存在严重的相关关系或共线性。

4.3.3 多元回归结果

1. 汇率水平变化与上市公司并购倾向

根据式（4－1）所示的模型，我们首先使用Probit模型对全样本以及宣告并购的企业子样本中汇率水平变化与企业并购倾向之间的关系进行回归分析，使用公司层面的聚类稳健标准差控制异方差问题，回归分析结果如表4－4所示，其中，第（1）～（3）、（5）～（7）列均为全样本下的回归分析结果，因变量分别为$M\&A_{i,t}$、Cross-Border $M\&A_{i,t}$、Domestic $M\&A_{i,t}$。为探索在有并购倾向的前提下企业在境内并购和境外并购之间如何选择，进一步在第（4）、（8）列分别列示了宣告并购的企业子样本、因变量为Cross-Border $M\&A_{i,t}$的回归结果。

第（1）～（4）列为人民币兑美元名义汇率水平（EXC_US_t）对上市公司并购倾向的回归结果，通过EXC_US_t的回归系数可以看出，在人民币相对美元升值时期上市公司更偏好并购，EXC_US_t系数在1%检验水平上显著为正，间接标价法下人民币兑美元名义汇率升值1个标准差，上市公司宣告并购的可能性将增加5.26%，上市公司宣告境内并购的可能性将增加5.27%；但在全样本以

表 4-3　相关系数检验结果

变量	$M\&A_{i,t}$	Cross-Border $M\&A_{i,t}$	Domestic $M\&A_{i,t}$	EXC_US_t	$EXC\_US\_VOL_t$	EXC_REER_t	$EXC\_REER\_VOL_t$	$SIZE_{i,t-1}$	$ROA_{i,t-1}$	$LEV_{i,t-1}$	$SOE_{i,t}$	$GROWTH_{i,t-1}$	$ESTAGE_{i,t}$	$TOP1_{i,t-1}$	$COMP_{i,t-1}$
$M\&A_{i,t}$	1	0.[illegible]85 ***	0.964 ***	0.175 ***	0.139 ***	0.180 ***	-0.003	0.112 ***	0.057 ***	-0.008	-0.103 ***	0.044 ***	0.093 ***	-0.052 ***	0.163 ***
Cross-Border $M\&A_{i,t}$	0.185 ***	1	-0.083 ***	0.052 ***	0.048 ***	0.075 ***	-0.013 **	0.065 ***	0.035 ***	-0.009	-0.035 ***	-0.001	0.025 ***	-0.004	0.079 ***
Domestic $M\&A_{i,t}$	0.964 ***	-0.083 ***	1	0.154 ***	0.128 ***	0.163 ***	0.001	0.096 ***	0.048 ***	-0.006	-0.095 ***	0.044 ***	0.088 ***	-0.052 ***	0.144 ***
EXC_US_t	0.196 ***	0.059 ***	0.183 ***	1	0.391 ***	0.816 ***	-0.220 ***	0.245 ***	0.042 ***	-0.050 ***	-0.209 ***	-0.081 ***	0.480 ***	-0.160 ***	0.548 ***
$EXC\_US\_VOL_t$	0.149 ***	0.051 ***	0.137 ***	0.6[illegible]5 ***	1	0.475 ***	-0.015 **	0.188 ***	0.059 ***	0.013 **	-0.109 ***	0.019 ***	0.341 ***	-0.145 ***	0.362 ***
EXC_REER_t	0.176 ***	0.074 ***	0.158 ***	0.835 ***	0.497 ***	1	-0.183 ***	0.254 ***	0.025 ***	-0.078 ***	-0.223 ***	-0.130 ***	0.499 ***	-0.159 ***	0.543 ***
$EXC\_REER\_VOL_t$	0.025 ***	-0.003	0.026 ***	-[illegible]48 ***	-0.021 ***	-0.106 ***	1	-0.048 ***	-0.023 ***	0.044 ***	0.068 ***	0.017 ***	-0.098 ***	0.041 ***	-0.111 ***
$SIZE_{i,t-1}$	0.109 ***	0.076 ***	0.090 ***	0.254 ***	0.198 ***	0.252 ***	-0.016 ***	1	-0.033 ***	0.401 ***	0.251 ***	0.049 ***	0.279 ***	0.131 ***	0.521 ***
$ROA_{i,t-1}$	0.055 ***	0.034 ***	0.046 ***	0.0[illegible]1 ***	0.044 ***	0.031 ***	-0.019 ***	-0.014 **	1	-0.410 ***	-0.140 ***	0.326 ***	-0.148 ***	0.100 ***	0.201 ***
$LEV_{i,t-1}$	-0.009	-0.011 *	-0.007	-0.[illegible]44 ***	0.008	-0.076 ***	0.044 ***	0.405 ***	-0.377 ***	1	0.220 ***	0.052 ***	0.204 ***	0.008	0.057 ***
$SOE_{i,t}$	-0.103 ***	-0.035 ***	-0.095 ***	-0.[illegible]12 ***	-0.122 ***	-0.223 ***	0.049 ***	0.259 ***	-0.126 ***	0.223 ***	1	-0.019 ***	0.005	0.219 ***	-0.051 ***
$GROWTH_{i,t-1}$	0.036 ***	0.005	0.035 ***	-0.[illegible]42 ***	-0.005	-0.066 ***	-0.022 ***	0.022 ***	0.206 ***	0.079 ***	-0.032 ***	1	-0.137 ***	0.040 ***	0.024 ***
$ESTAGE_{i,t}$	0.101 ***	0.027 ***	0.096 ***	0.4[illegible]4 ***	0.380 ***	0.457 ***	-0.023 ***	0.249 ***	-0.127 ***	0.210 ***	-0.009	-0.032 ***	1	-0.285 ***	0.350 ***
$TOP1_{i,t-1}$	-0.055 ***	-0.004	-0.054 ***	-0.[illegible]89 ***	-0.164 ***	-0.160 ***	0.015 **	0.160 ***	0.099 ***	0.011 *	0.220 ***	0.029 ***	-0.313 ***	1	-0.101 ***
$COMP_{i,t-1}$	0.170 ***	0.080 ***	0.150 ***	0.5[illegible]2 ***	0.417 ***	0.519 ***	-0.036 ***	0.521 ***	0.194 ***	0.061 ***	-0.056 ***	-0.017 ***	0.358 ***	-0.118 ***	1

注：***、**、* 分别表示相关系数在 1%、5%、10% 检验水平上显著。

及并购子样本中，人民币兑美元名义汇率的升值并未显著促进企业进行境外并购，即人民币兑美元名义汇率的变化对企业并购影响的“投资效应”成立，但对境外并购的“对冲效应”并不明显。人民币相对美元的升值导致我国出口企业及本土经营的企业均面临加剧的市场竞争环境，企业可以通过并购实现资源整合或市场占有，而非受限于盈利能力降低缩减并购投资。

第（5）~（8）列为人民币实际有效汇率水平变化对上市公司并购倾向影响的回归结果，在全样本的回归结果中 EXC_REER_t 的系数均在1%检验水平上显著为正。人民币实际有效汇率的升值提升了上市公司境内和境外并购倾向，EXC_REER_t 升值1单位标准差，上市公司宣告并购的可能性增加4.50%，在有并购交易的子样本中，EXC_REER_t 的回归系数在5%检验水平上显著为正，EXC_REER_t 升值导致有并购倾向的企业选择境外并购而非境内并购的可能性提升①。因此，人民币实际有效汇率的升值对企业并购行为影响的“投资效应”和“对冲效应”同时存在，即汇率升值不仅提升了包括境外并购和境内并购在内的企业整体并购倾向，而且在企业进行并购的前提下促进了境外并购而非境内并购，以实现企业多国化经营对冲汇率波动的目标。

从控制变量回归分析结果可以看出，规模较大、盈利能力较强、资产负债率较低、成长能力较强、股权集中度较低、高管薪酬水平较高的民营上市公司更加偏好并购，与现有研究基本一致。

表4-4 汇率水平变化与上市公司并购倾向

样本分组	$M\&A_{i,t}$	Cross-Border $M\&A_{i,t}$	Domestic $M\&A_{i,t}$	Cross-Border $M\&A_{i,t}$	$M\&A_{i,t}$	Cross-Border $M\&A_{i,t}$	Domestic $M\&A_{i,t}$	Cross-Border $M\&A_{i,t}$
	全样本			并购样本	全样本			并购样本
	(1)	(2)	(3)	(4)	(5)	(6)	(7)	(8)
EXC_US_t	0.147***	0.031	0.150***	-0.019				
	(11.99)	(1.00)	(12.19)	(-0.49)				
EXC_REER_t					0.125***	0.112***	0.117***	0.072**
					(11.11)	(3.73)	(10.35)	(2.11)
$SIZE_{i,t-1}$	0.080***	0.195***	0.057***	0.195***	0.071***	0.188***	0.049***	0.193***
	(7.75)	(7.50)	(5.50)	(6.34)	(6.85)	(7.13)	(4.68)	(6.25)
$ROA_{i,t-1}$	0.416**	0.574	0.344*	0.604	0.561***	0.889*	0.466**	0.887
	(2.20)	(1.24)	(1.82)	(1.05)	(2.95)	(1.89)	(2.44)	(1.51)

① 类似地，可以将境内并购哑变量作为因变量，并使用并购样本回归，可以得出 EXC_REER_t 系数在5%水平上显著为负。

续表

样本分组	$M\&A_{i,t}$	Cross-Border $M\&A_{i,t}$	Domestic $M\&A_{i,t}$	Cross-Border $M\&A_{i,t}$	$M\&A_{i,t}$	Cross-Border $M\&A_{i,t}$	Domestic $M\&A_{i,t}$	Cross-Border $M\&A_{i,t}$
	全样本			并购样本	全样本			并购样本
	(1)	(2)	(3)	(4)	(5)	(6)	(7)	(8)
$LEV_{i,t-1}$	-0.018	-0.391***	0.028	-0.434**	0.024	-0.286*	0.060	-0.344*
	(-0.32)	(-2.70)	(0.50)	(-2.51)	(0.43)	(-1.92)	(1.07)	(-1.95)
$SOE_{i,t}$	-0.250***	-0.302***	-0.222***	-0.228***	-0.242***	-0.262***	-0.218***	-0.185***
	(-13.02)	(-6.19)	(-11.52)	(-3.90)	(-12.52)	(-5.30)	(-11.25)	(-3.07)
$GROWTH_{i,t-1}$	0.083***	0.032	0.081***	-0.014	0.086***	0.034	0.083***	-0.015
	(5.14)	(0.74)	(5.03)	(-0.27)	(5.31)	(0.79)	(5.18)	(-0.29)
$ESTAGE_{i,t}$	-0.014	0.056	-0.021	0.089	-0.009	-0.020	-0.007	0.019
	(-0.53)	(0.91)	(-0.82)	(1.19)	(-0.36)	(-0.33)	(-0.26)	(0.25)
$TOP1_{i,t-1}$	-0.159***	0.032	-0.159***	0.139	-0.171***	0.015	-0.170***	0.125
	(-2.63)	(0.21)	(-2.62)	(0.79)	(-2.83)	(0.10)	(-2.80)	(0.71)
$COMP_{i,t-1}$	0.069***	0.142***	0.056***	0.131***	0.084***	0.112***	0.076***	0.096**
	(5.29)	(4.20)	(4.29)	(3.16)	(6.75)	(3.37)	(6.07)	(2.34)
INDUSTRY	Control	Control	Control	Control	Control	Control	Control	Control
_cons	-2.937***	-8.140***	-2.336***	-7.595***	-2.995***	-7.435***	-2.494***	-6.954***
	(-13.83)	(-15.60)	(-10.99)	(-12.21)	(-14.21)	(-13.84)	(-11.81)	(-10.82)
Pseudo R^2	0.038	0.090	0.032	0.073	0.038	0.093	0.030	0.074
Log lik.	-1.5e+04	-1.8e+03	-1.4e+04	-1.4e+03	-1.5e+04	-1.8e+03	-1.4e+04	-1.4e+03
Chi_squared	1141.253	307.811	938.603	184.504	1107.363	308.992	887.559	183.753
N	23 920	23 707	23 920	7 805	23 920	23 707	23 920	7 805

注：① ***、**、*分别表示相关系数在1%、5%、10%检验水平上显著。

② 对于除"样本分组"行外其他括号中的z值，当z值的绝对值大于2.58时，显著性水平为1%；当z值的绝对值大于1.96时，显著性水平为5%；当z值的绝对值大于1.645时，显著性水平为10%。下文类似情况仅注明"括号中为z值"。

2. 汇率波动程度与上市公司并购倾向

表4-5是汇率波动程度与上市公司并购倾向之间关系的回归统计结果，各列的意义同表4-4。从人民币兑美元名义汇率波动与人民币实际有效汇率波动变量的系数来看，$EXC_US_VOL_t$系数在全样本情况下均显著为正，但并未在上市公司对境外并购与境内并购的选择中表现出明显差异，$EXC_REER_VOL_t$系数在因变量为$M\&A_{i,t}$和Domestic $M\&A_{i,t}$的全样本回归中在1%检验水平上显著为正。以上结果说明，当上市公司面临的汇率波动风险不确定性增加时，更倾向于进行并购交易，尤其是境内并购，企业对境外并购并未表现出明显偏

好，管理层的“风险规避”动机高于持有“实物期权”动机，汇率波动程度的增加提高了并购项目未来预期收益的不确定性，管理层为避免未来无法预期的价值风险增加并购，因为通过并购可以实现不同企业间优质资源整合、扩大市场占有程度、抵御经营环境风险的加剧。

表4-5 汇率波动程度与上市公司并购倾向

样本分组	$M\&A_{i,t}$	Cross-Border $M\&A_{i,t}$	Domestic $M\&A_{i,t}$	Cross-Border $M\&A_{i,t}$	$M\&A_{i,t}$	Cross-Border $M\&A_{i,t}$	Domestic $M\&A_{i,t}$	Cross-Border $M\&A_{i,t}$
	全样本			并购样本	全样本			并购样本
	(1)	(2)	(3)	(4)	(5)	(6)	(7)	(8)
$EXC\_US\_VOL_t$	0.081***	0.065**	0.078***	0.045				
	(8.13)	(2.38)	(7.77)	(1.38)				
$EXC\_REER\_VOL_t$					0.049***	0.019	0.048***	0.001
					(5.89)	(0.90)	(5.77)	(0.02)
$SIZE_{i,t-1}$	0.081***	0.194***	0.059***	0.195***	0.084***	0.196***	0.061***	0.196***
	(7.91)	(7.48)	(5.66)	(6.33)	(8.16)	(7.54)	(5.92)	(6.35)
$ROA_{i,t-1}$	0.300	0.566	0.223	0.644	0.243	0.509	0.169	0.632
	(1.59)	(1.24)	(1.18)	(1.14)	(1.29)	(1.11)	(0.89)	(1.11)
$LEV_{i,t-1}$	-0.085	-0.394***	-0.042	-0.416**	-0.119**	-0.419***	-0.075	-0.423**
	(-1.55)	(-2.76)	(-0.77)	(-2.44)	(-2.18)	(-2.91)	(-1.37)	(-2.47)
$SOE_{i,t}$	-0.282***	-0.301***	-0.256***	-0.215***	-0.298***	-0.313***	-0.271***	-0.223***
	(-14.97)	(-6.28)	(-13.51)	(-3.77)	(-15.83)	(-6.53)	(-14.33)	(-3.89)
$GROWTH_{i,t-1}$	0.079***	0.028	0.077***	-0.019	0.086***	0.034	0.084***	-0.015
	(4.88)	(0.63)	(4.78)	(-0.35)	(5.30)	(0.78)	(5.19)	(-0.28)
$ESTAGE_{i,t}$	0.060**	0.048	0.057**	0.063	0.112***	0.076	0.107***	0.079
	(2.44)	(0.80)	(2.31)	(0.87)	(4.70)	(1.29)	(4.47)	(1.10)
$TOP1_{i,t-1}$	-0.140**	0.042	-0.141**	0.143	-0.159***	0.035	-0.159***	0.137
	(-2.32)	(0.28)	(-2.32)	(0.81)	(-2.63)	(0.23)	(-2.62)	(0.78)
$COMP_{i,t-1}$	0.111***	0.141***	0.100***	0.117***	0.135***	0.155***	0.123***	0.124***
	(9.07)	(4.43)	(8.18)	(3.00)	(11.35)	(4.97)	(10.36)	(3.21)
INDUSTRY	Control	Control	Control	Control	Control	Control	Control	Control
_cons	-3.705***	-8.087***	-3.148***	-7.347***	-4.202***	-8.379***	-3.626***	-7.494***
	(-19.15)	(-17.03)	(-16.26)	(-12.52)	(-22.56)	(-17.99)	(-19.48)	(-12.84)
Pseudo R^2	0.036	0.091	0.029	0.073	0.035	0.090	0.028	0.073
Log lik.	-1.5e+04	-1.8e+03	-1.4e+04	-1.4e+03	-1.5e+04	-1.8e+03	-1.4e+04	-1.4e+03

续表

样本分组	$M\&A_{i,t}$	Cross-Border $M\&A_{i,t}$	Domestic $M\&A_{i,t}$	Cross-Border $M\&A_{i,t}$	$M\&A_{i,t}$	Cross-Border $M\&A_{i,t}$	Domestic $M\&A_{i,t}$	Cross-Border $M\&A_{i,t}$
	全样本			并购样本	全样本			并购样本
	(1)	(2)	(3)	(4)	(5)	(6)	(7)	(8)
Chi_squared	1 063.693	298.540	854.743	181.454	1 040.501	311.276	834.871	183.746
N	23 920	23 707	23 920	7 805	23 920	23 707	23 920	7 805

注：***、**、*分别表示相关系数在1%、5%、10%检验水平上显著；括号中为z值。

3. 汇率水平变化、汇率波动程度与上市公司并购倾向

为探究汇率水平与企业并购倾向是否受汇率波动程度的影响，本部分在表4－4列示的统计回归基础上加入汇率波动程度及其与汇率水平变化变量的交乘项，统计结果如表4－6所示。表4－6中给出了全样本及宣告并购子样本下汇率水平变化、汇率波动程度与上市公司并购倾向之间关系的回归结果，初步发现名义汇率波动与实际有效汇率波动对企业并购决策存在不同影响效应，各列的意义同表4－4。

汇率水平变量（EXC_US_t和EXC_REER_t）、汇率波动程度变量（$EXC_US_VOL_t$和$EXC_REER_VOL_t$）回归系数的显著性在加入交乘项之后没有发生变化。汇率波动程度对汇率升贬值与企业并购决策关系的调节作用仅表现在因变量为$M\&A_{i,t}$和Domestic $M\&A_{i,t}$的全样本回归中，且人民币兑美元名义汇率波动程度负向调节汇率水平与企业（境内）并购倾向的正相关关系，人民币实际有效汇率波动程度正向调节汇率水平与企业（境内）并购关系。人民币相对美元的汇率升值对企业并购决策的促进作用在其本身波动程度较大时受到阻碍，人民币实际有效汇率升值在其波动幅度更大时对企业整体并购或境内并购的推动作用更强。另外，在对EXC_REER_t和$EXC_REER_VOL_t$的分析中，并未发现企业对境外并购的青睐，即人民币实际有效汇率升值对企业境外并购的“对冲效应”消失，但“投资效应”依然稳健。

对这种差异的解释，可以从人民币兑美元名义汇率与人民币实际有效汇率对企业经营或投资决策影响机制的差异来阐明。我国汇率制度经历多次市场化改革之后，逐渐从单一“盯住美元”转向“参考货币篮子且以市场供求为基础计算人民币多边汇率”①，人民币实际有效汇率更能反映经济体的整体汇率走势和国际竞争地位，而上面主要通过汇率升值和汇率波动程度增加的不利影响导致市场竞争环境变化，进而企业进行并购交易以整合资源或发展核心竞争力为

① 为验证此解释是否成立，在本章稳健性检验中我们对汇率制度改革的影响做进一步讨论。

主，大幅度的汇率波动使企业面临更有利或更不利的汇率环境，汇率交易风险和经济风险均增加。在汇率剧烈波动时，境外并购涉及的汇率折算风险比境内并购更高，此时企业境内并购倾向更为明显，因此，企业并购决策对人民币实际有效汇率水平变化的敏感程度更强。在人民币兑美元汇率波动程度较强时，企业可通过增加与其他国家贸易或投资来缓解美元交易的单一汇率风险，且名义汇率主要通过资产重新估值变化作用于企业决策，对企业面临的整体市场竞争环境影响相对不大，此时企业进行并购的调整成本高于美元汇率波动带来的损失，因此，人民币兑美元汇率波动程度负向调节汇率升值与并购之间的正相关关系。

表 4-6 汇率水平变化、汇率波动程度与上市公司并购倾向

样本分组	$M\&A_{i,t}$	Cross-Border $M\&A_{i,t}$	Domestic $M\&A_{i,t}$	Cross-Border $M\&A_{i,t}$	$M\&A_{i,t}$	Cross-Border $M\&A_{i,t}$	Domestic $M\&A_{i,t}$	Cross-Border $M\&A_{i,t}$
	全样本			并购样本	全样本			并购样本
	(1)	(2)	(3)	(4)	(5)	(6)	(7)	(8)
EXC_US_t	0.089***	0.015	0.092***	-0.009				
	(6.18)	(0.43)	(6.39)	(-0.21)				
$EXC\_US\_VOL_t$	0.027**	0.063**	0.021*	0.054				
	(2.46)	(2.18)	(1.92)	(1.58)				
$EXC\_US_t \times EXC\_US\_VOL_t$	-0.097***	0.007	-0.102***	0.062				
	(-6.31)	(0.16)	(-6.64)	(1.14)				
EXC_REER_t					0.127***	0.122***	0.118***	0.087**
					(11.06)	(3.86)	(10.25)	(2.40)
$EXC\_REER\_VOL_t$					0.051***	0.037	0.050***	0.024
					(6.01)	(1.52)	(5.78)	(0.86)
$EXC\_REER_t \times EXC\_REER\_VOL_t$					0.025**	-0.030	0.027***	-0.048
					(2.46)	(-1.15)	(2.67)	(-1.63)
$SIZE_{i,t-1}$	0.083***	0.194***	0.061***	0.193***	0.074***	0.188***	0.051***	0.192***
	(8.06)	(7.46)	(5.83)	(6.28)	(7.10)	(7.14)	(4.94)	(6.21)
$ROA_{i,t-1}$	0.382**	0.584	0.308	0.631	0.528***	0.900*	0.431**	0.947
	(2.02)	(1.27)	(1.63)	(1.10)	(2.77)	(1.91)	(2.26)	(1.61)
$LEV_{i,t-1}$	-0.049	-0.386***	-0.005	-0.417**	0.003	-0.285*	0.038	-0.329*
	(-0.88)	(-2.65)	(-0.09)	(-2.40)	(0.06)	(-1.90)	(0.68)	(-1.85)
$SOE_{i,t}$	-0.254***	-0.297***	-0.226***	-0.222***	-0.248***	-0.263***	-0.224***	-0.183***
	(-13.23)	(-6.12)	(-11.74)	(-3.82)	(-12.79)	(-5.33)	(-11.52)	(-3.04)

续表

样本分组	$M\&A_{i,t}$	Cross-Border $M\&A_{i,t}$	Domestic $M\&A_{i,t}$	Cross-Border $M\&A_{i,t}$	$M\&A_{i,t}$	Cross-Border $M\&A_{i,t}$	Domestic $M\&A_{i,t}$	Cross-Border $M\&A_{i,t}$
	全样本			并购样本	全样本			并购样本
	(1)	(2)	(3)	(4)	(5)	(6)	(7)	(8)
$GROWTH_{i,t-1}$	0.085 ***	0.027	0.084 ***	-0.022	0.089 ***	0.036	0.086 ***	-0.013
	(5.30)	(0.62)	(5.22)	(-0.40)	(5.50)	(0.85)	(5.37)	(-0.25)
$ESTAGE_{i,t}$	-0.031	0.042	-0.038	0.081	-0.004	-0.022	-0.001	0.014
	(-1.19)	(0.69)	(-1.45)	(1.09)	(-0.17)	(-0.36)	(-0.05)	(0.18)
$TOP1_{i,t-1}$	-0.139 **	0.041	-0.139 **	0.141	-0.171 ***	0.013	-0.169 ***	0.127
	(-2.29)	(0.27)	(-2.29)	(0.80)	(-2.82)	(0.09)	(-2.79)	(0.72)
$COMP_{i,t-1}$	0.063 ***	0.137 ***	0.050 ***	0.126 ***	0.086 ***	0.110 ***	0.078 ***	0.093 **
	(4.77)	(4.03)	(3.79)	(3.06)	(6.83)	(3.33)	(6.16)	(2.27)
INDUSTRY	Control	Control	Control	Control	Control	Control	Control	Control
_cons	-2.815 ***	-8.022 ***	-2.218 ***	-7.519 ***	-3.071 ***	-7.420 ***	-2.572 ***	-6.884 ***
	(-13.19)	(-15.42)	(-10.38)	(-12.11)	(-14.50)	(-13.73)	(-12.13)	(-10.64)
Pseudo R^2	0.040	0.091	0.034	0.074	0.039	0.094	0.032	0.075
Log lik.	-1.5e+04	-1.8e+03	-1.4e+04	-1.4e+03	-1.5e+04	-1.8e+03	-1.4e+04	-1.4e+03
Chi_squared	1156.629	300.018	958.137	184.247	1159.921	309.065	939.459	183.840
N	23 920	23 707	23 920	7 805	23 920	23 707	23 920	7 805

注：***、**、*分别表示相关系数在1%、5%、10%检验水平上显著；括号中为z值。

综上多元回归结果可以看出，人民币汇率水平变化及波动程度对上市公司并购倾向均具有一定的促进效应，但人民币兑美元名义汇率波动与人民币实际有效汇率波动对企业并购决策的影响存在差异性。具体地，人民币兑美元名义汇率升值促进企业并购和境内并购，相对境内并购，该汇率升值并未明显作用于境外并购倾向，即人民币兑美元名义汇率对企业并购主要表现为“投资效应”；人民币兑美元名义汇率波动程度的增加显著促进了企业宣告并购的可能性，体现了上市公司管理层的风险规避动机，企业在面临人民币兑美元名义汇率升值及汇率波动幅度增加时，未表现出比境内并购更明显的境外并购偏好；人民币兑美元名义汇率升值对企业并购的积极作用受汇率波动程度的负向调节。因此，人民币兑美元名义汇率水平变化主要通过“投资效应”作用于企业并购决策。

人民币实际有效汇率的升值提升了企业宣告境外并购和境内并购的倾向，且相对境内并购，人民币实际有效汇率的升值进一步增加了企业境外并购的可能性；但是人民币实际有效汇率波动程度仅对企业并购和境内并购有明显促进作用；与此同时，人民币实际有效汇率与企业并购之间的关系受其波动程度的正向调节，且仅表现在境内并购和整体并购中。人民币实际有效汇率水平变化可以通过“投资效应”和“对冲效应”作用于企业并购决策，但加入波动程度的考虑后“对冲效应”消失，人民币实际有效汇率的变化更加反映市场需求波动，企业在汇率升值和汇率波动幅度增加时更有动机通过并购实现竞争力的提升。总之，汇率波动对企业并购的“投资效应”更为稳健，在汇率波动时企业在购买力增强、境外投资成本降低的情况下并未表现出明显的过度境外并购偏好。

4.4 拓展性检验

4.4.1 汇率预期与境外并购可能性

现有研究基本遵循上述基本检验的实证逻辑，从汇率相对升贬值和汇率波动程度两个视角对企业生产经营和投融资决策受汇率波动影响的程度进行检验，往往忽略了汇率预期在企业并购决策中的调节作用。有关汇率预期与企业进出口等生产经营活动之间的关系已经得到部分验证，以往文献的基本观点是认为汇率预期对汇率水平变化与整体物价水平、进出口价格、企业投资成本收益等之间关系具有增量作用。

从汇率预期对微观企业进出口价格的传递效应的影响来看，汇率预期一方面直接影响企业进出口和投融资决策，另一方面可以巩固汇率水平与企业行为之间的关系。以进口为例，进口国家的货币相对商品或劳务来源国家货币的升值预期可能导致进口国企业预估未来进口成本更低，因而会推迟进口，即使在本期汇率已升值的状态下也不会增加进口规模，即强烈的汇率预期对企业经营决策的调节作用可能高于汇率本身发生变动带来的直接效果。范言慧等在 2008 年使用离岸市场中人民币无本金交割远期外汇交易的 1 年远期报价（NDF）作为人民币升值预期的衡量指标，发现人民币升值预期将抑制汇率水平对国际贸易的影响，人民币汇率升值预期将导致进口商延迟进口以降低成本，使出口商加快出口结汇。本币升值预期将减少进口或扩大出口规模，增加国际贸易顺差，即汇率升值缩减贸易顺差的假设在汇率预期升值的情况下并不成立。李艳丽和彭红枫 2014 年在汇率对出口价格不完全传递效应的基础上考虑了汇率预期的增量作用，认为汇率预期影响进口商的需求决策以及出口商的本外币定价决策，并提出汇率预期影响进口需求和出口定价的处于相反方向的价格效应和替代效应。其中，价格效应是指进口贸易合同中可能存在未来期间付款的规定，因此在合同签订时进口需求会受到汇率预期的影响，若进口商预期在其本国货币付款时升值（出口国货币预期贬值），会增加进口需求，以获得本币升值后支付货款为企业带来的额外收益；替代效应是指在预期未来本国货币相对出口国货币贬值（出口国货币预期升值）时，进口价格的预期上涨导致进口商提前增加进口。在汇率预期对出口本外币定价影响方面，本国货币的升值预期可能通过价格效应引起出口需求的下降，进而使出口商品价格下降，但替代效应带来的即时出口需求的增加又会使出口商品价格上升。在此基础上，单向汇率预期和双向汇率预期对出口价格的传递效应具有非对称性特征，双向汇率预期通过替代效应和价格效应对出口价格的影响更大。

我们主要关注汇率预期对微观企业并购交易行为表现的投资活动影响。我们认为汇率预期可能直接作用于境外并购决策，而汇率预期的作用有可能大于汇率水平本身变化的影响程度；再者，汇率波动可以调节汇率水平与境外并购决策之间的关系。根据有关研究汇率预期与微观企业行为之间关系的相关文献，本部分从汇率预期的价格效应和替代效应两方面讨论其对企业境外并购决策的影响。

一方面，从境外并购成本角度，价格效应强调了企业境外并购成本若在未来实际发生，本国汇率的相对升值预期将导致企业未来支付的并购成本降低，管理层对并购成本的乐观预期促使企业目前宣告境外并购的可能性增加。另外，当汇率出现强烈升值或贬值预期时，企业会主动调整外币资产和外币负债的比例，以应对汇率预期实现为其带来的价值损失，企业的此类套利行为也将积极作用于股票价格。汇率升值预期可能导致本国股市价格上涨，进一步促进企业做出境外并购决策，此时并购方企业在享受本国汇率实际升值后并购成本降低的同时，也能享受到并购国外低价资产带来的相对经济利益。最后，与汇率实际升值加剧国内国外两个市场竞争程度加剧的结果类似，本国汇率预期升值导致出口企业的未来竞争优势消失，企业有动机通过直接投资形式进入东道国市场，而境外并购是在汇率风险较大时迅速融入当地环境的优选方式。因此，价格效应主要体现了并购方企业所在国家汇率升值预期与其宣告境外并购倾向之间的正向相关关系。

另一方面，从境外并购收益角度，替代效应是指当并购方所在国家货币出现贬值预期时，境外并购成本的预期上涨将导致企业提前做出并购决策，与此同时，本国汇率的相对贬值预期也会使并购方对外国目标企业盈利能力持乐观态度，因此，本国汇率的贬值预期提高了并购方宣告境外并购的意愿，并加快支付过程以避免未来并购成本过高带来的价值损失。相对地，当并购方所在汇率出现升值预期时，并购成本的预期下降也可能导致企业延迟至本国汇率实际升值至预期水平时实施并购决策，即替代效应主要表现为本国汇率升值预期与境外并购倾向之间的负相关关系。

上述汇率预期的价格效应和替代效应均是汇率预期对企业境外并购倾向的直接影响，在此基础上，前文基本检验中汇率水平与境外并购倾向之间的关系也同时受到汇率预期的调节作用。当汇率预期满足价格效应假说时，本国汇率预期升值带来的交易层面未来并购成本降低、企业层面外币融资结构调整套利、国家层面股市价格上涨等因素将进一步巩固本国汇率升值与境外并购决策之间的关系。由于基础检验中我们已发现人民币兑美元名义汇率和实际有效汇率升值对企业境外并购倾向具有一定的促进作用，因此，当人民币汇率同时存在升值预期时，价格效应将导致汇率升值与境外并购倾向之间正相关关系更为明显。但与此同时，若替代效应成立，人民币汇率升值与企业境外并购倾向之间的正相关关系将在汇率预期贬值时表现得更为明显。

基于以上讨论，本部分对人民币汇率预期对企业境外并购倾向的影响进行实证分析。基于数据可获得性以及我国学者对人民币汇率预期的研究，我们从WIND数据库搜集了2009—2016年1年期人民币无本金交割远期外汇交易的月度数据，取其年度均值与对应年度在岸人民币兑美元名义汇率的差额作为汇率预期的衡量变量（NDF_t）①，探究汇率预期对企业境外并购决策的直接作用（第（1）、（2）列），及其对汇率水平变化（第（3）、（4）列）为人民币兑美元名义汇率，第（5）、（6）列为人民币实际有效汇率）与企业境外并购倾向之间关系的调节作用，表4-7为回归结果。

表4-7 汇率预期与上市公司境外并购倾向

样本分组	Cross-Border $M\&A_{i,t}$					
	全样本	并购样本	全样本	并购样本	全样本	并购样本
	(1)	(2)	(3)	(4)	(5)	(6)
NDF_t	0.067***	0.059**	0.016	-0.021	0.029	-0.023
	(3.07)	(2.26)	(0.21)	(-0.23)	(0.86)	(-0.59)
EXC_US_t			0.423**	0.338		
			(2.27)	(1.58)		
$EXC\_US_t \times NDF_t$			0.371***	0.375***		
			(4.20)	(3.81)		
EXC_REER_t					0.100**	0.042
					(2.26)	(0.85)

① 为使回归系数大小合理且可与汇率水平指标直接比较，在统计回归时将汇率预期指标（NDF_t）做标准化处理。

续表

样本分组	Cross-Border $M\&A_{i,t}$					
	全样本	并购样本	全样本	并购样本	全样本	并购样本
	(1)	(2)	(3)	(4)	(5)	(6)
$EXC\_REER_t \times NDF_t$					0.069 *	0.132 ***
					(1.90)	(3.14)
$SIZE_{i,t-1}$	0.187 ***	0.193 ***	0.179 ***	0.187 ***	0.178 ***	0.185 ***
	(6.64)	(5.82)	(6.25)	(5.58)	(6.18)	(5.53)
$ROA_{i,t-1}$	0.498	0.550	0.844 *	0.887	0.960 *	0.999
	(1.03)	(0.92)	(1.65)	(1.40)	(1.89)	(1.58)
$LEV_{i,t-1}$	-0.383 **	-0.429 **	-0.271 *	-0.331 *	-0.245	-0.299
	(-2.50)	(-2.35)	(-1.68)	(-1.73)	(-1.52)	(-1.57)
$SOE_{i,t}$	-0.325 ***	-0.245 ***	-0.287 ***	-0.204 ***	-0.276 ***	-0.197 ***
	(-6.07)	(-3.87)	(-5.23)	(-3.10)	(-4.98)	(-2.96)
$GROWTH_{i,t-1}$	0.030	-0.019	0.027	-0.022	0.029	-0.023
	(0.67)	(-0.34)	(0.60)	(-0.39)	(0.66)	(-0.42)
$ESTAGE_{i,t}$	0.040	0.085	-0.031	0.018	-0.043	0.015
	(0.61)	(1.07)	(-0.47)	(0.23)	(-0.64)	(0.19)
$TOP1_{i,t-1}$	0.139	0.250	0.128	0.249	0.119	0.249
	(0.86)	(1.33)	(0.79)	(1.32)	(0.73)	(1.32)
$COMP_{i,t-1}$	0.126 ***	0.123 ***	0.095 **	0.094 **	0.090 **	0.086 *
	(3.37)	(2.75)	(2.47)	(2.04)	(2.35)	(1.88)
INDUSTRY	Control	Control	Control	Control	Control	Control
_cons	-7.743 ***	-7.505 ***	-7.148 ***	-6.942 ***	-6.925 ***	-6.712 ***
	(-14.02)	(11.31)	(-12.27)	(-10.04)	(-11.33)	(-9.39)
Pseudo R^2	0.068	0.064	0.074	0.070	0.072	0.069
Log lik.	-1.6e+03	-1.3e+03	-1.6e+03	-1.3e+03	-1.6e+03	-1.3e+03
Chi_squared	194.873	144.331	220.421	161.692	214.559	160.454
N	16 611	6 301	16 611	6 301	16 611	6 301

注：***、**、* 分别表示相关系数在 1%、5%、10% 检验水平上显著；括号中为 z 值。

从汇率预期 NDF_t 系数可以看出，在未考虑汇率水平实际变化时，汇率贬值预期增强（NDF_t 越大）促使企业开展境外并购，即汇率预期对企业境外并购的替代效应成立，当本国汇率预期贬值时，企业管理层将提前宣告境外并购，并在并购过程中加快支付以降低并购成本，在目标企业所在国家货币相对预期升值的情况下获得更多经营收益。此结果一方面可能来源于企业并购成本的支付过程分布时间差异较大，虽后续可能有所调整，但大部分并购交易在宣告时已按照即期汇率确定并购金额，且基本以目标企业所在国家货币计价①，当人民币预期贬值时，企业将加快支付过程或在并购交易合同中加入汇率补偿条款以减少不必要的汇兑损失和汇率结算风险；再者，现有研究发现汇率预期波动并非带来一致单向的股价变化，且具有时间特征，汇率预期对股价的传递效应较低，具有滞后性和非对称性，因此，汇率预期带来的股价波动对境外并购决策的最终影响可能并不明显。

在加入人民币兑美元名义汇率和人民币实际有效汇率水平的考虑后，汇率预期 NDF_t 的显著性消失，在全样本的回归中，EXC_US_t 和 EXC_REER_t 的相关系数在5%的检验水平上显著为正，即汇率波动对企业境外并购的正向作用依然稳健，但相对境内并购，在汇率升值时企业并未出现明显的境外并购偏好。在全样本和并购子样本的回归分析中，交乘项 $EXC\_US_t \times NDF_t$ 和 $EXC\_REER_t \times NDF_t$ 的系数均显著为正，即汇率贬值预期（NDF_t）正向调节汇率实际升值对企业境外并购的促进作用，汇率预期的“替代效应”稳健。在汇率实际升值但呈贬值预期时，上市公司会抓住目前本国货币的购买力优势时机提前宣告并实施境外并购，预计可以享受本国汇率未来贬值情况下更多以本币计价的目标企业营业收益。

4.4.2 汇率波动对企业并购规模的影响②

前文主要对企业并购可能性受汇率波动的影响进行实证检验，而企业并购交易规模也是并购决策的重要组成（前提是已存在并购倾向）。表4-8为在全并购样本和境外并购样本中的并购规模（$M\&A\ Volume_{i,t}$）受汇率水平和波动程度影响情况的OLS统计回归结果。本部分依然从名义双边汇率和实际多边有效汇率两个层次衡量汇率波动，在全并购样本中由于没有定向的目标企业所在国家，名义双边汇率仍取人民币兑美元价格的月度均值（EXC_US_t）和滞后年度

① 我们发现，发生在1990.1.1—2017.12.31间所有（包含上市与非上市的全行业企业的首次与渐进性并购）境外并购交易（4 769件）中披露交易金额使用货币（deal currency）的4 337个境外并购交易均采用目标企业所在国家（地区）货币、目标企业原最终控股股东所在国家（地区）货币或美元计价。

② 并购规模实为企业并购决策的一个重要表现形式，但通过Thomson SDC全球并购交易数据库中我国企业的并购规模数据分析发现，披露并购交易金额的事件样本仅占总样本75%左右，且有些交易的金额为估计值而非实际值。若以A股上市全部非金融企业为研究样本、以境外并购规模为因变量进行实证分析，则参与回归的观测值绝大多数因变量为0。在剔除异常值、选择有并购宣告的企业为样本、删除所需控制变量的缺失后，仅剩余267个有效样本。因此，限于数据量等原因，将对并购规模受汇率波动影响的检验放入拓展性检验，未作为主检验的并购决策代理变量。

标准差（$EXC\_US\_VOL_t$）；在境外并购子样本中因已可以明确目标企业所在国家，进而采用人民币兑目标企业所在国家货币汇率的月度均值（$EXC\_TARGET_{j,t}$）和滞后年度标准差（$EXC\_TARGET\_VOL_{j,t}$）。表4－8为回归分析结果，其中（1）～（4）列为全部并购样本，第（5）～（8）列为境外并购样本，第（1）、（2）列研究汇率水平变化的影响，第（3）、（4）列研究汇率波动程度的影响，第（5）（6）列研究人民币兑目标国币汇率水平及汇率波动程度的影响，第（7）、（8）列研究人民币实际有效汇率水平及其波动程度的影响。从表4－8可以看出，企业在研究年度内的整体并购规模受人民币兑美元升值、人民币兑美元名义汇率波动程度、人民币实际有效汇率升值的正向调节，但人民币实际有效汇率的波动程度并不影响企业并购规模。在进行境外并购的企业中，境外并购规模仅对人民币实际有效汇率升值存在正向敏感性，在10%检验水平上显著。

表4－8　汇率波动与上市公司并购规模

样本分组	M&A $Volume_{i,t}$							
	全部并购样本				境外并购样本			
	(1)	(2)	(3)	(4)	(5)	(6)	(7)	(8)
EXC_US_t	0.357***							
	(12.59)							
$EXC\_US\_VOL_t$		0.111***						
		(4.69)						
$EXC\_TARGET_{j,t}$					0.036			
					(1.10)			
$EXC\_TARGET\_VOL_{j,t}$						0.032		
						(0.23)		
EXC_REER_t			0.504***				0.288*	
			(19.42)				(1.88)	
$EXC\_REER\_VOL_t$				-0.029				0.043
				(-1.47)				(0.43)
Controls	Yes	Yes	Yes	Yes	Yes	Yes	Yes	Yes
INDUSTRY	Control	Control	Control	Control	Control	Control	Control	Control
_cons	-3.223***	-5.139***	-1.217**	-5.514***	-10.429***	-10.394***	-9.040***	-10.572***
	(-6.09)	(-10.54)	(-2.27)	(-11.66)	(-4.44)	(-4.27)	(-3.54)	(-4.48)
R^2	0.106	0.091	0.135	0.089	0.221	0.217	0.228	0.218

续表

样本分组	M&A $Volume_{i,t}$							
	全部并购样本				境外并购样本			
	(1)	(2)	(3)	(4)	(5)	(6)	(7)	(8)
Adjusted R^2	0.103	0.087	0.132	0.085	0.154	0.150	0.162	0.151
N	6 723	6 723	6 723	6 723	267	267	267	267

注：① ***、**、* 分别表示系数在1%、5%、10%检验水平上显著。

② 括号中为 t 值，当 t 值的绝对值大于2.58 时，显著性水平为1%；当 t 值的绝对值大于1.96 时，显著性水平为5%；当 t 值的绝对值大于1.645 时，显著性水平为10%，下文类似情况仅注明“括号中为 t 值”。

③ 控制变量回归结果略。

综上，汇率波动在一定程度上促进了有并购交易的企业整体并购规模的增加，但对境外并购交易企业的并购规模影响不明显。这种并购规模的提升来源于企业在汇率波动中及时调整要素投入，进而表现在生产率提高驱动更有价值的并购（竞争优势），是汇率波动带来产品市场竞争压力或应对风险要求的治理作用（汇率治理），还是企业价值高估导致的过度并购（估值优势），仍需对汇率波动中企业并购效率的表现进行实证检验。

4.4.3 汇率波动对企业境外并购完成率的影响[①]

前文所述并购可能性仅仅关注到企业宣告并购交易，但很多交易可能因尚未对目标企业进行准确价值评估、交易双方经营和财务环境变化、企业战略调整、政策与制度阻碍等原因被撤销或搁置，因此，有必要探究汇率波动对我国企业境外并购完成率的影响，进而了解企业是否在宣告时存在“过度并购”现象。本部分选取宣告境外并购交易中“已完成”和“已撤销”的子样本，使用模型（4-2），并进一步控制国家文化距离（CULTURE）、国家间贸易联系（ECORLT）、并购方产权性质（SOE）、并购行业相关性（SAMEIND）、并购交易涉及目标企业股权比例（SHARE）、并购态度（ATTITUDE）、目标企业在并购宣告日前的资产规模（TARGETSIZE）、目标企业在并购宣告日前的总资产收益率（TARGETROA）、行业（INOUSTRY）等因素在企业境外并购完成率（Completed Cross-Border $M\&A_{i,j,t}$）中的作用。

$$
\begin{aligned}
\text{Completed Cross-Border } M\&A_{i,j,t} = {} & \alpha_0 + \alpha_1 \text{Exchange Rate}_t + \\
& \alpha_2 \text{CULTURE}_{i,j} + \alpha_3 \text{ECORLT}_{i,j,t} + \alpha_4 \text{SOE}_{i,t} +
\end{aligned}
$$

① 并购在宣告后是否可以完成可能不仅仅是管理层决策导致，同时来源于经营或金融环境、国家监管（如美国高通收购恩智浦）、文化差异和风险观念，因此，我们未将并购完成率作为主检验中境外并购决策代理变量。

$$\alpha_5 \text{SAMEIND}_{i,j,t} + \alpha_6 \text{SHARE}_{i,j,t} + \alpha_7 \text{ATTITUDE}_{i,j,t} + \alpha_8 \text{TARGETSIZE}_{j,t-1} + \alpha_9 \text{TARGETROA}_{j,t-1} + \sum \text{INDUSTRY} + \varepsilon_{i,t} \quad (4-2)$$

特别地，采用 Hofstede 的国家文化分数作为文化距离，包括权力距离、不确定性规避、男性/女性特征、个人/集体主义、长期或短期导向、自身放纵与约束分数，本部分对上述6个文化分指标在目标企业所在国家与我国分数的差异离散程度取自然对数，作为国家文化距离的衡量指标。另外，并购方和目标方是否属于同一行业可能通过规模经济效应、市场力量效应等作用机制影响并购后整合难度，同一行业内企业之间不对称水平较低，而且并购方和目标方行业分布也揭示了企业并购动机，如收购采矿类行业表明自然资源获取动机、收购同行业企业旨在占领东道国市场或利用东道国市场资源、收购上下游行业企业可能揭示了并购方的战略资源获取动机。本部分使用并购交易双方是否属于同一行业哑变量衡量并购相关性。其余变量定义均见表4－1。另外，我们将人民币兑目标企业所在国家货币名义汇率水平（$\text{EXC\_TARGET}_{j,t}$）也作为解释变量之一，根据目标企业所在国家货币兑美元汇率与同期人民币兑美元汇率计算而来。统计分析结果如表4－9所示，其中第（1）、（2）、（3）列为汇率水平变化的影响，第（4）、（5）列为汇率波动程度的影响。

从表4－9可以看出，除 EXC_US_t 的系数在10%检验水平上显著为负外，其余汇率波动指标对境外并购完成率均无显著影响。境外并购交易宣告时的汇率波动并未影响企业境外并购完成率。一般来讲，本币升值期间境外资产的价格相对降低更易促成境外并购交易的完成，但本币升值也可能导致企业在自身价值高估时宣告并购，但境外并购交易宣告后又受到各种经济、制度和市场因素及并购方的战略需求和并购态度、交易支付方式和交易双方特征等因素的影响，最终并未实际完成交易。因此，接下来将进一步讨论汇率波动对企业境外并购效率的影响。

表4－9　汇率波动与上市公司境外并购完成率

样本分组	Completed Cross-Border $\text{M\&A}_{i,j,t}$				
	(1)	(2)	(3)	(4)	(5)
EXC_US_t	−0.104*				
	(−1.65)				
EXC_REER_t		0.024			
		(0.34)			

续表

样本分组	Completed Cross-Border $M\&A_{i,j,t}$				
	(1)	(2)	(3)	(4)	(5)
$EXC\_TARGET_{j,t}$			-0.041		
			(-0.51)		
$EXC\_US\_VOL_t$				-0.064	
				(-1.08)	
$EXC\_REER\_VOL_t$					0.029
					(0.52)
Controls	Yes	Yes	Yes	Yes	Yes
INDUSTRY	Control	Control	Control	Control	Control
_cons	-1.837	-1.041	-2.230*	-1.482	-1.251
	(-1.50)	(-0.83)	(-1.77)	(-1.24)	(-1.07)
Pseudo R^2	0.037	0.034	0.038	0.035	0.034
Log lik.	-364.090	-365.391	-338.409	-364.865	-365.318
Chi_squared	29.129	27.551	28.602	28.630	27.591
N	547	547	510	547	547

注：***、**、*分别表示相关系数在1%、5%、10%检验水平上显著；括号中为 z 值。控制变量回归结果略。

4.4.4 汇率市场化改革与境外并购 - 汇率波动敏感性

2005 年，中国人民银行发布关于完善人民币汇率形成机制改革的公告，要求实行以市场供求为基础、参考“一篮子”货币进行调节、有管理的浮动汇率制度，从单一盯住美元到参考“一篮子”以及维持人民币汇率在一定程度上波动说明我国汇率制度正逐渐向市场化方向调整。人民币兑美元名义汇率在 2005 年之前未发生明显变化①，2005 年后开始逐渐升值，因此，有必要对汇率制度

① 从第 2 章对我国企业境外并购的描述性统计可以发现，2005 年之前企业境外并购的数量及规模整体较小，因此有必要分时间阶段进行研究。基本检验的并购样本起始时间为 2000 年，2000—2005 年间人民币兑美元汇率的稳定对企业并购决策的解释力有限。除使用分组检验之外，我们还将 2005 年汇率制度改革哑变量及其与人民币兑美元名义汇率交乘项加入基本检验模型，或按照汇率制度改革前后进行分组回归，均只发现人民币兑美元名义汇率的升值对企业并购的“投资效应”仅在 2006 年及其之后成立，结果不再列示。本部分仅列示人民币实际有效汇率的统计分析结果。

改革对汇率波动程度与企业并购决策之间的关系做进一步分析①。

本部分按照汇率制度改革前（2000≤Year≤2004）和汇率制度改革后（2006≤Year≤2016）进行分组，对人民币实际有效汇率水平和汇率波动程度对企业并购倾向的影响进行统计分析，结果如表4－10所示。可以发现，人民币实际有效汇率升值对企业并购的促进作用在2005年汇率制度改革之后表现更为明显，在2005年之前人民币实际有效汇率升值反而阻碍了企业整体并购与境内并购倾向；在并购子样本的回归分析中，两组回归分析的EXC_REER_t系数均显著为正，但是，组间系数差异Chow检验结果显示两者不存在显著差异（P－Value＝0.962），因此，人民币实际有效汇率升值对企业境外并购的“对冲效应”在汇率制度改革前后均成立。

表4－10　汇率制度市场化改革与企业并购决策

样本分组	$M\&A_{i,t}$	Cross-Border $M\&A_{i,t}$	Domestic $M\&A_{i,t}$	Cross-Border $M\&A_{i,t}$	$M\&A_{i,t}$	Cross-Border $M\&A_{i,t}$	Domestic $M\&A_{i,t}$	Cross-Border $M\&A_{i,t}$
	全样本			并购样本	全样本			并购样本
	2000≤Year≤2004				2006≤Year≤2016			
	(1)	(2)	(3)	(4)	(5)	(6)	(7)	(8)
EXC_REER_t	-1.035***	0.389	-1.069***	1.207**	0.137***	0.104***	0.130***	0.065*
	(-12.26)	(1.10)	(-12.54)	(2.46)	(10.48)	(3.03)	(9.88)	(1.69)
$SIZE_{i,t-1}$	0.181***	0.261***	0.165***	0.117	0.076***	0.183***	0.053***	0.189***
	(4.86)	(2.95)	(4.36)	(0.97)	(6.76)	(6.65)	(4.71)	(5.85)
$ROA_{i,t-1}$	1.612**	-0.053	1.642**	0.169	0.661***	0.892*	0.556***	0.859
	(2.35)	(-0.03)	(2.38)	(0.07)	(3.20)	(1.82)	(2.69)	(1.42)
$LEV_{i,t-1}$	0.302	0.503	0.290	0.835	0.044	-0.266*	0.079	-0.329*
	(1.61)	(0.64)	(1.54)	(0.82)	(0.73)	(-1.73)	(1.30)	(-1.80)
$SOE_{i,t}$	-0.035	0.252	-0.040	0.514*	-0.251***	-0.294***	-0.222***	-0.221***
	(-0.58)	(1.06)	(-0.66)	(1.89)	(-11.69)	(5.51)	(-10.29)	(-3.46)
$GROWTH_{i,t-1}$	0.007	0.109	0.003	0.162	0.094***	0.029	0.092***	-0.021
	(0.14)	(0.59)	(0.05)	(0.68)	(5.28)	(0.64)	(5.18)	(-0.38)
$FSTAGE_{i,t}$	-0.036	0.397	-0.055	0.487	-0.124***	-0.014	-0.125***	0.046
	(-0.42)	(1.07)	(-0.64)	(1.08)	(-4.17)	(-0.22)	(-4.20)	(0.58)

① 我们进一步使用DID模型定重新义汇率水平变化与企业并购倾向的基本回归关系，2005年之后取$T_t=1$，否则为0，将T_t与T_t和汇率波动的交乘项加入模型（4－1），得出T_t与EXC_REER_t交乘项系数显著为正，即2005年汇率制度改革后，人民币汇率升值对企业并购与境外并购倾向的积极作用更强，因与分组检验结论类似，故未列出。

续表

样本分组	$M\&A_{i,t}$	Cross-Border $M\&A_{i,t}$	Domestic $M\&A_{i,t}$	Cross-Border $M\&A_{i,t}$	$M\&A_{i,t}$	Cross-Border $M\&A_{i,t}$	Domestic $M\&A_{i,t}$	Cross-Border $M\&A_{i,t}$
	全样本			并购样本	全样本			并购样本
	2000≤Year≤2004				2006≤Year≤2016			
	(1)	(2)	(3)	(4)	(5)	(6)	(7)	(8)
$TOP1_{i,t-1}$	-0.008	0.209	-0.012	0.265	-0.201***	0.063	-0.205***	0.182
	(-0.04)	(0.26)	(-0.06)	(0.28)	(-3.03)	(0.40)	(-3.07)	(1.01)
$COMP_{i,t-1}$	0.036	0.318**	0.022	0.323	0.003	0.099***	-0.007	0.105**
	(0.97)	(2.18)	(0.59)	(1.61)	(0.21)	(2.70)	(-0.47)	(2.42)
INDUSTRY	Control	Control	Control	Control	Control	Control	Control	Control
_cons	-6.431***	-12.958***	-5.928***	-8.738***	-1.615***	-7.256***	-1.054***	-7.160***
	(-8.36)	(-5.44)	(-7.65)	(-2.79)	(-6.63)	(-12.26)	(-4.31)	(-10.49)
Pseudo R^2	0.092	0.183	0.089	0.188	0.025	0.078	0.020	0.070
Log lik.	-1.5e+03	-78.246	-1.4e+03	-54.991	-1.2e+04	-1.7e+03	-1.2e+04	-1.3e+03
Chi_squared	285.193	48.750	273.509	31.261	622.074	227.531	487.760	157.195
N	3 471	2 346	3 471	413	19 348	19 181	19 348	6 995

注：***、**、*分别表示系数在1%、5%、10%检验水平上显著；括号中为z值。

4.4.5 产品市场竞争与境外并购-汇率波动敏感性

上文通过基础检验得出汇率波动对企业境外并购倾向影响的“投资效应”更为稳健的结论。当汇率波动以“投资效应”渠道作用于企业并购决策时，产品市场竞争在其中发挥了重要作用。当本国汇率升值时，出口企业面临来自国际市场中其他替代产品的竞争压力，无论是生产者所在国家货币定价情况下的出口价格上升还是消费者所在国家定价情况下的出口企业承担价格损失，均对企业利润产生负向冲击，加之国际市场竞争环境的加剧，均不利于企业提升核心竞争力；本国汇率的升值也使国内市场中外国企业因其母国货币相对贬值而实现竞争力提升。从进口角度，本国汇率升值将降低企业进口投入品成本及进口产成品成本，导致国内使用进口材料的生产企业成本降低，产品价格随之下降，本土企业受到进口产成品的挤出以及来源于使用进口投入品生产产品的企业竞争压力，其利润水平将出现进一步下降。人民币汇率升值与企业面临的竞争压力可能将促使企业开展并购交易以缓解剧烈市场竞争中的低利润困境，在较短期间内实现资本扩张和市场份额提升，整合目标企业资源实现规模经济，在竞争压力中立足。另外，相对竞争地位较低的企业，具有垄断地位或竞争实力较强的企业利润水平受汇率波动的影响程度较低，因此这类企业受竞争压力变化开展企业并购的倾向较弱。因此，本部分分别将行业竞争程度、企业竞争地位作为汇率波动与企业并购倾向的中介变量、调节变量，探究市场竞争发挥的作用。

首先，使用上市公司营业收入计算的赫芬达尔-赫希曼指数（Herfindahl-Hirschman Index，HHI）衡量行业内的产品市场竞争程度，行业采用中国证监会2012版行业分类标准的前两位代码划分，HHI越小说明行业内竞争越激烈，HHI越大说明行业内存在垄断型企业。其次，由于数据可获得性，仅使用上市公司样本，未考虑其他非上市企业和跨国企业在行业内的市场份额，因此，采用各行业内上市公司主营业务利润率的标准差（INDDEV）衡量行业竞争程度，INDDEV越大说明企业主营业务利润离散程度越高，市场竞争程度越低，INDDEV越小说明行业内企业利润率越相似，市场竞争越激烈。

针对企业竞争地位，采用企业的价格成本加成（主营业务利润率）衡量其在市场竞争中的垄断或定价能力，但除主营业务之外，企业同样受到其他业务涉及的产品市场竞争，因而，采用营业收入利润率（即营业毛利润除去销售费用与管理费用部分，MARSTATUS）作为企业竞争地位的第一个衡量变量，其值越高代表企业竞争地位越强；基于此，按照行业-年度将营业收入利润率从小到大分为十组后分别赋值（R_MARSTATUS），作为企业竞争地位的第二个衡量变量。

为探究行业市场竞争程度在人民币实际有效汇率变化①与境外并购决策之间是否发挥中介作用，我们设定如式（4-3）所示的OLS回归模型，在回归模型中加入企业现金持有水平（CASH：现金占总资产比例）、企业资产规模（SIZE：总资产自然对数）、企业发展能力（GROWTH：营业收入增长率）、企业产品独特性（UNIQUE：销售费用与管理费用之和占营业收入比例）、企业财务杠杆（LEV：资产负债率）等控制变量及行业固定效应（INDUSTRY），控制变量均选择滞后一期。

$$
\begin{aligned}
\text{CompetitionDegree}_{i,t} = {} & \gamma_0 + \gamma_1 \text{EXC\_REER}_t + \gamma_2 \text{CASH}_{i,t-1} + \\
& \gamma_3 \text{SIZE}_{i,t-1} + \gamma_4 \text{GROWTH}_{i,t-1} + \gamma_5 \text{UNIQUE}_{i,t-1} + \\
& \gamma_6 \text{LEV}_{i,t-1} + \sum \text{INDUSTRY} + \varepsilon_{i,t}
\end{aligned}
\tag{4-3}
$$

① 在基础检验中，我们并未发现人民币兑美元名义汇率升值对企业境外并购决策有显著促进，也未发现人民币实际有效汇率波动程度对企业境外并购决策有显著影响，人民币兑美元名义汇率波动程度虽显著提升企业境外并购倾向，但我们将有关汇率波动程度带来的企业预期收益变化归为汇率风险范畴，而汇率水平变化通过企业营业成本收益导致市场竞争归为经营风险范畴，因此，本部分仅关注汇率水平变化。人民币相对美元升值幅度低于其他国家流通货币兑美元升值幅度的现状表明人民币未在世界范围内相对其他主要贸易货币升值，且我国商品出口竞争力更加取决于人民币实际有效汇率而非人民币兑美元名义汇率，因此本部分对市场竞争的讨论仅关注人民币实际有效汇率水平变化的经济后果。

进一步，为探究行业市场竞争程度的中介作用，将行业市场竞争变量加入主检验回归模型［式（4－1）］，关注汇率水平变量（EXC_REER_t）的系数 α_1 是否发生显著变化，回归模型如式（4－4）所示。

$$\begin{aligned}\text{Cross-Border M\&A}_{i,t} = {} & \alpha_0 + \alpha_1 EXC\_REER_t + \alpha_2 CompetitionDegree_{i,t} + \\ & \alpha_3 SIZE_{i,t-1} + \alpha_4 ROA_{i,t-1} + \alpha_5 LEV_{i,t-1} + \\ & \alpha_6 SOE_{i,t} + \alpha_7 GROWTH_{i,t-1} + \alpha_8 ESTAGE_{i,t} + \\ & \alpha_9 TOPI_{i,t-1} + \alpha_{10} COMP_{i,t-1} + \\ & \sum INDUSTRY + \varepsilon_{i,t} \qquad (4-4)\end{aligned}$$

为探究企业市场竞争地位的调节作用，将企业竞争地位变量及其与汇率水平变化变量的交乘项加入主检验 Probit 回归模型［式（4－1）］，回归模型如式（4－5）所示。

$$\begin{aligned}\text{Cross-Border M\&A}_{i,t} = {} & \alpha_0 + \alpha_1 EXC\_REER_t + \alpha_2 CompetitivePosition_{i,t-1} + \\ & \alpha_3 EXC\_REER_t \times CompetitivePosition_{i,t-1} + \\ & \alpha_4 SIZE_{i,t-1} + \alpha_5 ROA_{i,t-1} + \alpha_6 LEV_{i,t-1} + \\ & \alpha_7 SOE_{i,t} + \alpha_8 GROWTH_{i,t-1} + \alpha_9 ESTAGE_{i,t} + \\ & \alpha_{10} TOPI_{i,t-1} + \alpha_{11} COMP_{i,t-1} + \\ & \sum INDUSTRY + \varepsilon_{i,t} \qquad (4-5)\end{aligned}$$

本部分新增变量的定义如表 4－11 所示。

表 4－11　本部分新增变量定义

变量		变量定义
行业竞争程度（competition degree）	HHI	上市公司营业收入占所处行业总营业收入比例的平方和，行业分类采用中国证监会行业分类标准（2012 版）前两位
	INDDEV	上市公司所属行业内各企业主营业务利润率的标准差，行业分类采用中国证监会行业分类标准（2012 版）前两位
企业竞争地位（firm competitive position）	MARSTATUS	上市公司（营业收入－营业成本－销售费用－管理费用）/营业收入
	R_MARSTATUS	将 MARSTATUS 在年度－行业内按照数值大小排序进行分组，每年度－行业分为 10 组，并按照从小到大依次赋值为 1～10，其值越大说明上市公司定价能力越强，市场地位越高
控制变量	企业现金持有水平（CASH）	资产负债表中现金占总资产比例
	企业产品独特性（UNIQUE）	销售费用与管理费用之和占营业收入比例

表4-12为行业市场竞争程度对人民币实际有效汇率与企业境外并购倾向之间关系的中介作用检验结果。可以发现，在对竞争环境变量（HHI和INDDEV）的回归分析中人民币实际有效汇率的系数显著为负，即人民币实际有效汇率升值将加剧企业所处行业的竞争程度；将竞争环境变量（HHI和INDDEV）加入基本检验模型后，与基本检验结果一致，EXC_REER_t系数仍显著为正，且$HHI_{i,t}$和$INDDEV_{i,t}$系数显著为负，说明竞争环境可能起到一定程度的部分中介效应；进一步对行业市场竞争环境变量的中介效应做Sobel检验，发现$HHI_{i,t}$的不完全中介效应明显（P-Value=0.042），但$INDDEV_{i,t}$的中介效应未通过显著性检验（P-Value=0.181）。此结果一定程度上证明了企业面临的汇率升值将加剧市场竞争，促使企业通过境外并购实现资源整合或市场拓展①，以提高核心竞争力。

表4-12　人民币实际有效汇率与企业境外并购倾向：行业竞争程度的中介效应

样本分组	HHI	Cross-Border $M\&A_{i,t}$	INDDEV	Cross-Border $M\&A_{i,t}$
	(1)	(2)	(3)	(4)
EXC_REER_t	-0.006***	0.119***	-0.200***	0.103***
	(-24.78)	(3.95)	(-20.45)	(3.35)
$HHI_{i,t}$		-0.911*		
		(-1.66)		
$INDDEV_{i,t}$				-0.094**
				(-2.09)
$CASH_{i,t-1}$	0.022***		-0.147***	
	(8.65)		(-3.04)	
$UNIQUE_{i,t-1}$	-0.000		0.141**	
	(-0.11)		(2.15)	
$SIZE_{i,t-1}$	-0.002***	0.191***	0.010*	0.187***
	(-7.05)	(7.55)	(1.74)	(7.10)
$GROWTH_{i,t-1}$	-0.001**	0.035	0.020*	0.033
	(-2.42)	(0.87)	(1.77)	(0.78)

① 一般认为市场竞争更易促使企业进行横向并购，即横向并购的后果更侧重于规模经济，纵向并购的后果更侧重于协同效应，混合并购的后果更侧重于多元化经营，我们根据并购方和目标方企业所在行业的SIC Code，参考徐虹等2015年对横向并购的定义，将横向并购哑变量用Cross-Border $M\&A_{i,t}$因变量代替，结果基本一致，限于篇幅不再列出。

续表

样本分组	HHI	Cross-Border M&A$_{i,t}$	INDDEV	Cross-Border M&A$_{i,t}$
	(1)	(2)	(3)	(4)
LEV$_{i,t-1}$	0.002*	-0.287*	0.076*	-0.285*
	(1.72)	(-1.94)	(1.89)	(-1.91)
ROA$_{i,t-1}$		0.881*		0.884*
		(1.85)		(1.88)
SOE$_{i,t}$		-0.263***		-0.262***
		(-5.09)		(-5.30)
ESTAGE$_{i,t}$		-0.016		-0.018
		(-0.25)		(-0.29)
TOP1$_{i,t-1}$		0.012		0.016
		(0.08)		(0.11)
COMP$_{i,t-1}$		0.110***		0.113***
		(3.22)		(3.40)
INDUSTRY	Control	Control	Control	Control
_cons	0.133***	-7.587***	-0.351***	-7.447***
	(23.76)	(-14.03)	(-2.93)	(-13.86)
Adjusted R^2	0.866	—	0.052	—
Pseudo R^2	—	0.094	—	0.094
N	23 556	23 707	23 551	23 703

注：***、**、*分别表示系数在1%、5%、10%检验水平上显著；(1)、(3) 列括号中为 t 值，(2)、(4) 列括号中为 z 值。

表4-13为不同市场竞争地位的企业境外并购决策受人民币实际有效汇率升值影响程度的统计回归结果其中第（1）、（2）列为对企业并购的影响，第（3）、（4）列为对企业境外并购的影响，第（2）、（4）列考查人民币实际有效汇率水平变化的影响。为缓解企业竞争地位受汇率波动的影响进而导致自变量之间存在因果关系，选取 MARSTATUS 和 R_MARSTATUS 的滞后1期值。从回归结果可看出，MARSTATUS$_{i,t-1}$和 R_MARSTATUS$_{i,t-1}$与 EXC_REER$_{i,t}$的交乘项系数均显著为负，即市场竞争地位越高的企业（营业收入利润率较高，或营业收入利润率在行业-年度内在较高的排序位置）的并购倾向和境外并购倾向随汇率升值的增加程度有所减弱，而定价能力差、竞争地位低的企业在汇率升值时更倾向于实施并购交易，以应对汇率升值带来的经营风险提升，与上文分析结论一致。

表 4-13　人民币实际有效汇率与企业境外并购倾向：企业竞争地位的调节效应

样本分组	$M\&A_{i,t}$	$M\&A_{i,t}$	Cross-Border $M\&A_{i,t}$	Cross-Border $M\&A_{i,t}$
	(1)	(2)	(3)	(4)
EXC_REER_t	0.282***	0.187***	0.440**	0.203***
	(4.64)	(9.15)	(2.38)	(3.56)
$MARSTATUS_{i,t-1}$	0.025		0.322	
	(0.31)		(1.25)	
$EXC\_REER_t \times MARSTATUS_{i,t-1}$	-0.182**		-0.377*	
	(-2.56)		(-1.77)	
$R\_MARSTATUS_{i,t-1}$		-0.006		0.006
		(-1.55)		(0.63)
$EXC\_REER_t \times R\_MARSTATUS_{i,t-1}$		-0.011***		-0.015*
		(-3.48)		(-1.80)
$SIZE_{i,t-1}$	0.069***	0.074***	0.187***	0.190***
	(6.32)	(6.72)	(6.89)	(6.95)
$ROA_{i,t-1}$	0.538***	0.567***	0.778	0.779
	(2.67)	(2.83)	(1.60)	(1.61)
$LEV_{i,t-1}$	0.059	0.083	-0.297*	-0.276*
	(0.99)	(1.40)	(-1.89)	(-1.76)
$SOE_{i,t}$	-0.236***	-0.235***	-0.250***	-0.248***
	(-11.98)	(-11.90)	(-5.02)	(-4.99)
$GROWTH_{i,t-1}$	0.093***	0.095***	0.026	0.028
	(5.13)	(5.26)	(0.56)	(0.60)
$ESTAGE_{i,t}$	-0.020	-0.020	-0.026	-0.026
	(-0.75)	(-0.77)	(-0.42)	(-0.41)
$TOP1_{i,t-1}$	-0.198***	-0.191***	0.013	0.019
	(-3.20)	(-3.08)	(0.09)	(0.12)
$COMP_{i,t-1}$	0.082***	0.078***	0.117***	0.114***
	(6.32)	(6.03)	(3.40)	(3.30)
INDUSTRY	Control	Control	Control	Control
_cons	-2.911***	-2.937***	-7.749***	-7.535***
	(-13.11)	(-13.38)	(-13.49)	(-13.86)
Pseudo R^2	0.038	0.038	0.095	0.095
Log lik.	-1.4e+04	-1.4e+04	-1.8e+03	-1.8e+03

续表

样本分组	$M\&A_{i,t}$	$M\&A_{i,t}$	Cross-Border $M\&A_{i,t}$	Cross-Border $M\&A_{i,t}$
	(1)	(2)	(3)	(4)
Chi_squared	1 058.258	1 070.464	321.415	322.923
N	22 838	22 838	22 806	22 806

注：***、**、* 分别表示系数在1%、5%、10%检验水平上显著；括号中为 z 值。

4.4.6 进出口和要素密集度与境外并购 – 汇率波动敏感性

如前文所述，汇率波动可能通过出口收入、进口成本、进口产成品竞争、利润转移等渠道进而作用于企业投资决策，但因并购有区别于普通固定资产投资的特征，企业并购决策不会因汇率升值导致的利润缩减而受到约束，反而会在市场竞争环境和风险规避的推动下，积极开展并购交易，基本检验结果表明，汇率波动对并购倾向的“投资效应”更为稳健。但不同行业及企业进出口依赖程度和要素密集度不同，汇率波动对其投资能力和并购倾向的影响存在差异，因此有必要在基本检验结果的基础上探究行业与企业层面进出口或要素特征的调节作用以进一步确定“投资效应”结论的稳健性。

一方面，出口依赖型企业更易受到汇率升值对营业收入和国内外两个市场竞争加剧的不利冲击，进口依赖型企业和本土经营企业也将国外产品或投入品在国内市场中价格的降低作为调整自身经营与投资的决策。袁志刚和邵挺在 2011 年发现不同行业的产品出口和中间品进口受汇率升值的影响程度各不相同，出口依存度较强、中间投入品进口比例较低①、竞争性且研发投入水平较差、劳动力密集型行业利润受汇率升值的负面影响程度最大；出口依存度较低、中间投入品进口比例较高②、利润垄断性且研发投入水平较高、资本密集型行业更易从人民币升值中获益，受汇率升值的积极影响水平较高。

另一方面，劳动密集型行业的劳动力专用性较弱且一般更依赖出口，资本

① 出口依赖型以及进口中间投入品比例较低的行业主要包括仪器仪表制造业（C40）、文教、工美、体育和娱乐用品制造业（C24）、纺织业（C17）、纺织服装服饰业（C18）、皮革、毛皮、羽毛及其制品和制鞋业（C19）等，为方便研究上市公司行业，括号内为《上市公司行业分类指引（2012）》行业代码。行业分类也可直接与《国民经济行业分类》（GB/T 4754—2017）对应，下同。

② 出口依存度低以及进口中间投入品比例较高的行业主要包括燃气生产和供应业（D45）、石油加工、炼焦和核燃料加工业（C25）、研究和试验发展（M73）、专业技术服务业（M74）等，括号内为《上市公司行业分类指引（2012）》行业代码。

密集型行业一般更依赖进口，曹伟和申宇在2014年发现劳动密集型行业在人民币升值时将减少固定资产投资，资本密集型行业不受汇率水平变化影响；滞后期汇率波动幅度仅对资本密集型行业投资有显著推动作用，劳动密集型行业不受汇率波动幅度影响。刘思跃和唐松慧在2017年采用类似的劳动密集和资本密集的行业分类方法[①]，证实了有关劳动密集型行业更易受汇率水平变化影响、资本密集型行业更易受汇率波动程度影响的研究结论，并发现汇率升贬值具有非对称性后果，劳动密集型行业投资对人民币贬值敏感性更强，资本密集型行业投资对人民币升值敏感性更强。

因此，进出口特征和要素密集度特征在解释汇率波动对企业并购的作用机制中具有重要意义，但以上研究均仅针对行业层面普通固定资产投资受汇率波动影响程度在不同进出口和要素密集度特征中的异质表现。如上文所述，固定资产投资主要受限于企业盈利水平带来的投资能力变化，而并购决策虽可能受企业投资能力约束，但更大程度地表现为经营风险增加带来的企业提高核心竞争力的诉求。本部分进一步按照：行业出口或进口依赖型特征、行业劳动密集或资本密集特征、企业是否有进出口业务分组检验，并加入两个层次变量（企业出口依赖程度、企业资本密集程度）的调节项对基本检验结果进行分析。本部分新增变量的定义如表4-14所示。

表4-14　本部分新增变量的定义

变量	变量定义
行业进出口特征分组	根据袁志刚和邵挺在2011年的研究，将行业分类代码为C17、C18、C19、C24、C40的上市公司行业定义为出口依赖型行业；将行业分类代码为C25、D45、M73、M74的上市公司行业定义为进口依赖型行业
行业要素密集度分组	将行业分类代码为C14、C16、C17、C18、C20、C21、C22、C23、C26、C29的上市公司行业划分为劳动密集型行业；将C27、C31、C32、C33、C34、C35、C38、C40、G53-G57等的上市公司行业定义为资本密集型行业
企业进出口特征分组	将有出口业务且收入不为0的上市公司定义为进出口企业；将既无出口业务又无进口业务的企业定义为本土经营企业

① 将食品制造业（C14）、烟草制品业（C16）、纺织业（C17）、纺织服装服饰业（C18）、木材加工和木、竹、藤、棕、草制品业（C20）、家具制造业（C21）、造纸和纸制品业（C22）、印刷和记录媒介复制业（C23）、化学原料和化学制品制造业（C26）、橡胶和塑料制品业（C29）划分为劳动密集型行业；将医药制造业（C27）、黑色金属冶炼和压延加工业（C31）、有色金属冶炼和压延加工业（C32）、金属制品业（C33）、通用设备制造业（C34）、专用设备制造业（C35）、电气机械和器材制造业（C38）、仪器仪表制造业（C40）、交通运输业（G53~G57）等为资本密集型行业，括号内为《上市公司行业分类指引（2012）》行业代码。

续表

变量		变量定义
企业进出口依赖性	EXPRATIO	企业出口依赖性 = 上市公司出口收入/营业收入
	IMPRATIO	企业进口依赖性 = 上市公司进口成本/营业成本
企业资本要素密集度	CAPDST	企业资本要素密集度 = ln（固定资产净值/员工人数）

由于在基本检验中得出人民币实际有效汇率（EXC_REER）升值和人民币兑美元名义汇率波动程度（EXC_US_VOL）对上市公司境外并购倾向（Cross-Border M&A）正向影响相对稳健的结论，因此，本部分对行业或企业层面进出口和要素密集度调节作用的研究仅将 EXC_REER 和 EXC_US_VOL 作为解释变量。表 4－15为汇率波动对企业境外并购影响在出口型和进口型行业、劳动密集型和资本密集型行业子样本中的统计回归结果，其中第（1）、（2）、（5）、（6）列考查人民币实际有效汇率水平波动的影响，第（3）、（4）、（7）、（8）列考查人民币兑美元名义汇率波动程度的影响。从第（1）～（2）列、第（5）～（6）列可以发现，进口型与资本密集型行业企业更易在汇率升值时开展境外并购①，其 EXC_REER_t 系数分别显著大于出口型和劳动密集型行业企业，人民币汇率升值不仅使进口型行业企业边际成本降低、境外并购能力提升，而且对进口产成品市场竞争程度的促进作用进一步驱使企业开展境外并购以应对经营风险。资本密集型行业往往更依赖进口，劳动密集型行业更依赖出口，企业境外并购倾向符合上述逻辑。进一步，第（3）～（4）列和（7）～（8）列的回归结果表明，汇率波动程度 $EXC\_US\_VOL_t$ 对企业境外并购的促进作用仅表现在进口依赖型和资本密集型行业，与刘思跃和唐松慧等在 2017 年的研究结论类似。

表 4－15　汇率波动、行业特征与企业境外并购倾向

行业分类	Cross-Border $M\&A_{i,t}$							
	出口依赖型	进口依赖型	出口依赖型	进口依赖型	劳动密集型	资本密集型	劳动密集型	资本密集型
	(1)	(2)	(3)	(4)	(5)	(6)	(7)	(8)
EXC_REER_t	0.193 *	1.476 ***			0.153 *	0.194 ***		
	(1.73)	(3.00)			(1.87)	(3.60)		
$EXC\_US\_VOL_t$			0.111	0.402 **			0.087	0.098 **
			(0.85)	(2.23)			(1.33)	(2.00)

① （1）～（2）列 EXC_REER_t 组间系数差异 Chow 检验 Chi_squared = 6.47，P－Value = 0.011；（5）～（6）列 EXC_REER_t 组间系数差异 Chow 检验 Chi_squared = 3.60，P－Value = 0.058。

续表

行业分类	Cross-Border $M\&A_{i,t}$							
	出口依赖型	进口依赖型	出口依赖型	进口依赖型	劳动密集型	资本密集型	劳动密集型	资本密集型
	(1)	(2)	(3)	(4)	(5)	(6)	(7)	(8)
Controls	Yes	Yes	Yes	Yes	Yes	Yes	Yes	Yes
INDUSTRY	Control	Control	Control	Control	Control	Control	Control	Control
_cons	-6.722 ***	-9.824	-7.800 ***	-9.818 *	-5.687 ***	-7.084 ***	-6.696 ***	-7.998 ***
	(-2.68)	(-1.46)	(-3.41)	(-1.94)	(-3.26)	(-7.77)	(-4.27)	(-10.08)
Pseudo R^2	0.091	0.332	0.084	0.238	0.055	0.087	0.051	0.079
Log lik.	-93.838	-11.523	-94.591	-13.142	-226.934	-582.428	-227.924	-587.319
Chi_squared	37.954	29.977	32.787	36.030	24.498	108.852	21.977	96.154
N	1 066	348	1 066	348	3 455	6 529	3 455	6 529

注：***、**、* 分别表示相关系数在 1%、5%、10% 检验水平上显著；括号中为 z 值。控制变量回归结果略。

结合 CSMAR 财务报表附注数据，我们从上市公司年报中手工搜集企业出口相关信息（2003—2016），设计企业是否出口（进口）哑变量和出口收入占营业收入（进口成本占营业成本）比例两个层次变量衡量企业进出口特征，进一步剔除缺失企业实际进出口收入、成本的样本数据。表 4 -16 显示了企业进出口特征在汇率水平、汇率波动程度与企业境外并购倾向之间关系中的作用，其中第（5）、（6）列考查人民币实际有效汇率水平变化及进出口比例的影响，第（7）、（8）列考查人民币兑美元名义汇率波动程度及进出口比例的影响。可以看出，有进出口业务的企业更易在汇率升值和波动程度增加的时期进行境外并购交易，本土经营企业未对汇率波动表现出显著敏感性，这可能来源于进出口企业更易在汇率升值时期受到市场竞争加剧的直接作用，有境外经营业务的企业管理层更加重视汇率风险的管理，为避免未来收益的不确定性，出于风险规避动机实施境外并购。另外，第(5) ~（8）列的回归结果显示，出口收入比例和进口比例均对境外并购有积极促进作用，但企业的境外并购倾向对汇率波动的敏感性未在出口收入的依赖性和进口成本依赖性强的企业中表现出异质性特征（交乘项在统计意义上均不显著）。

表 4－16 汇率水平、汇率波动程度、企业进出口特征与企业境外并购倾向

样本分组	Cross-Border M&A$_{i,t}$							
	进出口企业	本土经营企业	进出口企业	本土经营企业	全样本			
	(1)	(2)	(3)	(4)	(5)	(6)	(7)	(8)
EXC_REER_t	0.111**	0.071			0.091***	0.125***		
	(2.56)	(1.50)			(2.61)	(3.66)		
$EXC\_US\_VOL_t$			0.098**	0.038			0.056*	0.086***
			(2.22)	(0.93)			(1.67)	(2.65)
$EXPRATIO_{i,t-1}$					0.616***		0.680***	
					(5.50)		(6.32)	
$IMPRATIO_{i,t-1}$						0.545***		0.577***
						(4.87)		(5.32)
$EXC\_REER_t \times EXPRATIO_{i,t-1}$					0.107			
					(1.00)			
$EXC\_REER_t \times IMPRATIO_{i,t-1}$						-0.031		
						(-0.27)		
$EXC\_US\_VOL_t \times EXPRATIO_{i,t-1}$							0.054	
							(0.45)	
$EXC\_US\_VOL_t \times IMPRATIO_{i,t-1}$								-0.106
								(-0.81)
Controls	Yes	Yes	Yes	Yes	Yes	Yes	Yes	Yes
INDUSTRY	Control	Control	Control	Control	Control	Control	Control	Control
_cons	-6.247***	-8.048***	-6.801***	-8.572***	-7.239***	-7.199***	-7.955***	-8.014***
	(-8.11)	(-8.11)	(-10.16)	(-9.63)	(-12.26)	(-12.23)	(-15.67)	(-15.78)
Pseudo R^2	0.053	0.103	0.052	0.102	0.097	0.091	0.095	0.088
Log lik.	-1.1e+03	-642.514	-1.1e+03	-643.264	-1.7e+03	-1.7e+03	-1.7e+03	-1.7e+03
Chi_squared	127.600	122.907	117.039	120.930	310.610	277.215	298.558	268.057
N	8 547	11 869	8 547	11 869	20 835	20 835	20 835	20 835

注：***、**、* 分别表示系数在 1%、5%、10% 检验水平上显著；括号中为 z 值。控制变量回归结果略。

表 4－17 显示了企业层面的资本密集度（CAPDST）对汇率波动与企业境外并购倾向之间关系的影响。其中，第（1）列为人民币实际有效汇率水平变化及其与资本密集度的影响，第（2）列为人民币兑美元名义汇率波动程度及其与资本密集度的影响。与行业的要素密集度特征的分组检验结果类似，资本

密集程度较高的企业更易受到汇率波动程度（$EXC\_US\_VOL_t$）的影响，进而提升境外并购倾向，但资本密集度对人民币升值（EXC_REER_t）与境外并购之间关系的正向调节作用并不显著。

表 4－17　汇率波动程度、企业资本密集度与企业境外并购倾向

样本分组	Cross-Border $M\&A_{i,t}$	
	(1)	(2)
EXC_REER_t	0.118***	
	(3.83)	
$EXC\_REER_t \times CAPDST_{i,t-1}$	0.033	
	(1.38)	
$EXC\_US\_VOL_t$		0.068**
		(2.48)
$EXC\_US\_VOL_t \times CAPDST_{i,t-1}$		0.049**
		(1.98)
$CAPDST_{i,t-1}$	0.013	0.014
	(0.44)	(0.49)
Controls	Yes	Yes
INDUSTRY	Control	Control
_cons	−7.394***	−8.096***
	(−12.87)	(−16.05)
Pseudo R^2	0.094	0.092
Log lik.	−1.8e+03	−1.8e+03
Chi_squared	310.059	293.610
N	23 126	23 126

注：***、**、* 分别表示系数在 1%、5%、10% 检验水平上显著；括号中为 z 值。控制变量回归结果略。

4.4.7　股市价格与境外并购－汇率波动敏感性

如前所述，汇率波动对企业并购倾向的影响除并购成本、市场竞争、进出口收入渠道之外，还有可能作用于股市价格，进而影响企业融资能力、支付方式与并购倾向。在汇率波动对中观股票市场价格的影响层面，以往文献对汇率与股票价格波动之间的联动关系进行了大量研究，但结论未达一致。一方面，“流量导向理论”认为汇率波动对股票市场的影响取决于一国经济中国际贸易（尤其是一般贸易）所占比例，即整体经济发展对进出口的依赖性，汇率波动通过对本国商品出口竞争力和进口成本的影响作用于进出口企业生产经营，从而影响股票价格；而汇率波动通过对市场中本国相关产品价格的影响又导致了通货膨胀，而国家买卖外汇导致的流动性变化也进而作用于股票市场价格波动。另一方面，“存量导向理论”从国家间直接或间接投融资角度阐述了股票市场价格变化对汇率波动的影响，认为汇率取决于外汇市场的供求情况，当一国股市价格上涨时带动了本国货币需求和利率水平，进而导致本币升值和资本内流。因此，汇率与股票价格波动之间可能互为因果，之后研究人员分别采用不同研究背景或理论模型探究两者之间的联动关系，但股市引导汇市或汇市引导股市的结论可能因宏观经济政策、研究样本国家、时间序列选择、样本频率确定等因素存在差异。

我国学者吴江林在2007年对我国不同类别股票价格（A、B、H股）和波动程度受2005年汇率制度改革和人民币汇率升值的短期影响分别进行了分析，发现人民币升值导致我国股市股价整体呈上升趋势，A股和B股股票在人民币升值后的短期内均获得比H股更高的超额累计收益，但人民币升值对股价的影响不受行业进出口依赖性影响。邓燊和杨朝军在2007年研究认为：由于我国以加工贸易为主①且出口商品大部分不满足马歇尔－勒纳条件，人民币升值降低进口成本，但对出口产品竞争力影响不大，因此，汇率升值不仅未对股价造成负面影响，反而使股市上涨，人民币汇率与我国股市之间存在长期稳定的协整关系，且汇率是股价的单向Granger原因。

与上述研究相反，巴曙松和严敏在2009年研究认为：汇率与股价不具长期协整关系，其研究将利差这一国际资本流动的关键驱动因素引入股价与汇率的内生关系，采用日交易数据和双变量EGARCH模型对汇率对股价的价格溢出（水平变化）和波动溢出（波动程度）效应进行检验，认为汇率在短期内可以单向引导股价——人民币贬值导致股价上升，股价对汇率波动的敏感性随着对外贸易开放程度加深而逐渐增强；我国对汇率浮动区间和资本流动的管制导致汇率受股价影响不显著，与存量导向理论冲突；汇率与股价之间双向波动溢出明显，但股价波动对外汇市场的波动溢出效应不对称，而外汇市场对股价的波动溢出效应对称。郭凯和张笑梅在2014年以远期汇率实际交易价格超过理论价格的部分作为汇率升值或贬值预期，认为人民币升值预期促使基础货币投放量增加，流动性宽松引发股价上升；再者，企业在人民币升值预期下也会降低外币资产、增加外币负债以获得未来期间本币升值偿还外币负债带来的额外收益，企业此类通过本外币资产负债调整的套利行为也将促

① 根据商务部货物进出口分贸易方式统计和对CSMAR进出口统计数据库的总结发现，近年来，我国国家层面货物进出口中一般贸易已超过加工贸易。

进其股票价值增值。孙显超等在2016年采用国家层面数据建立了汇率波动对股票收益的单向关系，并研究其在不同股票交易类型中的异质性表现，研究发现一国某年的股票价格指数随本国汇率贬值而上升，证实了流量导向理论中货币贬值促进企业净出口、提升营业收入、实现企业价值增值，进而可能累积作用于国家股市表现和经济水平的观点；但上述关系主要存在于发达国家，这可能是由于发达国家股票定价效率较高，汇率波动可以通过影响基本面交易影响股价，而发展中国家金融开放程度有限，交易者忽略基本面信息而仅以技术信息进行短期套利。

也有研究认为股票价格并不受汇率波动影响或两者之间关系有特定的存在条件。Jorion在1991年采用套利定价理论建立双因素模型并将汇率因素加入Chen在1986年提出的六因素模型，探究汇率风险是否影响股票市场定价，认为不同行业的股票价格受汇率波动的影响程度不同且汇率风险可以被分散或对冲，美国投资者并未因汇率波动要求更高的风险补偿。因此，Jorion在1991年的研究认为：资本成本不受美国企业财务管理者的汇率风险对冲政策影响，企业积极进行外汇风险管理可能并不是因为汇率波动引起。但Kanas在2000年的研究认为：发达国家市场中的金融衍生工具可以帮助企业对冲汇率波动风险，此时股价不受汇率波动程度的影响。郝项超和李政在2017年对我国股市暴跌事件受人民币汇率贬值因素影响的实证研究表明，股市极端波动事件中汇率风险并未对股价下跌产生非常明显的影响。随着近年来我国对外经济贸易和开放程度的增加，汇率对股市的影响应日益扩大，除进出口企业价值所受直接影响影响其股价①之外，本土经营企业因市场竞争变化导致的盈利水平波动以及其采取的各种应对措施将缓解汇率不利冲击对股价的影响。吴丽华和傅广敏在2014年的研究认为：只有当人民币汇率变化导致短期资本流入股市时才会造成股价上涨，而短期资本流入替代性市场如房地产市场或债券市场并不会引发国家股市价格的整体上升，反而会下降，人民币汇率对股价的影响也存在随时间变化而变化的特征。

综上，汇率波动对企业价值和股市价格存在不确定的影响关系，但由于境外并购的择时效应使我们关注到价值高估下的企业可能成为境外并购交易的并购方，因此，本部分构建了以“汇率波动—股市价格变化—并购决策—并购效率”逻辑框架的“估值优势假说”，将资产价格作为汇率波动影响境外并购及其效率的中间渠道，探究短期价值变化是否是我国企业境外并购的驱动因素以

① 在其他条件不变的情况下，出口企业在汇率升值时竞争力和营业利润下降，股价下跌；进口企业尤其是产品销售主要集中在国内市场的企业受汇率升值影响，生产成本下降，股价上升；境外投资者持有的本国股票价值随汇率升值而有所提升，促使短期投机性资本进一步涌入股票市场，推高股价。

及利用市场价格优势择机进行境外并购是否有利于股东财富增加或企业价值创造。

如图 4-1 所示，2005 年汇率制度改革后（选取 2005.08.01—2017.12.31 为研究区间），人民币兑美元名义汇率（直接标价法）与上证综合指数、深证综合指数在特定时间序列区间内存在一定的相关关系。例如，在 2005.8—2007.11，人民币相对美元呈震荡升值，深证综合指数与上证综合指数均呈增加状态；之后直至 2008.10 人民币继续相对升值，但深证综合指数与上证综合指数整体呈震荡下跌走向；2010.11—2014.6 人民币整体升值，但深证综合指数与上证综合指数整体呈震荡下跌走向，但跌幅相对不大；2016.1 之后，汇率贬值又伴随着股价下跌。因此，在长期内，汇率波动与股价走势之间并不存在完全一致的正相关或负相关关系，与吴丽华和傅广敏在 2014 年得出的结论一致。

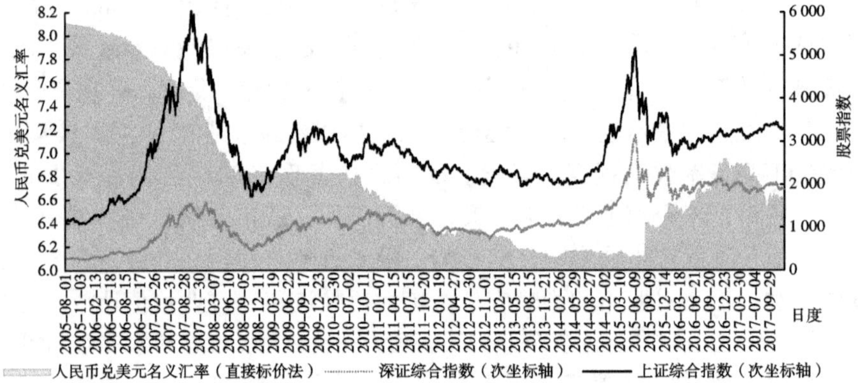

图 4-1　人民币兑美元名义汇率与股市价格

对此，我们对 2005 年汇率制度改革后汇率与股价之间关系进行检验，进而探究资产价格是否可作为汇率波动与企业并购决策之间的作用机制。基于时间序列数据的特征，本部分首先对名义汇率（RMB-US）、深证综合指数（SZINDEX）和上证综合指数（SHINDEX）时间序列进行 ADF 单位根检验，结果如表 4-18 所示①。可以看出，三者原序列均为非平稳序列，但一阶差分后为平稳序列。由于非平稳序列（单位根过程）的组合也可能是平稳的，因此需进一步对三者进行协整关系检验。

① 为稳健性考虑，我们同样对汇率与股价的时间序列数据进行 DF-GLS 单位根检验，显示原序列均为非平稳序列（单位根过程），在对名义汇率、深证综合指数和上证综合指数取 1 阶差分后均可在 1% 水平上拒绝“存在单位根”的原假设。

表4-18　单位根ADF检验结果

序列	ADF检验 $Z(t)$	检验类型 (c, t, p)	1% critical value	结论
RMB-US	-3.303	(c, 0, 1)	-3.430	非平稳
	-2.717	(c, 0, $\hat{p}$)	-3.430	
SZINDEX	-1.672	(c, 0, 1)	-3.430	非平稳
	-1.671	(c, 0, $\hat{p}$)	-3.430	
SHINDEX	-2.198	(c, 0, 1)	-3.430	非平稳
	-2.465	(c, 0, $\hat{p}$)	-3.430	
ΔRMB-US	-36.314	(c, 0, 1)	-3.430	平稳
ΔSZINDEX	-38.083	(c, 0, 1)	-3.430	平稳
ΔSHINDEX	-40.255	(c, 0, 1)	-3.430	平稳

注：检验类型 (c, t, p) 中 c 为是否包括常数项，t 为是否包括时间趋势，p 为滞后阶数。$\hat{p}$ 为Schwert（1989）最大滞后阶数。由图4-1可以看出三个时间序列没有明显的时间趋势，因此 t 一致取0。

本部分对RMB-US和SZINDEX以及RMB-US和SHINDEX的协整关系进行Johansen检验，协整秩迹检验结果表明，协整向量矩阵满秩，即RMB-US和SZINDEX以及RMB-US和SHINDEX之间不存在长期均衡关系，这与巴曙松和严敏在2009年的结论一致，即两者可能仅存在短期内互为因果关系。最后，采用ΔRMB-US、ΔSZINDEX、ΔSHINDEX平稳时间序列对RMB-US和SZINDEX以及RMB-US和SHINDEX的波动（协整序列）进行Granger因果检验，经对AIC和BIC取值的比较，我们选取滞后3阶，检验结果如表4-19所示。可以看出，汇率单向引导股价，但股价并不会反向作用于汇率；在短期内，汇率升值整体上有利于股价提升，一方面来源于外汇占款增加导致的流动性提升促使股价上扬，另一方面可能来源于汇率升值时期进口优势和出口劣势的抵消进而对企业整体价值的影响不大。

表4-19　Var基础的Granger检验结果

因果关系假设	F-Value	P-Value	结论
H0：ΔRMB-US不是ΔSZINDEX的Granger原因	2.63	0.048 4	拒绝原假设
H1：ΔRMB-US是ΔSZINDEX的Granger原因			
H0：ΔSZINDEX不是ΔRMB-US的Granger原因	1.76	0.152 1	接受原假设
H1：ΔSZINDEX是ΔRMB-US的Granger原因			
H0：ΔRMB-US不是ΔSHINDEX的Granger原因	2.55	0.053 8	拒绝原假设
H1：ΔRMB-US是ΔSHINDEX的Granger原因			
H0：ΔSHINDEX不是ΔRMB-US的Granger原因	1.07	3.220 1	接受原假设
H1：ΔSHINDEX是ΔRMB-US的Granger原因			

基于上述论证分析，我们认为汇率升值将会导致国家层面的股市价格短期内上涨，为上市公司增发股票、获取信贷融资、提高支付能力、降低并购成本创造了便利，此时企业境外并购倾向增强。我们将上证综合指数取年度均值的自然对数（$StockIndex_t$）后加入并购决策模型［式（4-1）］进行实证检验结果如表4-20所示，其中第（1）列考查人民币兑美元名义汇率水平变化及上证综合指数的影响，第（2）列考查人民币实际有效汇率水平变化及上证综合指数的影响。从表4-20可以看出，国内股市价格上涨对企业境外并购有积极促进作用。因此，资产价格是汇率波动与企业境外并购之间关系的中介作用机制之一，汇率波动带来的股价短期上涨促使上市公司择时境外并购，而此时在国内市场高估或对目标企业评价不足的条件下的并购效率仍待检验。

表4-20　汇率水平变化、股市价格与企业境外并购倾向

样本分组	$Cross\text{-}Border\ M\&A_{i,t}$	
	(1)	(2)
EXC_US_t	0.001	
	(0.04)	
EXC_REER_t		0.065**
		(2.07)
$StockIndex_t$	0.385***	0.315***
	(4.75)	(3.49)
Controls	Yes	Yes
INDUSTRY	Control	Control
_cons	-10.869***	-9.883***
	(-13.94)	(-11.06)
Pseudo R^2	0.095	0.096
Log lik.	-1.8e+03	-1.8e+03
Chi_squared	307.144	310.210
N	23 707	23 707

注：***、**、*分别表示系数在1%、5%、10%检验水平上显著；括号中为z值。控制变量回归结果略。

4.5　稳健性检验

4.5.1　替换汇率波动指标计量频率

在汇率波动与企业并购倾向关系的基本检验中，我们使用的是整个会计年度对应的汇率水平和汇率波动程度值，但是，采用年度频率的汇率指标忽视了年内汇率相对升贬值的情况以及汇率增加幅度（相对增量）的影响。为进一步缓解变量之间的内生性，并考虑到汇率波动经济后果可能存在短期性特征，本部分使用月度频率的汇率水平和波动程度指标，以企业是否宣告境外并购为因变量，其余公司特征控制变量仍取并购交易宣告年度滞后期值，再次确认基本检验结果中有关汇率波动对企业境外并购"对冲效应"影响①，结果如表4－21所示，其中第（1）～（3）列考查人民币兑美元名义汇率、人民币实际有效汇率及人民币实际有效汇率的月度增量的影响，第（4）、（5）列考查汇率波动程度的影响。

表4－21　汇率波动与上市公司境外并购倾向：月度汇率指标

样本分组	Cross-Border $M\&A_{i,t}$				
	并购样本				
	（1）	（2）	（3）	（4）	（5）
$MEXC\_US_t$	0.002				
	（0.06）				
$MEXC\_REER_t$		0.086**			
		（2.57）			
$DMEXC\_REER_t$			0.923		
			（0.49）		
$MEXC\_US\_VOL_t$				－0.038	
				（－1.42）	
$MEXC\_REER\_VOL_t$					0.019
					（0.77）

① 由于更换汇率指标为月度计量方法后，其他未宣告并购的样本无法以月度汇率指标衡量，因此，在本部分的稳健性检验中，实证分析样本仅针对已宣告并购的样本，检验结果为境外并购相对境内并购对汇率波动的敏感性，即汇率波动对境外并购决策的"对冲效应"。

续表

样本分组	Cross-Border M&A$_{i,t}$				
	并购样本				
	(1)	(2)	(3)	(4)	(5)
Controls	Yes	Yes	Yes	Yes	Yes
INDUSTRY	Control	Control	Control	Control	Control
_cons	-7.579***	-6.936***	-7.600***	-7.720***	-7.584***
	(-11.98)	(-10.71)	(-13.06)	(-13.28)	(-13.04)
Pseudo R^2	0.071	0.073	0.071	0.072	0.071
Log lik.	-1.4e+03	-1.4e+03	-1.4e+03	-1.4e+03	-1.4e+03
Chi_squared	185.314	190.265	185.166	191.023	185.623
N	7 805	7 805	7 805	7 805	7 805

注：***、**、* 分别表示系数在 1%、5%、10% 检验水平上显著；括号中为 z 值。控制变量回归结果略。

其中，人民币兑美元名义汇率（$MEXC\_US_t$）和人民币实际有效汇率（$MEXC\_REER_t$）分别使用企业并购交易宣告月份滞后一期的月度人民币兑美元名义汇率和人民币实际有效汇率，$DMEXC_REER_t$为人民币实际有效汇率的月度增量，月度人民币兑美元名义汇率波动程度（$MEXC\_US\_VOL_t$）和月度人民币实际有效汇率波动程度（$MEXC\_REER\_VOL_t$）分别使用并购宣告月份滞后 12 个月的人民币兑美元名义汇率标准差和人民币实际有效汇率标准差。与基本检验结果一致，仅人民币实际有效汇率升值可以对境外并购倾向起到促进作用（相对境内并购），其余汇率指标对上市公司境外并购倾向的“对冲效应”并不成立。

4.5.2 替换汇率波动指标计量层面

近年来，我国学者在汇率波动与微观企业行为关系的研究中，认为仅采用宏观（国家层面）汇率指标忽略了不同企业及其所处行业价格变化、进出口业务的目标国家及进出口份额的影响，进而未考虑微观企业所受汇率冲击在其本身经营或投资业务涉及目标国家差异情况下的异质性。因此，很多研究使用企业层面汇率指标或行业层面汇率指标，以准确衡量企业或所处行业真正面临的汇率波动与汇率风险。

表4-22 上市公司所处行业分类与HS编码匹配关系

证监会上市公司行业分类指引（2012版）、国民经济行业分类（GB/T 4754—2017）	HS编码
食品制造业（C14）	第2/4/11/15/16/17/18/19/20/21/23章
纺织业（C17）	第50/51/52/53/56/57/58/59/60/61/63章
木材加工和木、竹、藤、棕、草制品业（C20）	第44/46章
造纸和纸制品业（C22）	第47/48章
石油加工、炼焦和核燃料加工业（C25）	第27章
化学原料和化学制品制造业（C26）	第28/29/31/32/33/34/35/36/37/38章
橡胶和塑料制品业（C29）	第39/40章
非金属矿物制品业（C30）	第96章
金属制品业（C33）	第72/73/74/75/76/77/78/79/80/81/82/83章
通用设备制造业（C34）	第84/85章
运输设备制造业（C37）	第86/87/88/89章
电气机械和器材制造业（C38）	第84/85章
仪器仪表制造业（C40）	第90章

但受限于企业层面进出口及目的国家数据的可获得性①，我们采用中经网统计数据库中“海关月度库”－“进出口商品构成（HS，国别分布）”的商品进出口数据计算行业层面的实际有效汇率。按照HS编码②与国民经济行业分类对应标准，将海关HS两位编码与上市公司所处行业③进行对应，对应关系见表4-22。

再参考赵仲匡、毛日昇等人的计算方法，以行业进口额和出口额比例为权重计算人民币有效汇率几何加权平均数，为避免在汇率波动下企业进出口业务的调节又进一步影响行业面临汇率的反向因果关系，所需进出口权重为滞后3期的平均值。具体计算方法如下：

① 我们获取的企业层面进出口数据手工整理自上市公司财务报表及报表附注，但由于出口或进口国家披露无明确标准，如有的企业在一笔出口业务的出口国家披露中仅提及“境外地区”“其他国家和地区”“亚太地区”“北美洲”“非洲”等，未明确出口的特定国家名称，因此，我们未获取上市公司对各个国家出口和进口份额的准确数据，难以按照现有加权平均方法计算企业层面的实际有效汇率。

② 数据来源：海关总署官网（www.customs.gov.cn）和HS编码查询网（www.hsbianma.com）。

③ 由于数据限制，本部分选取的均为制造类行业。

$$\text{IND\_NEER}_{i,t} = \Pi(\text{EXC}_{j,t})\varphi_{j,t}^{i} \tag{4-6}$$

$$\text{IND\_REER}_{i,t} = \Pi(\text{EXC}_{j,t} \times \text{CPI}_{j,t}/\text{CPI}_{t})\varphi_{j,t}^{i} \tag{4-7}$$

$$\varphi_{j,t}^{i} = \frac{\text{EXPORT}_{i}}{\text{EXPORT}_{i} + \text{IMPORT}_{i}} \times \frac{\sum_{t-3}^{t-1}\text{EXPORT}_{j,t}^{i}}{\sum_{j=1}^{k}\sum_{t-3}^{t-1}\text{EXPORT}_{j,t}^{i}} + \frac{\text{IMPORT}_{i}}{\text{EXPORT}_{i} + \text{IMPORT}_{i}} \times \frac{\sum_{t-3}^{t-1}\text{IMPORT}_{j,t}^{i}}{\sum_{j=1}^{k}\sum_{t-3}^{t-1}\text{IMPORT}_{j,t}^{i}} \tag{4-8}$$

其中，i 为行业标识，j 为国家标识。$\text{EXC}_{j,t}$为 t 年度人民币与 j 国家货币名义汇率（以美元为中介换算），“$\text{EXC}_{j,t} \times \text{CPI}_{j,t}/\text{CPI}_{t}$” 为 t 年度人民币与 j 国家货币实际汇率，$\text{CPI}_{j,t}$为对应 t 年度 j 国家的居民消费价格指数，CPI_{t}为 t 年度我国居民消费价格指数①，$\varphi_{j,t}^{i}$为贸易权重。$\text{EXPORT}_{j,t}^{i}$为我国 t 年度 i 行业对 j 国家的出口额，$\text{IMPORT}_{j,t}^{i}$为我国 t 年度 i 行业对 j 国家的进口额，k 为我国的主要贸易国家②。$\frac{\text{EXPORT}_{i}}{\text{EXPORT}_{i} + \text{IMPORT}_{i}}$为 1995—2015 年③的行业出口占进出口比重，$\frac{\text{IMPORT}_{i}}{\text{EXPORT}_{i} + \text{IMPORT}_{i}}$为 1995—2015 年的行业进口占进出口比重。最后，调整 2005 年为基期 100（$\text{IND_NEER}_{i,t}$和 $\text{IND_REER}_{i,t}$在 2005 年均值为 100）。

图 4-2 和图 4-3 为计算出的月度行业层面名义有效汇率（$\text{IND\_NEER}_{i,t}$）和实际有效汇率（$\text{IND\_REER}_{i,t}$）的时变曲线。可以看出，行业层面名义有效汇率较为接近，但 2011 年及之后各行业层面汇率之间开始出现明显差异；各行业面临的实际有效汇率差距相比名义有效汇率更大，尤其在 2008 年金融危机后，石油加工、炼焦和核燃料加工业实际有效汇率陡增，之后的震荡幅度相对其他行业也非常大。

① 本部分各国名义汇率和 CPI 数据均来自国际清算银行（BIS）和国际货币基金组织（IMF）。

② 选取“主要”贸易国家的原因一部分是我国对一些国家的进出口份额过小可以忽略，另一个重要原因是难以获得一部分贸易国家的名义汇率。我们选取的“主要”贸易国家包括：澳大利亚、比利时、加拿大、瑞典、德国、丹麦、西班牙、芬兰、法国、希腊、印度、印尼、爱尔兰、意大利、日本、韩国、马来西亚、荷兰、挪威、新西兰、菲律宾、俄罗斯、新加坡、瑞士、泰国、英国、美国等。

③ 截至 2016 年 5 月中经网统计数据库中的全部年度数据。

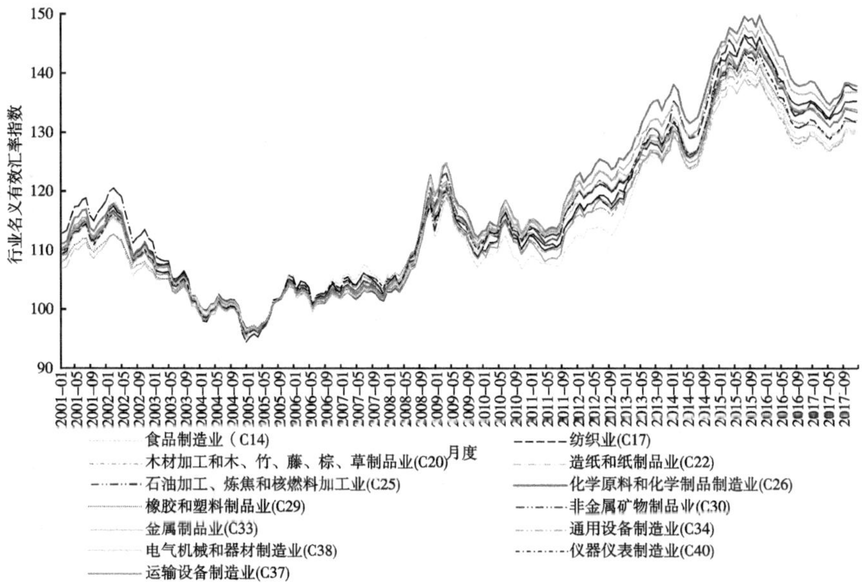

图 4－2 行业层面名义有效汇率时变曲线

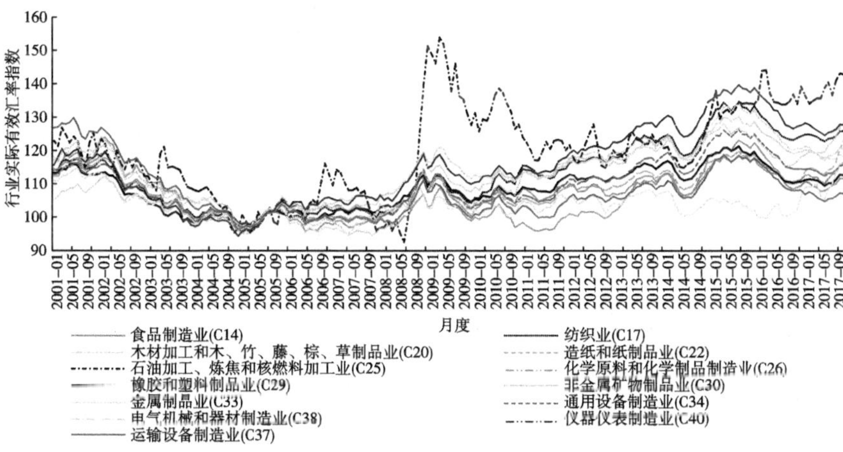

图 4－3 行业层面实际有效汇率时变曲线

然后，我们采用行业层面名义有效汇率和实际有效汇率计算汇率水平和汇率波动程度指标，进而对行业（标识：j）汇率波动与行业内企业（标识：i）境外并购倾向之间的关系进行重新检验。本部分使用行业层面名义有效汇率和实际有效汇率自然对数在 t 年度的平均值（$AVGIND\_NEER_{j,t}$ 和 $AVGIND\_REER_{j,t}$）和行业层面名义有效汇率和实际有效汇率自然对数在 t 年度滞后 12 个月的标准差（$STDIND\_NEER_{j,t}$ 和 $STDIND\_REER_{j,t}$）分别衡量汇率水平与汇率波动程度，为使回归系数更加合理，在统计回归时将 $AVGIND\_NEER_{j,t}$、

AVGIND_REER$_{j,t}$和 STDIND_NEER$_{j,t}$、STDIND_REER$_{j,t}$标准化，采用上述制造业子样本，在模型［式（4-1）］的基础上控制年度固定效应（YEAR）进行再检验，结果如表4-23所示，其中，第（1）~（3）列分别考查行业层面名义有效汇率水平变化、行业层面名义有效汇率波动程度，以及二者的共同影响，第（4）~（6）列分别考查实际有效汇率水平变化、实际有效汇率波动程度及二者的共同影响。

表4-23 行业层面有效汇率波动与上市公司境外并购倾向

样本分组	Cross-Border M&A$_{i,t}$					
	行业层面名义有效汇率			行业层面实际有效汇率		
	(1)	(2)	(3)	(4)	(5)	(6)
AVGIND_NEER$_{j,t}$	0.207***		0.223***			
	(3.82)		(3.85)			
STDIND_NEER$_{j,t}$		0.002	0.030			
		(0.05)	(0.61)			
AVGIND_NEER$_{j,t}$ × STDIND_NEER$_{j,t}$			-0.060			
			(-1.26)			
AVGIND_REER$_{j,t}$				0.132**		0.153**
				(2.34)		(2.48)
STDIND_REER$_{j,t}$					-0.014	-0.014
					(-0.25)	(-0.22)
AVGIND_REER$_{j,t}$ × STDIND_REER$_{j,t}$						-0.020
						(-0.43)
Controls	Yes	Yes	Yes	Yes	Yes	Yes
INDUSTRY	Control	Control	Control	Control	Control	Control
YEAR	Control	Control	Control	Control	Control	Control
_cons	-5.961***	-7.550***	-5.591***	-6.952***	-7.519***	-6.588***
	(-5.29)	(-7.76)	(-4.85)	(-6.75)	(-7.73)	(-6.17)
Pseudo R^2	0.095	0.078	0.094	0.085	0.078	0.083
Log lik.	-519.259	-526.593	-517.346	-524.977	-526.566	-523.517
Chi_squared	98.789	72.513	96.165	89.585	72.417	88.360
N	6 713	6 563	6 563	6 713	6 563	6 563

注：***、**、*分别表示系数在1%、5%、10%检验水平上显著；括号中为 *z* 值。回归样本为部分制造业样本。

从回归结果可以看出，与基本检验结果类似，行业层面名义有效汇率和实际有效汇率升值显著促进了企业境外并购，但汇率波动程度对企业境外并购倾向没有明显作用（目前仅发现人民币兑美元名义汇率波动程度将显著增加企业境外并购可能性）。

4.6 本章小结

本章对汇率波动与企业并购决策之间的关系进行了实证研究：首先，基于汇率水平变化与企业并购可能性之间可能存在的理论关系提出“投资效应”和“对冲效应”假设；然后，从实物期权和风险规避的角度提出汇率波动程度与企业并购倾向之间关系的竞争性假设；最后，基于汇率水平变化与企业并购之间受波动程度影响的基本逻辑，顺承汇率波动程度与并购倾向之间的直接关系提出竞争性调节效应假说。使用我国A股非金融类上市公司为基础样本，整理来自 Thomson SDC Platinum 全球企业并购数据库中 2000 至 2016 年间我国上市公司宣告的并购交易以及名义汇率与实际汇率数据，使用 Probit 回归模型对基本假设的实证检验结论主要包括：

① 人民币相对美元名义汇率升值提高了企业并购，尤其是境内并购的可能性，与境外并购无关；人民币实际有效汇率升值提升了企业境内并购与境外并购的可能性，并在并购样本中表现出对境外并购的偏好。以上结论体现了人民币兑美元名义汇率水平变化对企业整体并购决策的“投资效应”和人民币实际有效汇率水平变化对企业整体并购的“投资效应”和对境外并购决策的“对冲效应”。

② 人民币兑美元名义汇率波动程度的增加显著提升了企业境内并购与境外并购倾向，但在并购样本中，境内和境外并购倾向对汇率波动程度的敏感性不存在显著差异；人民币实际有效汇率波动程度增加了企业并购和境内并购可能性，与境外并购无关。因此，上市公司境外并购决策更多受到人民币兑美元名义汇率波动程度的正面影响，管理层风险规避动机大于持有实物期权的动机。

③ 对企业并购决策受汇率水平和汇率波动程度联合影响的研究结果表明，企业境外并购决策对汇率水平的敏感程度不受汇率波动程度大小的调节作用，而企业整体并购、境内并购与人民币兑美元名义汇率升值之间的正向关系受其波动程度的负向调节，与人民币实际有效汇率升值之间的正相关关系受其波动程度的正向调节。

④ 结合汇率预期的进一步研究表明，人民币汇率贬值预期提升了我国企业境外并购倾向，而且汇率贬值预期显著正向调节了汇率升值与企业境外并购可

能性之间的正向关系，支持了汇率预期的“替代效应”假说。在本国汇率实际升值但呈贬值预期时，上市公司会抓住目前本国货币的购买力优势时机提前宣告、实施境外并购，并预计可以享受本国汇率未来贬值预期下更多以本币计价的目标企业营业收益。

⑤ 本部分进一步对汇率制度市场化改革、产品市场竞争（行业竞争程度与企业竞争地位）、行业及企业层面进出口属性、行业及企业层面要素密集度、股票价格等因素的研究基本支持了前述假设；对境外并购完成率与交易规模的拓展检验初步说明（但结论并不稳健）企业在本国汇率升值时可能存在“过度并购”现象，体现在并购完成率低、交易规模高两个层次。但仅仅局限于并购决策角度并不能厘清汇率波动对企业并购经济后果的影响，因此，我们将在后面对汇率波动下境外并购效率的差异进行探讨。

第5章

汇率波动对企业境外并购效率的影响实证分析

第4章的实证检验结果表明人民币汇率升值和汇率波动幅度增加对企业境外并购决策有一定的促进作用，但少有文献对汇率波动下企业境外并购效率的表现以及汇率波动对企业境外并购效率的影响机制展开实证研究，本章建立了汇率波动与企业境外并购效率之间关系的“竞争优势假说”“汇率治理假说”“估值优势假说”，试图解释在汇率波动下，境外并购决策是否可以为并购方企业带来价值增值和效率改善。

5.1 理论分析与研究假设

除战略协同、资源获取和企业经营发展需要外，现有研究表明并购方管理层实施并购决策原因包括价值增值、自利动机、乐观估计等，因此出现了自由现金流假说（又称“管理帝国构建”假说）、管理者过度自信假说、错误估值驱动假说以及流动性假说等。

第一，“管理帝国构建”主要是指在管理层与股东之间存在代理冲突时，管理层致力于扩大企业经营规模、获取高额薪酬，进而可能做出不利于股东价值增加的并购决策。

第二，管理者过度自信假说是指并购方管理层在特定的市场环境和融资环境中对自身能力及并购后协同效应的估计值过高，因此在未取得目标企业准确价值信息时即做出并购决策，进而可能导致过度支付，损害了并购方股东的财富，而目标企业原股东受益，最终导致并购长期绩效走低。

第三，错误估值驱动假说是指在并购方企业价值相对高估、目标企业价值相对低估时，并购方管理层更易择时做出过度并购决策，或直接通过股票支付方式完成交易，随着市场估值的调整，并购交易易出现负面评价。

第四，流动性假说是指当目标企业流动性较高时更易获得较高的市场估值，此时并购方管理层过度支付的可能性提高，其他竞购企业的参与进一步增加了并购成本，降低了并购绩效。

除上述在委托代理与信息不对称框架下解释企业并购绩效表现之外，企业竞争优势也是影响并购绩效的重要因素。在对外直接投资的驱动因素中，专有资产优势、内部化优势、小规模技术优势均可能成为企业进行对外直接投资决策或以境外并购形式开展对外直接投资的关键动因，而企业生产率则是表征企业异质性的重要元素，生产率较高的企业一般也具有较高的内部化和专有资产优势，更易做出高效率的并购决策。当企业境外并购交易中的目标企业可以复制并购方企业的生产效率、管理能力、研发技术时，以生产率驱动的境外并购往往带来并购方和目标方两者的效率提升；若并购方本身虽生产效率或组织管理能力存在不足，但在吸收能力具有优势且以追求技术或资源目标实施境外并购时，并购方与目标方企业之间的知识距离也将促进并购方企业积极学习先进经验，正向调节并购方管理层努力程度，有利于并购效率的提升。

因此，基于企业并购绩效的委托代理关系和竞争优势驱动的解释框架，以及汇率波动对企业并购决策的已有研究结论，我们提出基于“汇率波动—企业竞争优势—境外并购—并购效率”理论逻辑的“竞争优势假说”，基于“汇率波动—市场竞争/汇率风险—境外并购—并购效率”理论逻辑的“汇率治理假说”，以及基于“汇率波动—股市价格/企业估值—境外并购—并购效率”的“估值优势假说”。

5.1.1 竞争优势假说

企业所处宏观环境中的汇率波动将导致各层次价格因素发生变化，进而促使企业调整生产经营策略，如生产过程中调整生产要素投入比例以降低成本或提高效率；汇率波动导致的产品市场竞争促使在位企业间选择机制的形成，导致仅高效率企业可以新加入市场或低效率企业退出，进而形成企业技术进步、产业升级、效率提升的内在需求。以人民币汇率升值为例，其将通过进口成本正向影响企业营业利润和投资能力，通过出口收入、进口产成品竞争、利润转移等渠道负向影响投资水平，最终两者无法抵消时将改变企业资本要素与劳动力要素的投入比例，进而影响企业生产率。许家云等人在 2015 年研究发现资本劳动比例越大的企业在汇率升值时将获得越高水平的生产率提升。另外，在位企业尤其是境外贸易依存度较高的企业在本国汇率升值时出口价格优势减弱，面临的国内外市场环境竞争加剧，低效率企业将尽可能通过技术开发或提高生产效率应对竞争压力，否则将被迫退出市场或被其他企业兼并；高效率企业由于掌握低效率企业无法模仿的生产技术或市场份额等优势，得以在竞争压力下生存，并通过并购其他企业实现规模经济。因此，人民币汇率波动影响企业生产率。

生产率是企业竞争能力和竞争优势的体现，基于竞争优势理论以及对外直接投资中的企业异质性理论，高生产率企业往往更倾向于选择境外投资而非仅国内经营或出口，通过垄断竞争理论模型提出生产率是企业选择跨国经营的决定性因素，认为只有高生产能力企业能解决投资的厂房固定成本问题并成为跨国企业，生产率高的企业会选择对外直接投资，生产率低的企业会选择出口贸易。当境外并购方企业自身生产率较高时，并购交易中的目标企业在完成收购后也可获得并购方企业的技术、管理、市场等相关资源，尤其表现在可转移资源优势上，因此目标企业在并购后利润水平和生产效率将获得提升。生产率更高的并购方企业对目标企业的技术、管理和资金支持的能力更强，目标方企业在被并购后的生产效率提升幅度更大，进而导致并购方与目标方整合后企业的效率整体提升，此时，具有竞争优势的企业开展并购活动将更易达到经营协同和管理协同。Guadalupe 等在 2012 年研究发现：相比无并购交易或仅进行国内并购交易的企业，能够进行境外并购的企业本身具有更高水平的生产技术和盈利能力，而从针对目标企业的视角看，被外国企业收购的企业也会得到明显的生产率水平提升。

另外，本国汇率升值导致境外资产价格即境外并购成本的相对降低也是可以体现并购方企业竞争优势的重要表现，企业将在此类并购中以相对更低的本币价格（境外资产一般以当地货币计量）获取目标企业，并购财务绩效也将因此获得提升。同时，本国汇率升值导致以本币计量的目标企业未来预期收益降低，而汇率波动程度的增加对企业面临的系统性风险提升又进一步降低了目标企业预期收益的现值。但是，资本市场对在汇率升值时期的境外并购成本往往给予积极评价，在汇率预期不确定的情况下，企业境外并购的财务绩效（股价反应和会计利润）主要受益于目前实际成本的降低，目标企业预期收益的负向影响可能因汇率双向波动以及汇率预期不稳定等原因并不占据主导作用。

基于此，我们认为生产率和购买力变化是驱动企业进行境外并购决策的因素，本国汇率升值带来的并购成本下降和外部投资者的积极评价将增加境外并购财务绩效。高生产率并购方企业会将其自身生产技术、管理经验、组织模式、市场资源等与目标方整合，并购后形成的企业将取得更高的生产率，以生产率优势驱动的境外并购可以为企业带来长期的并购效率提升。汇率水平变化对企业竞争优势的影响将最终作用于其境外并购决策及资源配置，由此提出假设：

H1：人民币汇率升值将通过影响企业竞争优势进一步积极作用于境外并购财务绩效与非财务绩效，同时，企业资源配置效率相对境外并购前有所提升。

5.1.2 汇率治理假说

前文通过对企业市场竞争环境对汇率波动与境外并购决策关系的中介效应实证检验表明，人民币汇率升值显著加剧了市场竞争程度，行业竞争的加剧导致企业边际利润水平下降、经营风险增加，进而表现为境外并购需求的上升。市场竞争作为企业重要的外部治理机制，将对并购行为中的管理层机会主义及过度自信形成一定程度的约束作用。具体地，产品市场竞争程度的加剧将促使管理层留存更多现金、减少过度投资以应对经营不确定性，减少对外部股东价值的侵害；以获取扩大规模、晋升职位、提高个人薪酬为目标的管理层将严格保持对市场竞争和企业经营风险的警觉，抑制过度并购以及并购交易中超额支付的可能性。此时，在本国汇率升值与外部市场竞争加剧的条件下，自由现金流假说和管理者过度自信假说中有关并购绩效受损的影响将被削弱。因此，汇率波动可以通过市场竞争渠道对企业境外并购效率形成治理作用，市场竞争虽是导致企业通过并购活动尤其是境外并购获取市场份额和核心竞争力的驱动力，但又通过对管理层机会主义行为的约束提高了并购效率。因此，提出假设：

H2a：人民币汇率升值将通过影响企业面临的市场竞争环境进一步积极作用于境外并购财务绩效与非财务绩效，同时，企业资源配置效率相对境外并购前有所提升。

随着汇率波动程度提高带来汇率风险的增加，企业往往加强金融对冲或经营对冲管理以减少风险暴露程度，但汇率波动带来微观企业的风险暴露并不能以各种金融对冲和经营对冲手段完全缓解。加之我国外汇衍生品市场发展相对较晚，缺乏有效的或各币种的外汇衍生工具，经营对冲手段可能在企业对冲汇率风险中发挥了更重要的作用。境外并购可以实现对出口的替代或补充、生产经营地理位置多元化、降低对单一货币的依赖性、在东道国实现当地生产并面向更为广阔的国际市场等，进而缓解企业的汇率风险暴露程度，即境外并购可以作为企业对冲汇率风险的一种途径，在稳定经营活动、提升企业价值中具有重要作用。汇率波动程度的提升（弹性增加）往往阻碍了汇率风险对冲手段有效性的发挥，尤其在境外并购这种初始投入成本和调整成本都很高的经营对冲手段中，企业无法在短时间内调整并购策略和资源配置有效应对汇率波动。因此，企业短期收益与价值将对汇率波动程度呈较高的敏感性。在汇率波动程度较大的时期，企业即使选择了优质境外资产作为并购对象，但由于汇率交易风险和经济风险增加，加上企业面临的并购成本不确定性，提升了持有的外币资产和负债价值造成的汇兑损益波动性，均不利于企业短期内并购财务绩效的提升。

另外，除面临信息不对称带来的不确定性成本之外，当汇率波动导致的企业所处环境的汇率风险增加时，出于风险规避动机的企业尤其是汇率暴露程度较高的进出口企业境外并购行为将更多地出于价值增值动机以获取长期绩效提升，并购方企业管理层的“管理帝国构建”和过度自信假说在汇率风险增加时可能并不成立。再者，企业生产投入要素调整成本较低、受其他外部制度型因素约束程度较弱，在汇率波动程度增加时，企业将通过调整劳动力、资本、技术等要素的投入比例来影响全要素生产率、舍弃低效率产品出口并集中生产高效率产品，因此，汇率波动程度增加与汇率升值一样，均可促使在位企业生产率提升。与此同时，汇率波动程度的增加也将进一步削弱低效率企业的生存能力。综上，人民币汇率波动程度可能通过汇率风险对管理层机会主义与过度自信的约束以及企业生产率的提升积极作用于并购后的生产率变化与资源配置效率提升。基于此，提出假设：

H2b：人民币汇率波动程度将通过影响企业面临的汇率风险环境进一步负向作用于境外并购财务绩效，但是，境外并购的非财务绩效与企业资源配置效率相对境外并购前有所提升。

5.1.3 估值优势假说

随着我国汇率制度市场化和经济开放程度的加深，人民币国际化进程逐渐加快，我国与许多国家保持着贸易往来，人民币汇率不再紧盯单一美元，波动方向从单边升值或贬值逐渐演变成双向波动，波动幅度也逐渐扩大，市场在人民币汇率形成机制中开始发挥越来越关键的作用，汇率波动将从宏观层面影响一国的国际贸易收支、宏观经济运行以及作为一国经济“晴雨表”的股市价格表现，同时作用于微观企业的经营、投资、融资活动，进而影响企业价值。企业上市融资、股票增发、债券发行等行为均存在择时效应，同样地，企业管理层也会因并购交易涉及各方的短期相对价值差异做出并购决策以实现套利目标或降低并购成本，虽有利于获取短期经济收益，但由于对目标企业缺乏准确的价值评估，并购方企业在并购后无法实现对目标企业的有效整合和管理，无法实现预期协同效应，导致并购长期绩效不佳。因此，汇率波动带来的资产价格和企业价值变化可能是汇率波动与并购效率之间关系的作用机制。

汇率波动与我国股市价格之间的关系表明，汇率波动虽与我国股票市场价格不存在长期协整关系，但汇率波动将在短期内正向引导股价，而本国货币升值和股票市值走势向好的国家的企业更倾向于开展境外并购或在境外并购交易中作为并购方，各国并购交易分布往往集中于资本市场高估值阶段。基于市场有效假说，有学者在放宽资本市场有效的前提下，提出估值驱动并购的“错误估值驱动假说”，即企业将利用市场错误估值的时机开展并购活动，而且企业也会选取股票市场对同行业其他企业的境外并购给予正面评价时“择时”开展境外并购。

在并购方所在股票市场价格高估、企业自身价值相对高估或观察到其他可比企业在境外并购中获得高收益时，企业管理层有可能迫于市场预期选择低效率投资项目以维持高股价；若采用股票支付方式降低融资成本，因股价终将在市场中调整至基本内在价值水平，导致最终并购长期绩效因股价走低而减少；价值高估导致并购方管理层对协同效应的过度乐观预期产生超额支付，不利于并购绩效的实现。

相对国内并购，由于国家之间股票市场定价差异，境外并购存在更为严重的择时现象。在并购方所在国家股市整体高涨或企业自身价值相对目标企业被高估时，企业外部融资成本和融资约束水平降低，债务与股权融资能力、支付能力提高，管理层将利用有利时机发行股票、实施并购、扩张经营，而并购交易完成的可能性也将随本国股市上扬而增加。与此同时，市场整体走高更易导致管理层对私人经济利益的追求和非理性决策，而从境外并购目标方的视角看，缺乏完整信息的目标企业管理层由于并购方所在国家资本市场高估进而对并购后潜在协同效应存在乐观预期，愿意接受并购方的高估股票以实现在并购整合后企业中的基本权利和短期内私人收益最大化，与此同时，并购方也将享受市值高估带来的经济利益。

从现实发展趋势来看，我国境外并购规模已远超其他同等收入水平国家，通过境外并购实现的对外直接投资增速高于绿地投资，境外并购较多发生在服务业而非具有传统竞争优势的制造业，所有这些现象表明中国企业境外并购可能更满足“错误估值驱动假说”，不符合投资发展周期理论及“竞争优势假说”。

综上，基于前文对汇率波动对国家股市价格传递作用的检验，在本国股价或企业价值高估时期，并购方虽可通过股票发行降低并购交易所需的融资成本、获取短期收益，并利用劳动力、资本、技术等价格相对有利变化调整要素投入、提高生产率，但并购方管理层可能忽略了目标方企业的真实价值和并购后是否可以实现协同效应，市场高估时的管理层低效率投资和套利动机引致的并购热潮不利于并购后协同整合和资源配置效率的提升。因此，此类境外并购交易虽然为货币升值和股市高涨国家的企业创造了短期财富，但由于择时购进廉价资产可能造成资源整合效率低下，最终导致并购超额支付或预期协同效应无法实现。综上，提出假设：

H3：人民币汇率升值将通过影响股票市场价格和微观企业价值进一步积极作用于境外并购财务绩效与非财务绩效，同时，企业资源配置效率相对境外并购前有所降低。

5.2　模型设计与变量定义

5.2.1　并购方企业财务绩效

本部分分别采用以股价为基础的市场反应和以会计盈余为基础的盈利能力变化两个角度衡量境外并购财务绩效。在以股价为基础的市场反应衡量方面，采用境外并购首次宣告日［-1，+1］、［-3，+3］、［-10，+10］、［-30，+30］、［-60，+60］共五个事件窗口的累计超额收益率（cumulative abnormal return），作为并购事件财务绩效的衡量指标。进一步采用宣告境外并购后的第j完整会计年度（$j=1,2,3,4$）与并购宣告前一年上市公司息税前利润率（EBITA）和净资产收益率（ROE）之差作为以会计盈余为基础的并购方企业绩效。

在此基础上，采用模型［式（5-1）］实证检验汇率波动对上市公司境外并购财务绩效（Cross-Border M&A Financial Performance）的影响。该模型控制了并购宣告前年度（$t-1$）的并购方企业规模（SIZE）、企业财务杠杆（LEV）、企业增长能力（GROWTH）等公司特征指标；董事长与总经理两职合一（DUAL）、独立董事比例（INDBOARD）、产权性质（SOE）等公司治理指标；控制并购当年并购方产权性质（SOE）以及并购交易涉及的收购股权比例（SHARE），以及我国与并购目标国之间的文化距离（CULTURE）等交易层面特征指标；另外控制行业固定效应（INDUSTRY）。由于汇率变量是年度变量，不再控制年度固定效应。

$$\begin{aligned}\text{Cross-Border M\&A Financial Performance} = {} & \alpha_0 + \alpha_1 \text{Exchange Rate}_t + \\ & \alpha_2 \text{SIZE}_{i,t-1} + \alpha_3 \text{LEV}_{i,t-1} + \alpha_4 \text{GROWTH}_{i,t-1} + \beta_5 \text{DUAL}_{i,t-1} + \\ & \beta_6 \text{INDBOARD}_{i,t-1} + \beta_7 \text{SOE}_{i,t} + \beta_8 \text{SHARE}_{i,t} + \beta_9 \text{CULTURE}_{t-1} + \\ & \sum \text{INDUSTRY} + \varepsilon_{i,t} \end{aligned} \tag{5-1}$$

5.2.2　并购方企业全要素生产率

本部分采用Giannetti等人的方法［参见式(3-6)］估计企业全要素生产率$TFP_{i,j,t}$，在此基础上，将企业全要素生产率作为因变量，汇率波动变量作为自变量，同时将控制滞后期行业竞争程度（HHI）、企业规模（SIZE）、企业资本密集度（CAPDST），以及宣告并购当年的企业年龄（ESTAGE）、企业出口（EXPFIRM）和企业产权性质（SOE），同时控制行业固定效应，使用模型［式

(5-2) 和式 (5-3)] 对上市公司境外并购样本进行回归分析。

$$\Delta TFP_{i,t+1} = \alpha_0 + \alpha_1 Exchange\ Rate_t + \alpha_2 HHI_{i,t} + \alpha_3 SIZE_{i,t} + \alpha_4 ESTAGE_{i,t} + \alpha_5 EXPFIRM_{i,t} + \alpha_6 CAPDST_{i,t} + \alpha_7 SOE_{i,t} + \sum INDUSTRY + \varepsilon_{i,t} \quad (5-2)$$

在模型 (5-2) 中，$\Delta TFP_{i,t+1}$为企业 i 在 t 年度进行并购后，其 $t+1$ 年度相对并购前年度 ($t-1$) 的全要素生产率增量，除企业年龄、是否出口、产权性质之外的所有控制变量均取并购宣告前年度 ($t-1$) 年。α_1为汇率波动对企业并购前后生产率变化的影响关系。

$$\Delta TFP_{i,t+1} = \alpha_0 + \alpha_1 Exchange\ Rate_t + \alpha_2 AFTER_{i,t} + \alpha_3 Exchange\ Rate_t \times AFTER_{i,t} + \alpha_4 HHI_{i,t-1} + \alpha_5 SIZE_{i,t-1} + \alpha_6 ESTAGE_{i,t} + \alpha_7 EXPFIRM_{i,t} + \alpha_8 CAPDST_{i,t-1} + \alpha_9 SOE_{i,t} + \sum INDUSTRY + \varepsilon_{i,t} \quad (5-3)$$

在模型 (5-3) 中，$TFP_{i,t+1}$为企业 i 在 $t+1$ 年度的全要素生产率，$AFTER_{i,t}$为企业境外并购前后的时间哑变量，当研究年度为境外并购后时取 1，在境外并购之前取 0，并购当年样本删除。α_3为汇率波动在并购前后对企业生产率的影响关系。

5.2.3 并购方企业投资效率

本节基于企业投资-投资机会敏感性和以 Richardson 模型计算出的投资效率，计算企业在实施境外并购交易前后的投资效率变化作为境外并购内部资源配置效率指标，并实证检验汇率波动对上市公司境外并购内部资源配置效率的影响。其中，汇率波动对境外并购上市公司的投资-投资机会敏感性影响的回归模型如式 (5-4) 所示，β_4为企业实施并购交易前后投资效率的变化，β_6为境外并购对并购方投资效率的影响在不同汇率波动环境下的表现，其他变量意义同表 5-1。本部分对研究期间内有境外并购的上市公司样本进行回归分析，均采用公司层面稳健聚类标准差。

$$INVEST_{i,t} = \beta_0 + \beta_1 AFTER_{i,t} + \beta_2 TobinQ_{i,t-1} + \beta_3 Exchange\ Rate_t + \beta_4 AFTER_{i,t} \times TobinQ_{i,t-1} + \beta_5 Exchange\ Rate_t \times TobinQ_{i,t-1} + \beta_6 AFTER_{i,t} \times TobinQ_{i,t-1} \times Exchange\ Rate_t + \beta_7 CFO_{i,t-1} + \beta_8 SIZE_{i,t-1} + \beta_9 LEV_{i,t-1} + \beta_{10} LISTAGE_{i,t} + \sum INDUSTRY + \varepsilon_{i,t} \quad (5-4)$$

本节进一步采用 Richardson 的投资回归模型残差衡量并购方企业投资效

率，首先使用模型［式（5-5）］对投资效率进行估计，回归时控制了行业固定效应和年度固定效应。所有控制变量均取滞后一期值，其他变量具体定义如表 5-1 所示。

$$\begin{aligned} DINVEST_{i,t} = {} & \beta_0 + \beta_1 TobinQ_{i,t-1} + \beta_2 LEV_{i,t-1} + \beta_3 RCASH_{i,t-1} + \\ & \beta_4 LISTAGE_{i,t-1} + \beta_5 SIZE_{i,t-1} + \beta_6 RETURN_{i,t-1} + \\ & \beta_7 DINVEST_{i,t-1} + \sum INDUSTRY + \sum YEAR + \varepsilon \end{aligned} \tag{5-5}$$

按照模型（5-5）回归之后得到的残差（ε）即为企业 i 的投资效率 ABNDINVEST，ABNDINVEST > 0 为投资过度，ABNDINVEST < 0 为投资不足，分别取绝对值后定义投资过度变量 OVERINVEST 和投资不足变量 UNDERINVEST。本部分继续分别将 OVERINVEST 和 UNDERINVEST 作为因变量，使用模型［式（5-6）］探究汇率波动与境外并购对企业投资效率的影响。交乘项系数 α_3 为汇率波动对企业境外并购引起的投资效率变化的影响程度，其他变量定义如表 5-1 所示。

$$\begin{aligned} OVERINVEST_{i,t}/UNDERINVEST_{i,t} = {} & \alpha_0 + \alpha_1 Exchange\ Rate_t + \\ & \alpha_2 AFTER_{i,t} + \alpha_3 Exchange\ Rate_t \times AFTER_{i,t} + \\ & \alpha_4 SIZE_{i,t-1} + \alpha_5 RCASH_{i,t-1} + \alpha_6 PPE_{i,t-1} + \\ & \beta_7 SOE_{i,t} + \sum INDUSTRY + \varepsilon_{i,t} \end{aligned} \tag{5-6}$$

5.2.4　企业间资源配置效率

本部分将资源投入（企业投资增长）与效益产出（全要素生产率）之间的敏感关系作为境外并购前后企业间资源配置效率的衡量指标，构建了境外并购引发的企业间资源配置效率模型［式（5-7）］，旨在探析境外并购决策是否为企业带来资源配置效率的提升。本部分对研究期间内有境外并购的上市公司样本进行回归分析，其中，$AFTER_{i,t}$在 t 年度时企业 i 进行了境外并购交易，为缓解反向因果关系的影响，TFP 取滞后 1 期值，系数 α_7 即为汇率波动对企业境外并购引起的企业间资源配置效率变化的影响程度。其余变量定义见表 5-1。

$$\begin{aligned} ASSETRATIO_{i,t} = {} & \alpha_0 + \alpha_1 Exchange\ Rate_t + \alpha_2 AFTER_{i,t} + \\ & \alpha_3 TFP_{i,t-1} + \alpha_4 Exchange\ Rate_t \times TFP_{i,t-1} + \\ & \alpha_5 AFTER_{i,t} \times TFP_{i,t-1} + \alpha_6 Exchange\ Rate_t \times \\ & AFTER_{i,t} + \alpha_7 Exchange\ Rate_t \times AFTER_{i,t} \times \\ & TFP_{i,t-1} + \alpha_8 CFO_{i,t-1} + \alpha_9 SIZE_{i,t-1} + \end{aligned}$$

$$\alpha_{10}\mathrm{LEV}_{i,t-1} + \beta_{11}\mathrm{SOE}_{i,t} + \beta_{12}\mathrm{LISTAGE}_{i,t} + \sum \mathrm{INDUSTRY} + \varepsilon_{i,t} \quad (5-7)$$

表5-1 变量定义

指标	变量	变量定义
并购财务绩效	$\Delta \mathrm{EBITA}_{i,t+j}$	并购后第 j 年的息税前利润率（EBITA）与并购宣告前1年的息税前利润率（EBITA）之差，其中，息税前利润率=息税前利润/总资产，j=1，2，3，4
	$\Delta \mathrm{ROE}_{i,t+j}$	并购后第 j 年的净资产收益率（ROE）与并购宣告前1年的净资产收益率（ROE）之差，其中，净资产收益率=净利润/权益平均值，j=1，2，3，4
	CAR［-1，+1］	以估计窗口［-200，-31］和市场回报模型计算出的并购宣告日［-1，+1］窗口期内的累计超额收益
	CAR［-3，+3］	以估计窗口［-200，-31］和市场回报模型计算出的并购宣告日［-3，+3］窗口期内的累计超额收益
	CAR［-10，+10］	以估计窗口［-200，-31］和市场回报模型计算出的并购宣告日［-10，+10］窗口期内的累计超额收益
	CAR［-30，+30］	以估计窗口［-200，-31］和市场回报模型计算出的并购宣告日［-30，+30］窗口期内的累计超额收益
	CAR［-60，+60］	以估计窗口［-200，-61］和市场回报模型计算出的并购宣告日［-60，+60］窗口期内的累计超额收益
汇率波动	$\mathrm{EXC\_REER}_t$	人民币月度实际有效汇率自然对数在 t 年度的平均值
	$\mathrm{EXC\_REER\_VOL}_t$	人民币月度实际有效汇率自然对数在 t 年度滞后12个月的标准差①
	$\mathrm{EXC\_US}_t$	间接标价法下人民币兑美元月度名义汇率在 t 年度的平均值②
	$\mathrm{EXC\_US\_VOL}_t$	间接标价法下人民币兑美元月度名义汇率在 t 年度滞后12个月的标准差③

① 由于各年度之间人民币实际有效汇率自然对数的标准差较小，为使多元回归系数大小合理，在相关系数检验以及多元线性回归部分均将 $\mathrm{EXC\_REER\_VOL}_t$ 标准化。

② 在描述性统计部分，保留间接标价法下人民币兑美元月度名义汇率的原始值以明确该汇率指标实际水平；为使回归系数大小合理，在统计回归时将 $\mathrm{EXC\_US}_t$ 和 $\mathrm{EXC\_REER}_t$ 被标准化处理。

③ 由于各年度之间人民币兑美元月度名义汇率的标准差较小，为使多元回归系数大小合理，在相关系数检验以及多元线性回归部分均将 $\mathrm{EXC\_US\_VOL}_t$ 标准化。

续表

指标	变量	变量定义
资本支出	INVEST	现金流量表中"购建固定资产、无形资产和其他长期资产支付的现金"经总资产规模化后的数值
DINVEST	新增投资	（资本支出－出售长期资产收入－折旧）/总资产，其中，资本支出为现金流量表中"购建固定资产、无形资产和其他长期资产支付的现金"，出售长期资产收入为"处置固定资产、无形资产和其他长期资产收回的现金净额"，折旧为"固定资产折旧、油气资产折耗、生产性生物资产折旧"
AFTER	境外并购时间变量	企业境外并购前后的哑变量，若研究年度 t 企业进行并购交易则取1，并购进行之前年度取0，宣告当年样本予以剔除
TobinQ	企业投资机会	企业市值账面比＝（权益市场价值＋债务账面价值）/总资产账面价值
INDTobinQ	行业投资机会	上市公司行业层面为企业期末资产规模加权的平均TobinQ，非制造业行业以证监会行业分类（2012年版）首位代码分组，制造业以行业分类前两位代码分组
TFP	全要素生产率	根据Giannetti et al.（2015）等方法计算得出的企业产出在扣除资本、劳动力等要素投入和其他成本后的残差
ASSETRATIO	资源配置	企业固定资产净值占其所在行业（制造业取前2位代码，其他行业取首位代码）所有A股上市公司固定资产比重
CFO	内部现金流量	企业经营活动净现金流量/总资产期末余额
SIZE	企业规模	ln（总资产期末余额）
LEV	企业财务杠杆	期末总负债/期末总资产，即资产负债率
LISTAGE	上市年龄	ln（研究年度－上市年度＋1）
ESTAGE	企业年龄	ln（研究年度－成立年度＋1）
RCASH	现金比例	企业现金和现金等价物账户期末余额/总资产期末余额
SOE	产权性质	哑变量，企业为国有企业时取1，否则取0
PPE	有形资产比例	（期末存货＋期末固定资产净值）/总资产期末余额
RETURN	个股回报率	考虑现金红利再投资的（buy and hold）个股年回报率
ROA	总资产收益率	净利润/平均总资产余额

续表

指标	变量	变量定义
GROWTH	营业收入增长率	（本年营业收入 - 上年同期营业收入）/上年同期营业收入
DUAL	两职合一	哑变量，董事长与总经理两职合一取 1，否则取 0
INDBORAD	独立董事比例	独立董事人数/董事会总人数
PRICE	成交价格	ln（并购成交价格 +1）
SHARE	收购股权比例	并购交易涉及收购的目标企业股权比例
CULTURE	国家间文化距离	目标企业 j 所在国家的 Hofstede（1980）的国家文化分数 6 个分指标分数与我国对应指标分数的差异离散程度取自然对数
HHI	行业竞争程度	上市公司营业收入占所处行业总营业收入比例的平方和，行业分类采用中国证监会行业分类标准（2012 版）前两位
EXPFIRM	企业出口	企业出口哑变量，企业在研究年度有出口收入时取 1，否则取 0
CAPDST	企业资本密集度	ln（期末固定资产净值/员工人数）
INDUSTRY	行业	行业固定效应
YEAR	年度	年度固定效应

5.3 实证检验结果

本章以我国沪深 A 股上市公司在 2000. 1. 1—2016. 12. 31 期间宣告并满足以下 6 个条件的境外并购交易为研究样本：

① 并购方为我国沪深 A 股非金融保险类上市公司。

② 目标企业为境外非金融保险类行业企业。

③ 并购方收购的目标公司股权比例大于 20%。

④ 并购交易已完成。

⑤ 研究年度内并购方上市公司未被特殊处理（ST）、不存在资不抵债（LEV >1）的情况。

⑥ 为避免多次并购交易带来的交叉影响，仅保留样本公司在 2 年内发生了 1 次境外并购交易的样本，剔除 2 年内发生多次并购的样本公司。

我们对连续型变量进行［1%，99%］的 Winsorize 处理。以下将分节列出不同维度的并购效率受汇率波动影响的实证检验结果。根据上述筛选标准，本部分的境外并购样本包含了 228 个非金融行业 A 股上市公司 2000—2016 年间宣告并已完成的269个境外并购交易①，如表5-2所示。

表5-2　实证检验部分并购交易样本分布

境外并购样本描述	样本总体分布
2000—2016年间我国企业宣告的并购交易②	45 072
2000—2016年间我国上市公司宣告的并购交易	16 393
按照并购方企业英文名称可匹配上市公司股票代码（A+B股）的并购交易	16 315
2000—2016年间我国沪深A股上市公司宣告的并购交易	16 230
沪深A股上市公司宣告的境内并购	15 379
沪深A股上市公司宣告的境外并购	851
减：①金融保险类并购（并购方为非金融保险行业上市公司，目标企业为非避税海岛的非金融保险行业企业）	95
②收购的目标公司股权比例小于等于20%	58
③并购交易未完成［Pending（待定），Tentative（未定），Unknown（未知），Withdrawn（撤销）等］	388
④研究年度内并购方上市公司被特殊处理（ST）、资不抵债（LEV>1）、2年内发生多次并购交易	41
最终实证分析样本（尚未考虑财务数据和控制变量缺失）	269

5.3.1　汇率波动与境外并购财务绩效

1. 变量描述性统计

表5-3为主要变量描述性统计，删除所有控制变量缺失后得到249个A股非金融类正常上市公司的境外并购样本③。其中CAR［-1，+1］、CAR［-3，+3］、CAR［-10，+10］、CAR［-30，+30］、CAR［-60，+60］共五个境外并购交易事件窗口的累计超额收益，$\Delta ROE_{i,t+j}$、$\Delta EBITA_{i,t+j}$（$j=1$，2，3，4）为企业并购后第j年相对并购前1年的净资产收益率和息税前利润率的增长幅度。SIZE、LEV、GROWTH、DUAL、INDBOARD分别为并购前1年度的企业规模、财务杠杆、成长能力、两职合一和独立董事比例情况，SOE为

① 由于财务数据、股票交易数据、公司特征等控制变量数据缺失程度不同，269个境外并购交易未删除所有变量缺失部分，具体检验环节将仔细说明参与回归分析的样本量。

② 我们使用Thomson SDC Platinum全球企业并购数据库中提供的Deal Number字段作为并购交易的识别变量，防止一项并购交易的多次宣告导致样本扭曲，但实证样本包括并购方对同一目标企业的渐进收购。

③ 由于会计利润取到未来期值，因此样本量逐年降低。

公司产权性质，SHARE 为收购股权比例，CULTURE 为我国与境外并购目标企业国家文化距离。

表 5-3 主要变量描述性统计

变量	样本量	均值	标准差	量子值	第一四分位数（P25）	中位数（P50）	第三四分位数（P75）	最大值
$\Delta ROE_{i,t+1}$	249	-0.028 0	0.113 3	-0.419 8	-0.070 0	-0.013 4	0.022 1	0.339 3
$\Delta ROE_{i,t+2}$	189	-0.028 1	0.116 6	-0.397 0	-0.073 8	-0.022 8	0.006 4	0.565 7
$\Delta ROE_{i,t+3}$	132	-0.060 3	0.177 8	-0.910 0	-0.112 9	-0.040 3	0.006 0	0.616 1
$\Delta ROE_{i,t+4}$	115	-0.071 6	0.130 9	-0.491 9	-0.122 9	-0.047 0	0.004 2	0.204 0
$\Delta EBITA_{i,t+1}$	249	-0.016 2	0.064 9	-0.271 1	-0.033 1	-0.008 7	0.011 0	0.186 8
$\Delta EBITA_{i,t+2}$	189	-0.020 7	0.062 3	-0.226 8	-0.041 2	-0.015 3	0.006 7	0.195 4
$\Delta EBITA_{i,t+3}$	132	-0.031 7	0.074 5	-0.366 8	-0.056 8	-0.026 0	-0.001 0	0.197 1
$\Delta EBITA_{i,t+4}$	115	-0.035 8	0.062 9	-0.205 6	-0.056 5	-0.030 7	0	0.158 9
CAR [-1, +1]	249	0.013 4	0.067 2	-0.295 7	-0.011 0	0.003 1	0.044 2	0.237 8
CAR [-3, +3]	249	0.009 6	0.101 1	-0.543 98	-0.023 7	0.003 1	0.052 1	0.385 3
CAR [-10, +10]	249	-0.007 2	0.200 2	-1.785 1	-0.051 2	0	0.067 0	0.742 1
CAR [-30, +30]	249	-0.041 1	0.468 3	-5.735 7	-0.145 6	0.002 1	0.124 5	0.872 6
CAR [-60, +60]	249	-0.179 2	1.289 9	-16.050 8	-0.259 6	-0.034 8	0.208 3	1.176 7
$SIZE_{i,t-1}$	249	22.435 9	1.636 5	20.005 2	21.221 6	22.124 3	23.227 2	27.625 1
$LEV_{i,t-1}$	249	0.416 8	0.200 7	0.041 1	0.258 9	0.429 5	0.566 9	0.814 5
$GROWTH_{i,t-1}$	249	0.200 4	0.398 3	-0.370 1	0.011 0	0.113 9	0.291 2	2.504 5
$DUAL_{i,t-1}$	249	0.281 1	0.450 5	0	0	0	1	1
$INDBOARD_{i,t-1}$	249	0.365 7	0.067 6	0	0.333 3	0.360 4	0.428 6	0.600 0
$SOE_{i,t}$	249	0.361 4	0.481 4	0	0	0	1	1
$SHARE_{i,t}$	249	0.800 2	0.267 5	0.200 0	0.511 7	1	1	1
$CULTURE_{t-1}$	249	8.683 8	0.866 3	6.884 5	8.416 2	8.875 4	9.439 1	9.537 3

注：汇率变量与上文相同，因此未列出描述性统计结果。

从描述性统计结果可以发现，会计计量基础的并购绩效 $\Delta ROE_{i,t+j}$、$\Delta EBITA_{i,t+j}$的均值和第一四分位数、中位数均为负，说明上市公司境外并购后的 1~4 年内并未实现会计收益的明显改善，大部分样本公司的绩效表现反而比并购之前有所降低；与此同时，股价反应基础的并购绩效 CAR [-1, +1] 和 CAR [-3, +3] 的均值与中位数均为正，即股票市场在短期内对上市公司的境外并购行为给予了积极评价，但随着时间窗口的延长，境外并购交易事件窗口累计超额收益的均值有明显降低。样本中绝大部分为民营企业，$SOE_{i,t}$ 平均值为 36.14%，并购股权比例在 20% 至 100% 之间。其余控制变量分布较为合理。

2. 变量相关系数检验

表 5-4 为主要因变量与自变量的 Pearson 相关系数检验结果。可以看出，人民币相对美元名义汇率 EXC_US_t 与 $\Delta ROE_{i,t+1}$ 和 $\Delta ROE_{i,t+2}$ 显著正相关，但与后期间的 ΔROE、$\Delta EBITA_{i,t+j}$、并购事件日附近各个窗口期内的股价市场反应 CAR 没有明显的相关关系；人民币兑美元汇率的波动程度 $EXC\_US\_VOL_t$ 仅与 $\Delta ROE_{i,t+1}$ 在 10% 检验水平上显著正相关；在人民币实际有效汇率和并购财务绩效的关系中，发现汇率水平 EXC_REER_t 与 $\Delta ROE_{i,t+j}$（$j=1$，2，3）、$\Delta EBITA_{i,t+1}$ 之间存在显著正相关关系，但人民币实际有效汇率的波动程度与企业境外并购财务绩效没有明显关系。因此，汇率波动对企业并购财务绩效的影响可能只表现在汇率水平变化层面，汇率波动程度的大小可能仅通过管理层的汇率风险规避动机正面影响企业境外并购决策，境外并购财务绩效不因汇率波动程度的增减而发生变化。

3. 多元回归结果

表 5-5 为汇率水平变化与以会计收益为衡量指标的企业境外并购财务绩效之间关系的 OLS 回归检验结果，其中 Panel A 和 Panel B 的自变量分别为人民币兑美元名义汇率（EXC_US_t）和人民币实际有效汇率（EXC_REER_t）。对应因变量分别为并购后第 j 年（$j=1$，2，3，4）企业净资产收益率和息税前利润率相对并购宣告前 1 年的增加量。

从 EXC_US_t 和 EXC_REER_t 的回归系数可以看出，汇率升值对企业境外并购财务绩效有积极作用，但仅在因变量为 $\Delta ROE_{i,t+1}$、$\Delta ROE_{i,t+2}$、$\Delta EBITA_{i,t+1}$ 时显著，并购后第 4 年的会计收益增量指标受汇率升值的负向影响，但在统计意义上不显著。控制变量的回归系数表明规模较小、财务杠杆率较高、营收增长率较低的并购方以及国家文化差异较小的并购交易更易取得较高的并购财务绩效。

此结果在一定程度上说明了本国汇率升值将改善境外并购方企业短期内盈利水平，这其中的原因可能为境外并购方企业在汇率升值时生产率提高、货币购买力提升导致的并购成本相对降低、本国股市上涨导致融资成本降低及支付能力提升，而汇率升值导致的国内市场竞争加剧进一步促使企业寻找廉价并优质的并购目标以避免被市场淘汰。但境外并购后长期绩效的走低（虽不显著）在一定程度上否定了“竞争优势假说”中高生产率企业实施境外并购更易实现长期运营效率提升（H1）以及“汇率治理假说”中汇率升值导致的产品市场竞争加剧促使企业开展优质并购（H2a）的结论。

表 5-4 相关系数检验结果

	$\Delta ROE_{i,t+1}$	$\Delta ROE_{i,t+2}$	$\Delta ROE_{i,t+3}$	$\Delta ROE_{i,t+4}$	$\Delta EBITA_{i,t+1}$	$\Delta EBITA_{i,t+2}$	$\Delta EBITA_{i,t+3}$	$\Delta EBITA_{i,t+4}$	CAR [-1, +1]	CAR [-3, +3]	CAR [-10, +10]	CAR [-30, +30]	CAR [-60, +60]	EXC_US_t	$EXC\_US\_VOL_t$	EXC_REER_t	$EXC\_REER\_VOL_t$
$\Delta ROE_{i,t+1}$	1																
$\Delta ROE_{i,t+2}$	0.666 ***	1															
$\Delta ROE_{i,t+3}$	0.464 ***	0.782 ***	1														
$\Delta ROE_{i,t+4}$	0.491 ***	0.473 ***	0.477 ***	1													
$\Delta EBITA_{i,t+1}$	0.881 ***	0.617 ***	0.387 ***	0.445 ***	1												
$\Delta EBITA_{i,t+2}$	0.555 ***	0.838 ***	0.677 ***	0.457 ***	0.671 ***	1											
$\Delta EBITA_{i,t+3}$	0.427 ***	0.683 ***	0.892 ***	0.437 ***	0.464 ***	0.755 ***	1										
$\Delta EBITA_{i,t+4}$	0.439 ***	0.400 ***	0.301 ***	0.835 ***	0.575 ***	0.554 ***	0.481 ***	1									
CAR [-1, +1]	0.099	0.162 **	0.137	0.052	0.030	0.087	0.025	-0.059	1								
CAR [-3, +3]	0.134 **	0.141 *	0.078	0.027	0.062	0.063	-0.002	-0.033	0.777 ***	1							
CAR [-10, +10]	0.151 **	0.190 ***	0.258 ***	0.118	0.058	0.130 *	0.208 **	0.089	0.558 ***	0.757 ***	1						
CAR [-30, +30]	0.177 ***	0.204 ***	0.285 ***	0.103	0.022	0.130 *	0.240 ***	0.071	0.419 ***	0.551 ***	0.776 ***	1					
CAR [-60, +60]	0.181 ***	0.178 **	0.251 ***	0.084	0.026	0.134 *	0.229 ***	0.045	0.363 ***	0.510 ***	0.728 ***	0.902 ***	1				
EXC_US_t	0.131 **	0.143 **	0.140	0.064	0.101	0.061	0.058	-0.032	0.048	0.038	0.029	0.019	0.043	1			
$EXC\_US\_VOL_t$	0.113 *	0.031	0.008	0.085	0.075	-0.052	-0.109	-0.057	0.072	0.056	0.007	0.037	0.041	0.400 ***	1		
EXC_REER_t	0.153 **	0.167 **	0.169 *	0.109	0.146 **	0.084	0.101	0.025	-0.035	-0.021	-0.020	-0.040	-0.032	0.823 ***	0.232 ***	1	
$EXC\_REER\_VOL_t$	0.002	-0.107	-0.050	0.066	0.071	-0.042	0.016	0.148	-0.028	-0.024	-0.044	-0.059	-0.040	-0.045	-0.038	0.182 ***	1

注：① 表中下三角为主要因变量与解释变量的 Pearson 相关系数。

② 由于 Spearman 相关系数没有明显差异，故未列出。***、**、* 分别表示相关系数在 1%、5%、10% 检验水平上显著。

表5-5 汇率水平变化与企业境外并购财务绩效：会计基础

Panel A	$\Delta ROE_{i,t+1}$	$\Delta ROE_{i,t+2}$	$\Delta ROE_{i,t+3}$	$\Delta ROE_{i,t+4}$	$\Delta EBITA_{i,t+1}$	$\Delta EBITA_{i,t+2}$	$\Delta EBITA_{i,t+3}$	$\Delta EBITA_{i,t+4}$
	(1)	(2)	(3)	(4)	(5)	(6)	(7)	(8)
EXC_US_t	0.025 **	0.022 **	0.028	-0.006	0.009 *	0.004	0.004	-0.009
	(2.45)	(1.99)	(1.47)	(-0.43)	(1.81)	(0.70)	(0.47)	(-1.31)
$SIZE_{i,t-1}$	-0.017 ***	-0.019 ***	-0.025 **	-0.009	-0.011 ***	-0.011 ***	-0.016 ***	-0.010 **
	(-3.13)	(-2.97)	(-2.26)	(-0.98)	(-3.92)	(-3.10)	(-3.16)	(-2.22)
$LEV_{i,t-1}$	0.132 ***	0.103 **	0.099	-0.040	0.121 ***	0.093 ***	0.106 ***	0.063 **
	(2.66)	(1.98)	(1.21)	(-0.44)	(5.05)	(3.17)	(3.38)	(2.02)
$GROWTH_{i,t-1}$	-0.105 ***	-0.087 ***	-0.127 **	-0.150 ***	-0.057 ***	-0.052 ***	-0.054 ***	-0.078 ***
	(-4.65)	(-3.91)	(-2.62)	(-3.68)	(-4.74)	(-4.23)	(-3.84)	(-5.54)
$DUAL_{i,t-1}$	-0.016	-0.011	-0.065	0.010	-0.003	0.003	-0.016	0.019
	(-1.08)	(-0.59)	(-1.40)	(0.36)	(-0.34)	(0.27)	(-0.88)	(1.31)
$INDBOARD_{i,t-1}$	-0.156	-0.075	0.117	-0.054	-0.034	-0.034	0.056	-0.019
	(-1.47)	(-0.59)	(0.40)	(-0.20)	(-0.62)	(-0.54)	(0.52)	(-0.21)
$SOE_{i,t}$	-0.004	0.005	0.012	-0.009	-0.014	-0.014	-0.004	-0.008
	(-0.21)	(0.22)	(0.29)	(-0.29)	(-1.29)	(-1.16)	(-0.22)	(-0.63)
$SHARE_{i,t}$	0.007	-0.004	-0.031	-0.064	-0.002	-0.017	-0.027	-0.023
	(0.28)	(-0.13)	(-0.57)	(-1.47)	(-0.11)	(-1.02)	(-1.21)	(-1.15)
$CULTURE_{t-1}$	-0.025 ***	-0.025 **	-0.030	-0.023 *	-0.015 ***	-0.012 **	-0.011	-0.009
	(-3.15)	(-2.01)	(-1.52)	(-1.92)	(-3.22)	(-2.49)	(-1.44)	(-1.46)
INDUSTRY	Control	Control	Control	Control	Control	Control	Control	Control
_cons	0.560 ***	0.573 ***	0.740 ***	0.430 *	0.327 ***	0.318 ***	0.410 ***	0.280 **
	(4.29)	(2.94)	(2.62)	(1.89)	(4.40)	(3.68)	(3.34)	(2.59)
R^2	0.253	0.206	0.185	0.269	0.257	0.245	0.219	0.308
Adjusted R^2	0.183	0.111	0.047	0.141	0.189	0.155	0.086	0.187
N	249	189	132	115	249	189	132	115

Panel B	$\Delta ROE_{i,t+1}$	$\Delta ROE_{i,t+2}$	$\Delta ROE_{i,t+3}$	$\Delta ROE_{i,t+4}$	$\Delta EBITA_{i,t+1}$	$\Delta EBITA_{i,t+2}$	$\Delta EBITA_{i,t+3}$	$\Delta EBITA_{i,t+4}$
	(1)	(2)	(3)	(4)	(5)	(6)	(7)	(8)
EXC_REER_t	0.023 ***	0.030 **	0.048	-0.007	0.011 ***	0.006	0.009	-0.011
	(2.85)	(2.06)	(1.51)	(-0.29)	(2.67)	(0.74)	(0.72)	(-1.04)
$SIZE_{i,t-1}$	-0.018 ***	-0.019 ***	-0.025 **	-0.009	-0.011 ***	-0.011 ***	-0.016 ***	-0.010 **
	(-3.18)	(-2.90)	(-2.24)	(-0.98)	(-4.01)	(-3.10)	(-3.16)	(-2.24)

续表

Panel B	$\Delta ROE_{i,t+1}$	$\Delta ROE_{i,t+2}$	$\Delta ROE_{i,t+3}$	$\Delta ROE_{i,t+4}$	$\Delta EBITA_{i,t+1}$	$\Delta EBITA_{i,t+2}$	$\Delta EBITA_{i,t+3}$	$\Delta EBITA_{i,t+4}$
	(1)	(2)	(3)	(4)	(5)	(6)	(7)	(8)
$LEV_{i,t-1}$	0.124 **	0.100 *	0.096	-0.039	0.117 ***	0.093 ***	0.106 ***	0.063 **
	(2.48)	(1.97)	(1.20)	(-0.44)	(4.96)	(3.16)	(3.37)	(2.04)
$GROWTH_{i,t-1}$	-0.105 ***	-0.088 ***	-0.125 **	-0.150 ***	-0.056 ***	-0.052 ***	-0.053 ***	-0.078 ***
	(-4.54)	(-3.95)	(-2.51)	(-3.66)	(-4.63)	(-4.21)	(-3.77)	(-5.65)
$DUAL_{i,t-1}$	-0.016	-0.011	-0.068	0.010	-0.004	0.002	-0.017	0.019
	(-1.11)	(-0.63)	(-1.48)	(0.35)	(-0.42)	(0.25)	(-0.94)	(1.29)
$INDBOARD_{i,t-1}$	-0.106	-0.012	0.210	-0.079	-0.023	-0.025	0.063	-0.058
	(-1.05)	(-0.10)	(0.73)	(-0.29)	(-0.44)	(-0.40)	(0.63)	(-0.69)
$SOE_{i,t}$	-0.006	0.003	0.010	-0.008	-0.014	-0.014	-0.004	-0.006
	(-0.29)	(0.15)	(0.24)	(-0.25)	(-1.23)	(-1.18)	(-0.21)	(-0.50)
$SHARE_{i,t}$	0.005	-0.002	-0.029	-0.063	-0.002	-0.017	-0.026	-0.022
	(0.18)	(-0.07)	(-0.54)	(-1.45)	(-0.16)	(-0.97)	(-1.17)	(-1.09)
$CULTURE_{t-1}$	-0.026 ***	-0.027 **	-0.032	-0.022 *	-0.016 ***	-0.012 **	-0.011	-0.009
	(-3.29)	(-2.06)	(-1.57)	(-1.85)	(-3.41)	(-2.48)	(-1.45)	(-1.38)
INDUSTRY	Control	Control	Control	Control	Control	Control	Control	Control
_cons	0.558 ***	0.560 ***	0.735 **	0.434 *	0.335 ***	0.317 ***	0.412 ***	0.286 **
	(4.37)	(2.89)	(2.61)	(1.86)	(4.64)	(3.73)	(3.39)	(2.60)
R^2	0.253	0.210	0.191	0.268	0.266	0.246	0.222	0.302
Adjusted R^2	0.184	0.116	0.054	0.140	0.198	0.157	0.090	0.180
N	249	189	132	115	249	189	132	115

注：***、**、* 分别表示相关系数在1%、5%、10%检验水平上显著；括号中为 t 值。

表5-6为汇率波动程度及其与汇率水平的交互项与以会计收益为衡量指标的企业境外并购财务绩效之间关系的OLS回归检验结果，由于上文结论表明汇率水平对企业境外并购会计收益的积极影响在并购后1年较为稳健，因此，在检验汇率波动程度时仅使用 $\Delta ROE_{i,t+1}$ 和 $\Delta EBITA_{i,t+1}$ 为因变量，各列加入汇率波动或汇率波动与汇率水平交乘项的自变量进行分析。

表5-6中，第（1）、（3）、（5）、（7）列为汇率波动程度对并购绩效的单独影响，可以发现在未考虑汇率升贬值的情况下，汇率波动程度的增加降低了境外并购财务绩效，因汇率波动程度带来额外的汇率风险，增加了企业融资成本，加之货币错配风险随汇率波动弹性的增加而提升，降低了会计利润。因此，风险规避型管理层虽为避免未来并购成本与收益的不确定性而倾向于增加

境外并购，但此时无法获得并购财务绩效的提升。第（2）、（4）、（6）、（8）列对汇率水平和汇率波动程度的交互影响的结果发现，汇率升值仍显著正向作用于并购绩效，但汇率波动程度的负向影响不再明显，汇率波动程度也未显著调节汇率水平与并购绩效之间的相关关系。因此，汇率波动对上市公司境外并购财务绩效的影响主要表现在汇率升值，而非波动程度大小。

综上，汇率波动程度对企业境外并购财务绩效的短期负向作用在一定程度上说明“汇率治理假说”中汇率波动弹性增加导致的汇率风险加剧将使上市公司面临的系统风险增加和并购预期收益降低，进而不利于境外并购后短期财务绩效提升（H2b）结论的成立。

表5-6 汇率水平、汇率波动程度与企业境外并购财务绩效：会计基础

样本分组	$\Delta ROE_{i,t+1}$				$\Delta EBITA_{i,t+1}$			
	(1)	(2)	(3)	(4)	(5)	(6)	(7)	(8)
$EXC\_US\_VOL_t$	-0.030 *	0.012			-0.020 **	0.005		
	(-1.68)	(1.25)			(-2.18)	(0.88)		
EXC_US_t		0.029 ***				0.013 ***		
		(2.93)				(2.71)		
$EXC\_US_t \times EXC\_US\_VOL_t$		0.011				0.007		
		(1.10)				(1.35)		
$EXC\_REER\_VOL_t$			-0.052 *	-0.003			-0.033 **	0.004
			(-1.68)	(-0.41)			(-2.18)	(1.03)
EXC_REER_t				0.026 ***				0.010 **
				(2.90)				(2.39)
$EXC\_REER_t \times EXC\_REER\_VOL_t$				-0.009				-0.001
				(-0.88)				(-0.28)
$SIZE_{i,t-1}$	-0.016 ***	-0.018 ***	-0.016 ***	-0.017 ***	-0.011 ***	-0.011 ***	-0.011 ***	-0.011 ***
	(-2.87)	(-3.20)	(-2.87)	(-3.05)	(-3.91)	(-3.98)	(-3.91)	(-4.06)
$LEV_{i,t-1}$	0.129 ***	0.138 ***	0.129 ***	0.125 **	0.120 ***	0.124 ***	0.120 ***	0.118 ***
	(2.71)	(2.79)	(2.71)	(2.53)	(5.08)	(5.22)	(5.08)	(4.99)
$GROWTH_{i,t-1}$	-0.101 ***	-0.102 ***	-0.101 ***	-0.105 ***	-0.055 ***	-0.055 ***	-0.055 ***	-0.055 ***
	(-4.30)	(-4.44)	(-4.30)	(-4.55)	(-4.44)	(-4.55)	(-4.44)	(-4.60)
$DUAL_{i,t-1}$	-0.016	-0.014	-0.016	-0.018	-0.005	-0.002	-0.005	-0.005
	(-1.03)	(-0.94)	(-1.03)	(-1.21)	(-0.48)	(-0.25)	(-0.48)	(-0.52)

续表

样本分组	$\Delta ROE_{i,t+1}$				$\Delta EBITA_{i,t+1}$			
	(1)	(2)	(3)	(4)	(5)	(6)	(7)	(8)
$INDBOARD_{i,t-1}$	-0.131	-0.144	-0.131	-0.110	-0.047	-0.019	-0.047	-0.026
	(-1.03)	(-1.35)	(-1.03)	(-1.07)	(-0.67)	(-0.35)	(-0.67)	(-0.48)
$SOE_{i,t}$	-0.003	-0.004	-0.003	-0.007	-0.014	-0.015	-0.014	-0.015
	(-0.14)	(-0.21)	(-0.14)	(-0.37)	(-1.20)	(-1.34)	(-1.20)	(-1.32)
$SHARE_{i,t}$	0.024	0.009	0.024	0.006	0.002	-0.001	0.002	-0.004
	(0.87)	(0.33)	(0.87)	(0.24)	(0.11)	(-0.09)	(0.11)	(-0.24)
$CULTURE_{t-1}$	-0.023***	-0.025***	-0.023***	-0.027***	-0.014***	-0.015***	-0.014***	-0.016***
	(-2.93)	(-3.11)	(-2.93)	(-3.26)	(-3.13)	(-3.25)	(-3.13)	(-3.43)
INDUSTRY	Control	Control	Control	Control	Control	Control	Control	Control
_cons	0.595***	0.560***	0.632***	0.551***	0.366***	0.321***	0.389***	0.340***
	(4.89)	(4.22)	(5.25)	(4.38)	(5.61)	(4.31)	(6.16)	(4.76)
R^2	0.311	0.260	0.311	0.257	0.311	0.265	0.311	0.271
Adjusted R^2	0.201	0.184	0.201	0.181	0.202	0.190	0.202	0.197
N	249	249	249	249	249	249	249	249

注：***、**、* 分别表示系数在1%、5%、10%检验水平上显著；括号中为 t 值。

表5-7为以累计超额收益计量的企业境外并购财务绩效受人民币汇率波动影响程度的OLS回归检验结果，为节省篇幅，因变量仅列示CAR［-3，+3］和CAR［-30，+30］① 的回归结果。从表5-3中变量描述性统计来看，境外并购事件短窗口期内的累计超额收益率为正，但长窗口期内累计超额收益率降低，并为负值。在表5-7对股价市场反映的多元回归分析结果中可以看出，无论是3天的短窗口，还是30天的长窗口，汇率变量（包括汇率水平与汇率波动程度）的回归系数均不具备统计上的显著意义，即资本市场对上市公司境外并购的评价不受汇率波动影响。

这其中的原因可能来源于，一方面，若投资者可以预知并购双方企业未来生产率和运营效率的变化，股票市场将会给予对并购企业未来的收益或损失进行评价，进而反映至并购后企业的股价中，而在汇率波动时期当投资者对并购后协同效应呈质疑态度时，股票累计超额收益将不会受到明显影响；另一方面，这可能是由于资本市场及单个股票在汇率波动时呈现了较为一致的联动特

① 本部分也对CAR［-1，+1］、CAR［-10，+10］以及CAR［-60，+60］受汇率波动的影响进行回归分析，但并未发现汇率变量系数的明显差异，因此未列出。

征，对个别企业的并购事件没有明显的追逐或摒弃表现。

表5-7 汇率水平、汇率波动程度与企业境外并购财务绩效：股价基础

样本分组	CAR [-3, +3]	CAR [-30, +30]	CAR [-3, +3]	CAR [-30, +30]	CAR [-3, +3]	CAR [-30, +30]	CAR [-3, +3]	CAR [-30, +30]
	(1)	(2)	(3)	(4)	(5)	(6)	(7)	(8)
EXC_US_t	0.005	0.014						
	(0.65)	(0.49)						
EXC_REER_t			0.000	-0.002				
			(0.01)	(-0.09)				
$EXC\_US\_VOL_t$					0.002	0.009		
					(0.24)	(0.46)		
$EXC\_REER\_VOL_t$							0.004	-0.015
							(0.54)	(-0.81)
$SIZE_{i,t-1}$	-0.003	0.005	-0.003	0.005	-0.003	0.004	-0.003	0.006
	(-0.79)	(0.36)	(-0.73)	(0.40)	(-0.80)	(0.34)	(-0.77)	(0.43)
$LEV_{i,t-1}$	0.024	-0.006	0.024	-0.005	0.024	-0.004	0.024	-0.005
	(0.69)	(-0.05)	(0.69)	(-0.04)	(0.70)	(-0.04)	(0.68)	(-0.04)
$GROWTH_{i,t-1}$	-0.015	0.022	-0.016	0.019	-0.016	0.022	-0.016	0.017
	(-0.60)	(0.31)	(-0.65)	(0.26)	(-0.62)	(0.31)	(-0.63)	(0.24)
$DUAL_{i,t-1}$	-0.016	-0.087*	-0.015	-0.083*	-0.015	-0.082	-0.016	-0.080
	(-1.08)	(-1.76)	(-1.01)	(-1.69)	(-0.99)	(-1.62)	(-1.04)	(-1.61)
$INDBOARD_{i,t-1}$	0.003	0.407	0.028	0.482*	0.021	0.438	0.025	0.489*
	(0.03)	(1.52)	(0.28)	(1.72)	(0.20)	(1.60)	(0.24)	(1.73)
$SOE_{i,t}$	0.005	-0.009	0.002	-0.016	0.003	-0.011	0.002	-0.012
	(0.31)	(-0.19)	(0.17)	(-0.36)	(0.20)	(-0.26)	(0.12)	(-0.30)
$SHARE_{i,t}$	-0.007	-0.060	-0.008	-0.062	-0.007	-0.058	-0.009	-0.057
	(-0.30)	(-0.77)	(-0.33)	(-0.78)	(-0.31)	(-0.76)	(-0.37)	(-0.71)
$CULTURE_{t-1}$	-0.015*	-0.018	-0.014*	-0.016	-0.014*	-0.016	-0.015*	-0.015
	(-1.94)	(-0.70)	(-1.86)	(-0.63)	(-1.80)	(-0.61)	(-1.90)	(-0.57)
INDUSTRY	Control	Control	Control	Control	Control	Control	Control	Control
_cons	0.111	-0.234	0.094	-0.288	0.099	-0.252	0.100	-0.309
	(0.86)	(-0.59)	(0.71)	(-0.69)	(0.77)	(-0.63)	(0.77)	(-0.73)
R^2	0.102	0.093	0.099	0.091	0.100	0.092	0.101	0.093

续表

样本分组	CAR [-3, +3]	CAR [-30, +30]	CAR [-3, +3]	CAR [-30, +30]	CAR [-3, +3]	CAR [-30, +30]	CAR [-3, +3]	CAR [-30, +30]
	(1)	(2)	(3)	(4)	(5)	(6)	(7)	(8)
Adjusted R^2	0.018	0.009	0.016	0.007	0.016	0.008	0.018	0.009
N	249	249	249	249	249	249	249	249

注：***、**、* 分别表示系数在1%、5%、10%检验水平上显著；括号中为 t 值。

综上，上市公司境外并购后的1~4年内会计收益增量均为负，而境外并购事件短窗口期内得到积极评价，但随着时间窗口的延长，境外并购交易事件窗口累计超额收益降低。人民币汇率升值积极作用于以会计利润为基础计量的企业境外并购财务绩效，人民币升值带来的并购成本下降，直接正面影响并购财务绩效，另外，汇率升值带来的企业生产率改善、市场竞争加剧、股票市场估值优势等均可能是汇率升值与并购财务绩效提升之间的间接作用机制，本部分将在后文进一步分析。人民币汇率波动程度对以会计利润为基础计量的企业境外并购财务绩效有显著负面作用，证实了汇率波动风险增加将降低上市公司未来预期收益现值和境外并购财务绩效的结论。以累计超额收益率为基础计量的境外并购财务绩效并未受到汇率波动的明显影响。

5.3.2 汇率波动与境外并购非财务绩效：全要素生产率

现有研究对上市公司境外并购绩效的探究基本基于前述两种度量方式——会计收益变化和股价市场反应，但两者均未考虑到并购方在并购后对目标企业及自身资源整合的内在表现差异。对美国企业并购样本的研究发现，并购方企业可以对目标企业实行更有效率的资本和劳动力配置来提高目标企业的生产率，并且通过向投资机会向好的项目中重新分配资源以提高目标企业投资效率，而目标企业生产率的提高可以解释并购后企业整体的超额累计收益率。本部分将并购方企业全要素生产率、投资效率和企业间资源配置效率在境外并购后的变化作为境外并购运营效率的体现进行研究。①

1. 变量描述性统计

表5-8为汇率波动对企业并购前后全要素生产率变化影响模型［式（5-

① 由于本文旨在探索我国上市公司在境外并购前后的效率差异，因此，研究对象为作为并购方的我国企业，并将全要素生产率、投资效率和企业间资源配置效率作为企业实施境外并购前后运营效率的差异进行分析。加之我们的境外并购样本中目标企业70%以上均为非上市公司，难以获得详细数据，无法以目标企业作为研究对象。

2)］中主要变量的描述性统计结果，删除所有控制变量缺失后得到213个A股非金融类正常上市公司的境外并购样本。可以看出，并购后1年比并购前1年总体呈现出全要素生产率下降的趋势（$\Delta TFP_{i,t+1}$均值为-0.002 2）。

表5-8　主要变量描述性统计

变量	样本量	均值	标准差	最小值	第一四分位数（P25）	中位数（P50）	第三四分位数（P75）	最大值
$\Delta TFP_{i,t+1}$	213	-0.002 2	0.214 9	-0.969 3	-0.091 0	0.003 5	0.094 0	0.704 6
$HHI_{i,t-1}$	213	0.106 2	0.179 4	0.011 0	0.015 5	0.017 1	0.078 7	0.858 3
$SIZE_{i,t-1}$	213	22.437 0	1.632 7	20.036 3	21.221 6	22.129 1	23.240 0	27.625 1
$ESTAGE_{i,t}$	213	2.629 9	0.388 0	1.386 3	2.397 9	2.708 1	2.890 4	3.401 2
$EXPFIRM_{i,t}$	213	0.690 1	0.463 5	0.000 0	0.000 0	1.000 0	1.000 0	1.000 0
$CAPDST_{i,t-1}$	213	12.400 8	1.052 7	9.768 6	11.829 9	12.428 9	13.050 0	15.141 9
$SOE_{i,t}$	213	0.370 9	0.484 2	0.000 0	0.000 0	0.000 0	1.000 0	1.000 0

2. 多元回归结果

表5-9为汇率水平、汇率波动程度及其交互项对企业境外并购前后全要素生产率增量的影响。第（1）、（4）列分别为汇率水平EXC_US_t和EXC_REER对企业境外并购前后全要素生产率增量的影响；第（2）、（5）列分别为汇率波动程度$EXC_US_VOL_t$和$EXC_REER_VOL_t$的影响；第（3）、（6）列中自变量为汇率水平和汇率波动程度的单独项和交乘项的影响。从回归结果来看，在汇率水平与汇率波动的单独检验中，EXC_US_t系数在10%检验水平上显著为正，$EXC\_US\_VOL_t$、$EXC_REER_VOL_t$的系数均显著为负，即人民币升值在对上市公司并购后全要素生产率增加中起到一定的积极作用，但汇率波动程度增加不利于并购方企业在并购后实现全要素生产率的提升；人民币实际有效汇率升值（EXC_REER_t）对企业并购后生产率的改善没有明显作用，而第（6）列的结果表明，人民币汇率升值会进一步加剧汇率波动程度对并购后全要素生产率增长的负面作用，$EXC_REER_t \times EXC_REER_VOL_t$的系数在5%检验水平上显著为负。

因此，汇率波动并未带来企业境外并购非财务绩效即全要素生产率的提升，汇率升值带来的竞争优势驱动境外并购的假说（H1）并不成立。市场竞争程度变量$HHI_{i,t-1}$并未对上市公司境外并购非财务绩效起到显著的推动作用，一定程度上否定了“汇率治理假说”中的产品市场竞争压力推动高效率境外并购（H2a）的假说。

表 5-9　汇率波动与企业境外并购非财务绩效：全要素生产率增量

样本分组	$\Delta TFP_{i,t+1}$					
	(1)	(2)	(3)	(4)	(5)	(6)
EXC_US_t	0.042*		0.003			
	(1.66)		(0.10)			
$EXC\_US\_VOL_t$		-0.043**	-0.001			
		(-1.99)	(-0.05)			
$EXC\_US_t \times EXC\_US\_VOL_t$			-0.016			
			(-0.80)			
EXC_REER_t				0.021		0.032
				(0.97)		(1.41)
$EXC\_REER\_VOL_t$					-0.032**	-0.035***
					(-2.45)	(-2.71)
$EXC\_REER_t \times EXC\_REER\_VOL_t$						-0.031**
						(-2.06)
$HHI_{i,t-1}$	0.208	0.208	0.144	0.154	0.124	0.166
	(1.25)	(1.25)	(0.90)	(0.97)	(0.81)	(1.03)
$SIZE_{i,t-1}$	-0.021*	-0.021*	-0.019*	-0.015	-0.018*	-0.018*
	(-1.85)	(-1.85)	(-1.69)	(-1.44)	(-1.69)	(-1.71)
$ESTAGE_{i,t}$	0.050	0.050	0.065	0.058	0.079*	0.049
	(0.94)	(0.94)	(1.62)	(1.21)	(1.95)	(1.00)
$EXPFIRM_{i,t}$	-0.094***	-0.094***	-0.082***	-0.081**	-0.064**	-0.091**
	(-2.83)	(-2.83)	(-2.66)	(-2.34)	(-2.07)	(-2.58)
$CAPDST_{i,t-1}$	0.040	0.040	0.049*	0.047*	0.044	0.040
	(1.40)	(1.40)	(1.84)	(1.73)	(1.65)	(1.46)
$SOE_{i,t}$	0.004	0.004	-0.009	-0.013	-0.020	-0.007
	(0.09)	(0.09)	(-0.23)	(-0.33)	(-0.57)	(-0.19)
INDUSTRY	Control	Control	Control	Control	Control	Control
_cons	-0.195	-0.175	-0.439	-0.478	-0.467	-0.297
	(-0.39)	(-0.36)	(-1.07)	(-1.09)	(-1.20)	(-0.67)
R^2	0.179	0.179	0.134	0.128	0.143	0.164
Adjusted R^2	0.038	0.038	0.044	0.047	0.064	0.076
N	213	213	213	213	213	213

注：***、**、*分别表示系数在1%、5%、10%检验水平上显著；括号中为 t 值。

本部分进一步使用模型［式（5-3）］对有境外并购的企业样本在并购前后的全要素生产率受汇率波动的影响进行探究，回归结果如表5-10所示。表中，第（1）、（2）列为对汇率水平变化的检验，第（3）、（4）列为对汇率波动程度的检验。

表5-10　汇率波动与企业境外并购前后全要素生产率

$TFP_{i,t+1}$					
变量	(1)	(2)	变量	(3)	(4)
$AFTER_{i,t}$	-0.070***	-0.071***	$AFTER_{i,t}$	-0.066***	-0.069***
	(-4.84)	(-5.03)		(-4.79)	(-4.98)
EXC_US_t	-0.032***		$EXC\_US\_VOL_t$	-0.020**	
	(-3.38)			(-2.38)	
$EXC\_US_t \times AFTER_{i,t}$	0.025*		$EXC\_US\_VOL_t \times AFTER_{i,t}$	0.006	
	(1.79)			(0.40)	
EXC_REER_t		-0.023**	$EXC\_REER\_VOL_t$		0.004
		(-2.37)			(0.53)
$EXC\_REER_t \times AFTER_{i,t}$		0.029**	$EXC\_REER\_VOL_t \times AFTER_{i,t}$		-0.011
		(2.37)			(-0.93)
$HHI_{i,t-1}$	0.041	0.032	$HHI_{i,t-1}$	0.045	0.038
	(0.59)	(0.45)		(0.65)	(0.55)
$SIZE_{i,t-1}$	0.000	-0.001	$SIZE_{i,t-1}$	-0.001	-0.002
	(0.07)	(-0.19)		(-0.27)	(-0.54)
$ESTAGE_{i,t}$	0.011	-0.002	$ESTAGE_{i,t}$	-0.000	-0.011
	(0.73)	(-0.16)		(-0.04)	(-0.86)
$EXPFIRM_{i,t}$	0.010	-0.001	$EXPFIRM_{i,t}$	-0.001	-0.009
	(0.75)	(-0.11)		(-0.10)	(-0.68)
$CAPDST_{i,t-1}$	-0.001	-0.000	$CAPDST_{i,t-1}$	-0.000	0.001
	(-0.11)	(-0.03)		(-0.01)	(0.09)
$SOE_{i,t}$	0.023	0.028*	$SOE_{i,t}$	0.029**	0.034**
	(1.55)	(1.95)		(2.08)	(2.46)
INDUSTRY	Control	Control	INDUSTRY	Control	Control
_cons	-0.076	-0.024	_cons	-0.022	0.020
	(-0.69)	(-0.23)		(-0.21)	(0.20)
R^2	0.047	0.044	R^2	0.045	0.042

续表

TFP$_{i,t+1}$					
变量	(1)	(2)	变量	(3)	(4)
Adjusted R^2	0.038	0.035	Adjusted R^2	0.036	0.033
N	2 401	2 401	N	2 401	2 401

注：***、**、*分别表示相关系数在1%、5%、10%检验水平上显著；括号中为t值。

从表5－10可以看出，AFTER$_{i,t}$的系数在所有列均在1%检验水平上显著为负，即企业境外并购后年度的全要素生产率显著低于并购前年度的全要素生产率，说明境外并购没有对其内部要素或资源的有效利用起到积极作用。除第（4）列EXC_REER_VOL$_t$之外，其他列的汇率水平和汇率波动程度变量均显著负向影响境外并购的企业的全要素生产率，汇率升值与波动程度增加均不利于境外并购企业生产率的提升；EXC_US$_t$ × AFTER$_{i,t}$和EXC_REER$_t$ × AFTER$_{i,t}$交乘项系数为正，并分别在1%检验水平和5%检验水平上显著，说明受本国汇率升值影响，企业境外并购后的全要素生产率降低程度有所缓解，但仍呈现出比并购前更低的全要素、生产率。从控制变量回归结果来看，HHI$_{i,t-1}$的系数均不显著，即市场竞争程度未对全要素生产率起到明显的治理作用，“汇率治理假说”中汇率升值导致的市场竞争加剧促使企业开展高效率并购的结论（H2a）不成立。

5.3.3 汇率波动与境外并购企业的投资效率

前文对汇率波动对企业境外并购财务绩效和非财务绩效进行了探究，发现“估值优势假说”中人民币汇率升值积极作用于境外并购财务绩效与非财务绩效的结论（H3）成立，与此同时基本不支持“竞争优势假说”（H1）和“汇率治理假说”（H2a）中有关人民币汇率升值和汇率波动幅度增加将提升我国企业境外并购效率的结论，但“汇率治理假说”中汇率波动程度的增加使上市公司境外并购财务绩效缩减的结论（H2b）得到证实。本部分进一步对并购方企业在境外并购前后的投资效率变化进行研究。

1. 汇率波动、境外并购与投资－投资机会敏感性

表5－11为研究汇率波动与企业境外并购前后投资－投资机会敏感性之间关系涉及变量的描述性统计结果，由于企业层面投资机会TobinQ值可能存在其他噪声，本部分同时选取行业层面以企业资产规模加权平均的TobinQ（INDTobinQ）作为稳健衡量变量。从TobinQ和INDTobinQ的分布可以看出，不同企业面临的投资机会存在明显差异。

表5-11 主要变量描述性统计

变量	样本量	均值	标准差	最小值	第一四分位数（P25）	中位数（P50）	第三四分位数（P75）	最大值
$INVEST_{i,t}$	2 736	0.064 3	0.049 4	0.006 1	0.025 2	0.049 8	0.091 0	0.182 0
$TobinQ_{i,t-1}$	2 661	2.293 2	1.282 1	0.985 2	1.323 1	1.898 1	2.834 7	5.734 1
$INDTobinQ_{i,t-1}$	2 736	1.835 9	0.568 3	1.125 8	1.359 7	1.672 9	2.132 7	3.106 1
$AFTER_{i,t}$	2 736	0.426 9	0.494 7	0.000 0	0.000 0	0.000 0	1.000 0	1.000 0
EXC_REER_t	2 736	4.657 0	0.135 1	4.438 2	4.553 1	4.630 0	4.772 7	4.865 6
$EXC\_US\_VOL_t$	2 736	0.001 4	0.001 0	0.000 0	0.000 1	0.001 4	0.002 2	0.003 0
$CFO_{i,t-1}$	2 736	0.058 4	0.064 5	-0.063 3	0.015 9	0.053 1	0.100 4	0.187 1
$SIZE_{i,t-1}$	2 736	22.454 0	1.696 9	20.171 3	21.160 3	22.052 9	23.472 7	26.087 9
$LEV_{i,t-1}$	2 736	0.453 1	0.184 5	0.121 3	0.312 1	0.459 4	0.604 3	0.747 4
$LISTAGE_{i,t}$	2 736	2.051 4	0.685 4	0.693 1	1.609 4	2.197 2	2.639 1	2.995 7

由于在基本检验中发现人民币实际有效汇率（EXC_REER）水平变化和人民币兑美元名义汇率波动程度（EXC_US_VOL）对上市公司境外并购倾向（Cross-Border M&A）有显著影响的相对稳健的结论，因此，为节省实证结果报告篇幅，本部分选取的汇率波动指标为EXC_REER和EXC_US_VOL。表5-12为模型［式（5-4）］的实证检验结果，样本为在2000—2016年间有境外并购交易的上市公司，第（1）~（3）列的自变量取企业层面$TobinQ_{i,t-1}$值，第（4）~（6）列自变量取行业加权$INDTobinQ_{i,t-1}$，第（1）、（4）列未加入汇率波动因素。

表5-12 汇率波动、境外并购与企业投资-投资机会敏感性

样本分组	$INVEST_{i,t}$					
	$TobinQ_{i,t-1}$			$INDTobinQ_{i,t-1}$		
	(1)	(2)	(3)	(4)	(5)	(6)
$Q_{i,t-1}$	0.005***	0.005***	0.005***	0.005**	0.007**	0.006***
	(4.61)	(4.60)	(4.67)	(2.43)	(2.54)	(2.64)
$AFTER_{i,t}$	0.005	0.004	0.001	0.006	0.013*	0.006
	(1.28)	(0.80)	(0.20)	(1.00)	(1.70)	(0.99)
$AFTER_{i,t}\times Q_{i,t-1}$	-0.004***	0.000	-0.000	-0.005*	-0.005	-0.004
	(-2.68)	(0.25)	(-0.24)	(-1.79)	(-1.27)	(-1.17)

续表

样本分组	INVEST$_{i,t}$					
	TobinQ$_{i,t-1}$			INDTobinQ$_{i,t-1}$		
	(1)	(2)	(3)	(4)	(5)	(6)
EXC_REER$_t$		-0.002			-0.005	
		(-0.91)			(-1.30)	
$Q_{i,t-1}$ × EXC_REER$_t$		-0.001			0.003	
		(-0.45)			(0.99)	
AFTER$_{i,t}$ × $Q_{i,t-1}$ × EXC_REER$_t$		-0.004***			-0.006***	
		(-3.90)			(-4.69)	
EXC_US_VOL$_t$			0.001			-0.004
			(0.38)			(-1.21)
$Q_{i,t-1}$ × EXC_US_VOL$_t$			-0.001			0.002
			(-0.61)			(1.37)
AFTER$_{i,t}$ × $Q_{i,t-1}$ × EXC_US_VOL$_t$			-0.003***			-0.004***
			(-3.36)			(-3.52)
CFO$_{i,t-1}$	0.140***	0.125***	0.136***	0.146***	0.136***	0.142***
	(8.84)	(7.78)	(8.53)	(9.47)	(8.72)	(9.21)
SIZE$_{i,t-1}$	0.003***	0.004***	0.004***	0.003***	0.003***	0.003***
	(4.15)	(4.95)	(4.69)	(3.80)	(4.12)	(4.01)
LEV$_{i,t-1}$	0.017***	0.011*	0.016**	0.009	0.003	0.007
	(2.81)	(1.74)	(2.52)	(1.53)	(0.42)	(1.15)
LISTAGE$_{i,t}$	-0.021***	-0.019***	-0.020***	-0.020***	-0.018***	-0.020***
	(-13.15)	(-11.58)	(-12.65)	(-13.12)	(-11.84)	(-12.83)
INDUSTRY	Control	Control	Control	Control	Control	Control
YEAR	Control	—	—	Control	—	-
_cons	0.015	-0.002	0.006	0.025	0.014	0.021
	(0.84)	(-0.13)	(0.31)	(1.39)	(0.78)	(1.17)

续表

样本分组	$INVEST_{i,t}$					
	$TobinQ_{i,t-1}$			$INDTobinQ_{i,t-1}$		
	(1)	(2)	(3)	(4)	(5)	(6)
R^2	0.183	0.197	0.189	0.176	0.190	0.181
Adjusted R^2	0.176	0.190	0.182	0.170	0.183	0.174
F	41.629	44.044	34.750	36.345	36.230	32.699
N	2 661	2 661	2 661	2 736	2 736	2 736

注：***、**、*分别表示系数在1%、5%、10%检验水平上显著；括号中为 t 值。

从表5－12可以看出，上市公司存在投资－投资机会敏感性、$TobinQ_{i,t-1}$和$INDTobinQ_{i,t-1}$的系数均显著为正，在未加入汇率波动因素时，企业境外并购后年度的投资－投资机会敏感性显著降低，第（1）和（4）列$AFTER_{i,t} \times Q_{i,t-1}$系数显著为负，说明发起境外并购后企业内部资源配置效率下降，并购方投资效率较境外并购之前有所降低，即境外并购并未帮助并购方企业实现内部资源配置效率的提高，这一点与前述全要素生产率的表现一致（见表5－12）。

在加入人民币实际有效汇率（EXC_REER_t）水平变化及其与其他解释变量的交乘项后，从第（2）和（5）列的统计回归结果可以发现$AFTER_{i,t} \times Q_{i,t-1} \times EXC_REER_t$在1%检验水平上显著为负，说明本国汇率升值加剧了企业实施境外并购后的投资－投资机会敏感性的下降。同样地，从第（3）和（6）列的回归结果发现，加入人民币兑美元名义汇率波动程度（$EXC\_US\_VOL_t$）影响后的回归结果表明，$AFTER_{i,t} \times Q_{i,t-1} \times EXC_US_VOL_t$的系数为负，且均在1%检验水平上显著，即汇率波动程度增加进一步加剧了境外并购后企业投资效率的下降。

以上结果说明在汇率升值及汇率波动程度增加的情况下，企业进行境外并购导致整合后企业的投资效率较并购前的投资效率明显下降，是并购效率低下的体现，进一步否定了“竞争优势假说”（H1）和“汇率治理假说”（H2a和H2b中有关汇率波动程度增加可提升境外并购非财务绩效与资源配置效率的部分）在我国企业境外并购中的适用性，而“估值优势假说”（H3）基本成立。

上述有关汇率波动与境外并购财务绩效和投资－投资机会敏感性的检验结果在一定程度上肯定了“估值优势假说”（H3）中企业在本币升值时易高估自身价值与资产整合能力进而开展境外并购，虽因受益于并购成本和融资成本的相对降低，在并购事件窗口期股票累计超额收益与相应会计年度利润随汇率升值而有所提升，但由于对目标企业价值的评估不足，企业在并购后呈现比并购前更差的全要素生产率和投资效率。

为验证“估值优势假说”的稳健性，本部分进一步实证检验影响企业境外并购前准确估值和并购后投资效率的两个与信息透明度有关的重要因素——目标方是否为上市公司和是否同行业并购，对前述汇率升值降低企业境外并购后投资－投资机会敏感性关系的影响。首先，相对非上市的目标企业来讲，若目标企业为上市公司，并购方管理层将通过更多渠道获得目标企业信息，虽可能因目标企业较好的流动性和市场价值而支付更高溢价完成并购，增加并购成本，使并购财务绩效下降，但较低的信息不对称水平有利于提高并购方整合能力，增加并购后投资效率，即我国上市公司并购一家国外上市公司的生产率和投资效率变化受汇率升值和汇率波动程度增加的负向影响较弱，而并购国外非上市公司将可能出于信息劣势等原因表现为更大程度的投资效率下降。再者，当并购方和目标方属于同一行业时，并购方更易理解并评估目标方资产实际价值，信息透明程度较高，可以实现并购后的迅速有效整合，即若境外并购交易为同行业并购，则并购方企业的投资效率变化受汇率升值的负面影响较弱。也有研究认为，非相关行业并购相对同一行业的关联并购对并购长期效率有更为积极的影响，这可能与公司发展战略相关。

根据目标企业是否上市和境外并购交易双方是否属于同一行业的分组回归分析结果（见表 5－13）可以发现，交乘项“$AFTER_{i,t} \times TobinQ_{i,t-1} \times EXC\_REER_t$”的系数仅在境外并购的目标企业为非上市公司时显著为负，即非上市目标企业给并购方管理层带来更高的信息不对称性和估值难度，在汇率升值时期，企业投资－投资机会敏感性在境外并购后出现下降，不利于并购方在并购后实现有效整合、提升投资效率。第（3）～（4）列的回归结果未发现企业并购双方所在行业对企业并购前后投资－投资机会敏感性有明显影响。本部分亦对汇率波动程度（$EXC\_US\_VOL_t$）进行了分组回归，结论与汇率水平变化（EXC_REER_t）一致，目标企业为非上市公司时，并购方企业投资－投资机会敏感性在汇率波动程度增加时显著下降，限于篇幅不再列出。

表 5－13 目标企业是否上市和并购双方是否属于同一行业的调节作用

样本分组	$INVEST_{i,t}$			
	目标企业未上市	目标企业上市	同行业并购	非同行业并购
	(1)	(2)	(3)	(4)
$TobinQ_{i,t-1}$	0.005***	0.007**	0.003*	0.005***
	(4.24)	(2.12)	(1.65)	(4.55)

续表

样本分组	$INVEST_{i,t}$			
	目标企业未上市	目标企业上市	同行业并购	非同行业并购
	(1)	(2)	(3)	(4)
$AFTER_{i,t}$	0.000	0.020 *	-0.004	0.006
	(0.01)	(1.68)	(-0.43)	(1.13)
$AFTER_{i,t}$ × $TobinQ_{i,t-1}$	0.002	-0.006	0.002	-0.000
	(0.80)	(-1.14)	(0.66)	(-0.11)
EXC_REER_t	-0.002	-0.002	-0.007 *	-0.000
	(-0.67)	(-0.36)	(-1.66)	(-0.08)
$TobinQ_{i,t-1}$ × EXC_REER_t	-0.000	-0.003	0.003	-0.002
	(-0.24)	(-0.99)	(1.41)	(-1.56)
$AFTER_{i,t}$ × $TobinQ_{i,t-1}$ × EXC_REER_t	-0.004 ***	0.000	-0.005 ***	-0.003 ***
	(-3.77)	(0.08)	(-3.05)	(-2.93)
$CFO_{i,t-1}$	0.110 ***	0.159 ***	0.088 ***	0.134 ***
	(6.27)	(4.29)	(2.69)	(7.72)
$SIZE_{i,t-1}$	0.003 ***	0.007 ***	0.010 ***	0.002 **
	(3.33)	(3.20)	(6.45)	(2.46)
$LEV_{i,t-1}$	0.009	0.014	0.014	0.009
	(1.27)	(0.98)	(1.22)	(1.20)
$LISTAGE_{i,t}$	-0.018 ***	-0.025 ***	-0.032 ***	-0.014 ***
	(-9.96)	(-6.01)	(-9.90)	(-7.78)
INDUSTRY	Control	Control	Control	Control
_cons	0.030	-0.087 **	-0.130 ***	0.037 *
	(1.47)	(-1.97)	(-3.67)	(1.79)
R^2	0.206	0.314	0.329	0.162
Adjusted R^2	0.198	0.285	0.311	0.152
F	43.006	39.609	17.742	16.517
N	2 190	471	670	1 991

注：***、**、* 分别表示系数在 1%、5%、10% 检验水平上显著；括号中为 t 值。

由于第 4 章的结论中并未得出人民币兑美元名义汇率水平（EXC_US）变化和人民币实际有效汇率波动程度（EXC_REER_VOL）对企业境外并购倾向的稳健结论，上述基本检验使用人民币实际有效汇率水平（EXC_REER）和人民币兑美元名义汇率波动程度（EXC_US_VOL）作为汇率波动衡量指标。为增强结论稳健性，我们进一步使用人民币名义汇率水平（EXC_US）和实际有效汇率波动程度（EXC_REER_VOL）作为自变量，检验其在企业境外并购与投资－投资机会敏感性关系中是否有显著影响，但仍未发现有效结论，限于篇幅未列出。

再者，由于境外并购交易使用货币多为目标企业所在国家货币，本部分将其（目标企业所在国家货币兑美元名义汇率）与同期人民币兑美元名义汇率进行计算得出人民币兑目标企业所在国家货币名义汇率（$EXC\_TARGET_{j,t}$），并进行上述检验，表5－14为检验结果。在表5－14中未发现货币名义汇率的显著影响，因此汇率波动对境外并购企业的投资－投资机会敏感性的负面影响主要体现在人民币实际有效汇率水平变化与人民币兑美元双边名义汇率波动程度上。

表5－14 货币名义汇率、境外并购与企业投资－投资机会敏感性：替换汇率水平变量

样本分组	$INVEST_{i,t}$	
	$TobinQ_{i,t-1}$	$INDTobinQ_{i,t-1}$
	(1)	(2)
$Q_{i,t-1}$	0.009***	0.010***
	(5.69)	(3.22)
$AFTER_{i,t}$	0.006	0.008
	(1.41)	(1.21)
$AFTER_{i,t} \times Q_{i,t-1}$	-0.003	-0.003
	(-1.34)	(-0.76)
$EXC\_TARGET_{j,t}$	-0.007	-0.030
	(-0.29)	(-0.78)
$Q_{i,t-1} \times EXC\_TARGET_{j,t}$	-0.031***	-0.016
	(-3.13)	(-0.76)
$AFTER_{i,t} \times Q_{i,t-1} \times EXC\_TARGET_{j,t}$	0.003	-0.008
	(0.31)	(-0.63)
Controls	Yes	Yes
INDUSTRY	Control	Control

续表

样本分组	$INVEST_{i,t}$	
	$TobinQ_{i,t-1}$	$INDTobinQ_{i,t-1}$
	(1)	(2)
_cons	-0.009	0.010
	(-0.48)	(0.53)
R^2	0.207	0.199
Adjusted R^2	0.198	0.191
F	38.139	32.028
N	2 431	2 502

注：***、**、*分别表示系数在1%、5%、10%检验水平上显著；括号中为 t 值。

综上，在人民币实际有效汇率升值以及人民币兑美元名义汇率波动程度增加的情况下，企业境外并购后的投资效率有所下降，不利于并购方企业长期运营效率与企业价值的提高，因此，“竞争优势假说”认为的汇率升值带来企业竞争优势驱动高质量境外并购与“汇率治理假说”认为的汇率升值带来产品市场竞争、汇率波动程度加剧汇率风险导致企业境外并购长期效率提升的结论均不成立。而境外并购财务绩效对汇率升值表现出的正向敏感性以及汇率波动程度提高导致境外并购财务绩效降低的结论证实了“汇率治理假说”认为的汇率波动程度导致境外并购交易短期财务绩效降低和“估值优势假说”认为的汇率升值积极作用于境外并购交易财务绩效但长期效率更低的结论。

2. 汇率波动、境外并购与投资效率

现有研究对企业投资效率的检验除使用投资－投资机会敏感性模型之外，也广泛使用Richard在2006年提出的投资效率模型。为稳健性考虑，我们也使用该方法实证分析境外并购投资效率（投资过度和投资不足）受汇率波动的影响程度，首先根据模型［式（5－5）］回归得出投资效率，并将样本按照投资过度与投资不足分组，对投资效率残差取绝对值后使用模型［式（5－6）］对汇率波动变量和境外并购前后哑变量进行回归，结果如表5－15的Panel A和Panel B所示，其中第（1）－（4）列分别为使用汇率波动变量 EXC_US_t、$EXC\_US\_VOL_t$、EXC_REER_t、$EXC\_REER\_VOL_t$ 进行的回归分析。

表 5-15 汇率波动、境外并购与企业投资效率

Panel A	投资过度：$OVERINVEST_{i,t+1}$			
	(1)	(2)	(3)	(4)
$AFTER_{i,t}$	-0.023	-0.071	0.044	-0.058
	(-0.33)	(-1.08)	(0.60)	(-0.97)
EXC_US_t	-0.048			
	(-1.46)			
$EXC\_US_t \times AFTER_{i,t}$	-0.023			
	(-0.26)			
$EXC\_US\_VOL_t$		0.023		
		(0.62)		
$EXC\_US\_VOL_t \times AFTER_{i,t}$		-0.022		
		(-0.34)		
EXC_REER_t			-0.104**	
			(-2.56)	
$EXC\_REER \times AFTER_{i,t}$			-0.010	
			(-0.14)	
$EXC\_REER\_VOL_t$				0.054
				(1.62)
$EXC\_REER\_VOL_t \times AFTER_{i,t}$				0.024
				(0.43)
$SIZE_{i,t-1}$	-0.084***	-0.092***	-0.080***	-0.088***
	(-3.88)	(-4.22)	(-3.71)	(-4.09)
$RCASH_{i,t-1}$	-1.983***	-2.002***	-2.057***	-1.979***
	(-6.51)	(-6.53)	(-6.72)	(-6.48)
$PPE_{i,t-1}$	-0.514**	-0.471**	-0.642***	-0.455**
	(-2.23)	(-2.04)	(-2.74)	(-1.99)
$SOE_{i,t}$	0.162**	0.178***	0.150**	0.175***
	(2.53)	(2.79)	(2.36)	(2.76)
INDUSTRY	Control	Control	Control	Control

续表

Panel A	投资过度：$OVERINVEST_{i,t+1}$			
	(1)	(2)	(3)	(4)
_cons	2.009***	2.155***	1.967***	2.062***
	(3.84)	(4.10)	(3.78)	(3.95)
R^2	0.114	0.113	0.119	0.116
Adjusted R^2	0.101	0.099	0.105	0.103
N	1 301	1 301	1 301	1 301

Panel B	投资不足：$UNDERINVEST_{i,t+1}$			
	(1)	(2)	(3)	(4)
$AFTER_{i,t}$	0.217***	0.143*	0.190**	0.163**
	(2.74)	(1.78)	(2.30)	(2.14)
EXC_US_t	−0.042			
	(−0.96)			
$EXC\_US_t \times AFTER_{i,t}$	−0.112			
	(−1.33)			
$EXC\_US\_VOL_t$		0.018		
		(0.37)		
$EXC\_US\_VOL_t \times AFTER_{i,t}$		0.029		
		(0.40)		
EXC_REER_t			−0.046	
			(−0.82)	
$EXC\_REER \times AFTER_{i,t}$			0.033	
			(0.41)	
$EXC\_REER\_VOL_t$				0.026
				(0.57)
$EXC\_REER\_VOL_t \times AFTER_{i,t}$				−0.039
				(−0.59)
$SIZE_{i,t-1}$	−0.002	−0.020	−0.011	0.016
	(−0.08)	(−0.70)	(−0.38)	(−0.57)
$RCASH_{i,t-1}$	−0.991***	−1.004***	−0.989***	−1.003***
	(−2.72)	(−2.78)	(−2.72)	(−2.76)

续表

Panel B	投资不足：$UNDERINVEST_{i,t+1}$			
	(1)	(2)	(3)	(4)
$PPE_{i,t-1}$	0.437	0.517*	0.484*	0.505*
	(1.53)	(1.80)	(1.68)	(1.75)
$SOE_{i,t}$	0.147	0.206**	0.168*	0.193**
	(1.57)	(2.33)	(1.84)	(2.27)
INDUSTRY	Control	Control	Control	Control
_cons	0.084	0.377	0.225	0.314
	(0.12)	(0.54)	(0.32)	(0.45)
R^2	0.082	0.077	0.077	0.076
Adjusted R^2	0.064	0.059	0.059	0.058
N	933	933	933	933

注：***、**、*分别表示系数在1%、5%、10%检验水平上显著；括号中为t值。

从Panel A的结果来看，未发现企业境外并购前后投资过度水平的变化，汇率波动也并未对有境外并购企业的过度投资有明显作用（除EXC_REER_t系数显著为负外）。从Panel B的结果来看，企业在境外并购之后的投资不足均显著高于并购前水平，但汇率波动的增量影响不明显，即企业境外并购后并没有实现对整体企业的有效整合，与上文企业投资－投资机会敏感性的研究结论较为一致（证实H3），且在我国2005年汇率制度改革之后表现更为明显①。我们与毛新述和余德慧在2013年对会计准则趋同前后与上市公司境外并购效率之间关系得出的2007年（会计准则趋同）之后企业境外并购后比并购前过度投资水平降低但投资不足水平无明显改变进而表现为投资效率提升的结论、赵海龙等在2016年的研究中认为企业境外并购后有利于提升公司治理并改善投资效率的结论不同，我们认为境外并购后投资效率降低，且主要表现为投资不足程度的增加，境外并购后的企业更易错失投资机会。

5.3.4 汇率波动与境外并购方企业资源配置效率

对境外并购企业全要素生产率变化、境外并购投资效率的研究均证实企业

① 为保持结论稳健性，本部分按照前述“汇率波动、境外并购与投资－投资机会敏感性”部分对目标企业是否上市进行分组检验、对境外并购交易是否属于同行业并购进行分组检验、将人民币兑美元名义汇率替换为人民币兑目标企业所在国家货币名义汇率进行稳健性检验，结论与前文基本一致，限于篇幅未列出。本部分进一步对汇率市场化改革（2005）对汇率波动与境外并购投资效率的关系做进一步检验，发现企业境外并购对投资不足的影响仅在2005年之后样本中显著。

境外并购后的全要素生产率和投资效率较并购前有所降低，且本国汇率升值与波动程度增加均加剧了全要素生产率和投资效率的降低幅度，初步印证了“估值优势假说”（H3），进一步采用模型［式（5－7）］对境外并购交易中的并购方在并购前后企业间资源配置效率的变化进行检验①，结果如表5－16所示，其中第（1）、（2）列未考虑汇率变量，第(3)～（6）列分别考虑了相应的汇率变量。

表5－16 汇率波动、境外并购与企业间资源配置效率

汇率变量	$ASSETRATIO_{i,t}$					
	—	—	EXC_US_t	$EXC\_US\_VOL_t$	EXC_REER_t	$EXC\_REER\_VOL_t$
	(1)	(2)	(3)	(4)	(5)	(6)
$TFP_{i,t-1}$	-0.012***	-0.025***	-0.018***	-0.019***	-0.016***	-0.020***
	(-3.19)	(-5.36)	(-4.07)	(-4.38)	(-3.36)	(-4.49)
$AFTER_{i,t}$		0.008***	0.000	-0.003	0.006*	-0.006***
		(2.70)	(0.12)	(-1.08)	(1.88)	(-2.85)
$AFTER_{i,t}\times TFP_{i,t-1}$		0.036***	0.048***	0.038***	0.041***	0.030***
		(4.36)	(2.93)	(3.72)	(2.76)	(3.70)
$Exchange\ Rate_{i,t}$			-0.012***	-0.007***	-0.013***	-0.001
			(-9.43)	(-5.85)	(-8.62)	(-0.99)
$Exchange\ Rate_{i,t}\times TFP_{i,t-1}$			0.018***	0.010***	0.014***	0.004
			(4.23)	(2.60)	(2.72)	(1.02)
$Exchange\ Rate_{i,t}\times AFTER_{i,t}$			-0.003	-0.000	-0.004	0.003
			(-0.84)	(-0.04)	(-1.23)	(1.34)
$Exchange\ Rate_{i,t}\times AFTER_{i,}\times TFP_{i,t-1}$			-0.054**	-0.031**	-0.031**	-0.001
			(-2.51)	(-2.49)	(-2.16)	(-0.03)
$CFO_{i,t-1}$	0.059***	0.064***	0.063***	0.079***	0.059***	0.082***
	(4.35)	(4.42)	(4.39)	(5.29)	(4.20)	(5.36)
$SIZE_{i,t-1}$	0.027***	0.027***	0.027***	0.025***	0.026***	0.025***
	(21.58)	(21.10)	(21.03)	(20.73)	(20.93)	(20.44)
$LEV_{i,t-1}$	-0.047***	-0.053***	-0.050***	-0.042***	-0.053***	-0.039***
	(-8.71)	(-9.08)	(-8.72)	(-7.72)	(-9.08)	(-7.07)

① 检验中使用的控制变量与探究并购前后投资－投资机会敏感性的控制变量基本一致，因此，本节不再列出描述性统计结果。

续表

汇率变量	$ASSETRATIO_{i,t}$					
	—	—	EXC_US_t	$EXC\_US\_VOL_t$	EXC_REER_t	$EXC\_REER\_VOL_t$
	(1)	(2)	(3)	(4)	(5)	(6)
$SOE_{i,t}$	-0.000	-0.001	0.001	0.005 ***	0.002	0.007 ***
	(-0.24)	(-0.42)	(0.76)	(2.86)	(0.83)	(4.03)
$LISTAGE_{i,t}$	-0.012 ***	-0.012 ***	-0.014 ***	-0.016 ***	-0.013 ***	-0.017 ***
	(-7.42)	(-7.19)	(-8.31)	(-8.91)	(-7.78)	(-9.46)
INDUSTRY	Control	Control	Control	Control	Control	Control
YEAR	Control	Control	—/—	—/—	—/—	—
_cons	-0.479 ***	-0.481 ***	-0.492 ***	-0.463 ***	-0.490 ***	-0.449 ***
	(-19.33)	(-18.81)	(-18.96)	(-18.53)	(-18.84)	(-18.19)
R^2	0.538	0.549	0.544	0.530	0.544	0.523
Adjusted R^2	0.532	0.542	0.540	0.525	0.540	0.518
F	35.998	32.770	49.023	46.970	50.687	46.000
N	2 843	2 594	2 594	2 594	2 594	2 594

注：***、**、*分别表示系数在1%、5%、10%检验水平上显著；括号中为t值。

从表5-16可以看出，企业固定资产投资占行业内总投资比例并未随滞后期全要素生产率的提升而增加，反而显著下降，$TFP_{i,t-1}$系数均显著为负，但$AFTER_{i,t} \times TFP_{i,t-1}$系数均在1%检验水平上显著为正，表明境外并购后实现了高生产率企业获得更多的资本要素投入，境外并购对企业间资源配置效率有明显的积极作用；除$EXC_REER_VOL_t$之外，其他汇率变量系数显著为负，但与$TFP_{i,t-1}$交乘项的系数均在1%检验水平上显著为正，即汇率升值及汇率波动程度增加促使高效率企业获得更多的资源投入；除$EXC_REER_VOL_t$之外，$EXC\_US_t \times AFTER_{i,t} \times TFP_{i,t-1}$、$EXC\_US_t \times AFTER_{i,t} \times TFP_{i,t-1}$、$EXC_US_t \times AFTER_{i,t} \times TFP_{i,t-1}$的系数均在5%的检验水平上显著为负，表明汇率升值与汇率波动程度增加不利于境外并购后企业间资源配置效率的提升。同前文汇率升值和汇率波动程度增加不利于企业实施境外并购后的投资效率改善的结论类似，我们发现汇率升值与汇率波动程度增加对境外并购后行业内资本流向高生产率企业的匹配性有不利影响。因此，汇率波动不利于境外并购长期效率的提升（证实H3）。

5.4　拓展性检验

5.4.1　境外并购竞争优势的进一步分析

根据“竞争优势假说”，高生产率的企业有低生产率企业无法模仿的竞争优势，而境外并购相对境内并购面临的交易风险和并购成本相对更高，因此，从竞争优势角度来讲，高生产率企业比低生产率企业更倾向于境外并购，在此基础上，当并购方企业自身生产率较高时，并购交易中的目标企业在完成收购后也可获得并购方企业的技术、管理、市场等相关资源，提升自身利润和生产率，并购方将从此过程中获得短期与长期内的高并购效率，即并购交易前的并购方生产率不仅推动企业境外并购的实施，同时将提升境外并购效率。但从上述基本检验结果来看，“竞争优势假说”（H1）没有得到验证，为探究结论的可靠性，本部分进一步对全要素生产率在汇率波动与境外并购效率关系中的调节作用进行检验。

现有研究发现本国汇率升值及汇率波动程度增加有利于行业重构和企业生产率提升①，汇率升值有利于企业境外并购财务绩效的提升。若“竞争优势假说”成立，本国汇率升值带来的生产率增加将导致境外并购绩效提升的效果应在并购前生产率表现好的上市公司中更为明显，体现了汇率升值对企业并购绩效影响的竞争优势作用机制。

我们首先以进行过境外并购、境内并购、并购为标准分组，对企业全要素生产率进行单变量检验，结果如表 5 - 17 所示。从 Panel A 发现，境外并购企业并没有表现出比未进行过境外并购的企业更优秀的全要素生产率，其均值和中位数均低于非境外并购组，但均值差异 T 检验、中位数差异 Wilcoxon 秩和检验结果并不显著。Panel B 和 Panel C 对有过境内并购和从未有过境内并购的企业、有过并购和从未有过并购的企业全要素生产率的单变量检验结果发现，有境内并购比从未有过境内并购的企业的全要素生产率更差。此结果一方面表明

① 本节首先对汇率波动与上市公司全样本企业全要素生产率之间的关系进行 OLS 回归分析以验证人民币汇率水平变化及波动幅度增加对企业生产率的影响，控制变量取滞后期资本密集度（CAPDST）、市场竞争程度（HHI）、公司年龄（ESTAGE）、产权性质（SOE）、公司规模（SIZE）和有形资产比例（PPE），同时控制行业固定效应和异方差，对连续型变量做［1%，99%］处理。回归结果显示，人民币兑美元名义汇率的升值以及人民币实际有效汇率升值可以促进上市公司全要素生产率的提升，回归系数分别为 0.006*** （2.67）和 0.004* （1.70），而汇率波动程度对全要素生产率的影响并不明显。加之本章假设 H1 针对的汇率波动维度为汇率水平变化，因此，本节也仅对汇率水平变化进行分析。限于篇幅，未列出汇率波动与上市公司全要素生产率之间关系的回归结果。

全要素生产率可能并非我国企业开展并购交易的驱动因素，即我国企业对外直接投资尤其是境外并购存在“生产率悖论”，另一方面证实了前文对境外并购非财务绩效的实证结论，即境外并购未给并购方企业带来全要素生产率的改善，反而促使全要素生产率降低。

表 5－17　并购企业与无并购企业的全要素生产率单变量检验

Panel A：有过境外并购的企业与从未有过境外并购的企业					
境外并购组		无境外并购组		均值差异 t 检验（t 值）	中位数差异 Wilcoxon 秩和检验（z 值）
均值	中位数	均值	中位数		
－0.0084	－0.0280	0.0002	－0.0100	－0.0085（0.691）	－0.0180（1.266）
Panel B：有过境内并购的企业与从未有过境内并购的企业					
境内并购组		无境内并购组		均值差异 t 检验（t 值）	中位数差异 Wilcoxon 秩和检验（z 值）
均值	中位数	均值	中位数		
－0.0114	－0.0227	0.0015	－0.0083	－0.0129（2.510）**	－0.0144（3.904）***
Panel C：有过并购的企业与从未有过并购的企业					
有并购组		无并购组		均值差异 t 检验（t 值）	中位数差异 Wilcoxon 秩和检验（z 值）
均值	中位数	均值	中位数		
－0.0110	－0.0222	0.0015	－0.0083	－0.0125（2.451）**	－0.0139（3.835）***

注：***、**、* 分别表示系数在 1%、5%、10% 检验水平上显著。

我们使用以下两种方法分析并购方企业竞争优势（并购方在并购前的生产率表现）在汇率波动与企业并购财务绩效之间关系中的作用。首先，以非金融类 A 股上市公司全样本在滚动 3 年期内的全要素生产率均值，按照行业－年度分为高生产率组和低生产率组，并使用境外并购研究样本在并购宣告前 3 年内的全要素生产率所在组别对模型［式（5－1）］进行分组回归。结果如表 5－18 所示。从汇率水平变量 EXC_US_t 和 EXC_REER_t 的系数来看，汇率升值对企业境外并购绩效的正向作用仅体现在低生产率的企业中，具有竞争优势的企业并未在汇率升值时表现出更优秀的财务绩效。

表 5－18　汇率水平与企业境外并购财务绩效：以竞争优势分组

样本分组	$\Delta ROE_{i,t+1}$				$\Delta EBITA_{i,t+1}$			
	低生产率	高生产率	低生产率	高生产率	低生产率	高生产率	低生产率	高生产率
	(1)	(2)	(3)	(4)	(5)	(6)	(7)	(8)
EXC_US_t	0.043***	0.004			0.021***	－0.002		
	(3.16)	(0.23)			(3.36)	(－0.23)		

续表

样本分组	$\Delta ROE_{i,t+1}$				$\Delta EBITA_{i,t+1}$			
	低生产率	高生产率	低生产率	高生产率	低生产率	高生产率	低生产率	高生产率
	(1)	(2)	(3)	(4)	(5)	(6)	(7)	(8)
EXC_REER_t			0.041***	0.003			0.021***	0.003
			(3.75)	(0.26)			(3.70)	(0.43)
Controls	Yes	Yes	Yes	Yes	Yes	Yes	Yes	Yes
INDUSTRY	Control	Control	Control	Control	Control	Control	Control	Control
_cons	0.646***	0.585***	0.606***	0.586***	0.397***	0.337***	0.379***	0.359***
	(3.67)	(2.85)	(3.33)	(3.09)	(3.85)	(2.91)	(3.65)	(3.28)
R^2	0.358	0.235	0.361	0.235	0.368	0.252	0.380	0.252
Adjusted R^2	0.240	0.089	0.244	0.089	0.252	0.109	0.265	0.110
N	123	126	123	126	123	126	123	126

注：***、**、* 分别表示系数在1%、5%、10%检验水平上显著；括号中为t值。控制变量回归结果略。

再者，直接将境外并购企业宣告并购前3年内全要素生产率均值（$\overline{TPF}_{t-4,t-1}$）及其与汇率水平变量的交互项加入模型［式（5－1）］，回归结果如表5－19所示。可以发现人民币兑美元名义汇率升值及人民币实际有效汇率升值对企业境外并购财务绩效的促进作用受企业竞争优势的负向调节，而高生产率企业的境外并购绩效更差，进一步否定了"竞争优势假说"（H1）在我国企业境外并购中的适用性。

表5－19　汇率水平与上市公司境外并购财务绩效：竞争优势的调节作用

样本分组	$\Delta ROE_{i,t+1}$		$\Delta EBITA_{i,t+1}$	
	(1)	(2)	(3)	(4)
EXC_US_t	0.019**		0.008	
	(2.11)		(1.61)	
$EXC\_US_t \times \overline{TPF}_{t-4,t-1}$	−0.131***		−0.074***	
	(−2.87)		(−3.50)	
EXC_REER_t		0.019***		0.010**
		(2.64)		(2.52)
$EXC\_REER_t \times \overline{TPF}_{t-4,t-1}$		−0.124***		−0.063***
		(−3.64)		(−3.44)

续表

样本分组	$\Delta ROE_{i,t+1}$		$\Delta EBITA_{i,t+1}$	
	(1)	(2)	(3)	(4)
$\overline{TPF}_{t-4,t-1}$	-0.029	-0.051 *	-0.035 **	-0.048 ***
	(-1.03)	(-1.93)	(-2.06)	(-2.79)
Controls	Yes	Yes	Yes	Yes
INDUSTRY	Control	Control	Control	Control
_cons	0.536 ***	0.536 ***	0.303 ***	0.312 ***
	(4.18)	(4.14)	(4.29)	(4.38)
R^2	0.331	0.337	0.326	0.331
Adjusted R^2	0.262	0.268	0.256	0.262
N	246	246	246	246

注：***、**、* 分别表示系数在1%、5%、10%检验水平上显著；括号中为 t 值。控制变量回归结果略。

5.4.2 企业汇率风险暴露的进一步分析

前述检验结果证实“估值优势假说”（H3）有关汇率升值导致企业境外并购财务绩效提升，但资源配置效率更低的结论，且第 4 章已对汇率波动与国家股市价格波动之间的联动关系进行了检验，表明在汇率升值时，我国企业可能受益于国家资本市场价格走高而开展境外并购，并获取短期内经济收益。在微观层面，不同企业的估值也将受汇率升贬值和升贬幅度影响，进而促使其调整投资和并购决策。为对企业层面股票价格受汇率波动影响进行检验，本部分进一步探究我国上市公司的汇率风险暴露程度（股票收益对汇率波动的敏感性）及其在有境外并购企业和 A 股全样本上市公司中的表现情况，有利于厘清第 4 章有关汇率波动推动企业境外并购决策的“对冲效应”，即境外并购是否可以作为企业应对汇率暴露风险的经营对冲手段①和本章有关境外并购财务绩效受

① 汇率波动推动企业进行境外并购以缓解汇率风险暴露，表现为汇率波动与境外并购决策之间的正向关系；但受其他因素影响，此时以对冲风险动机实施的境外并购决策并非都能为企业带来价值增值，外部经营风险和汇率风险的增加导致企业预期收益下降，可能最终表现为境外并购财务绩效和企业价值的降低，此时汇率波动与境外并购效率之间呈负向关系。

汇率波动影响中企业价值波动发挥的作用①。

企业的汇率风险暴露程度即汇率风险敞口，一般定义为股票收益（或股价、会计收益、现金流等）对汇率波动的敏感性。在资本市场定价相对有效、投资者较为理性的前提下，企业价值（股票价格）来源于投资者对企业未来盈利能力的预期，因此，为明确汇率波动对企业价值的影响以及境外并购是否受企业价值因素驱动、是否作用于企业价值波动，首先应对企业在汇率波动时盈利能力的变化展开分析。

1. 有进出口业务企业的净利润与汇率波动的关系

在汇率传递理论下，企业层面的进出口商品价格受汇率波动影响，进而反映于进出口直接相关的利润波动及市场竞争带来的企业整体利润变化。具体地，在有进出口贸易的企业中，销售收入和生产成本均受到汇率波动的影响，在其经营决策包括采购、生产、销售等计划相对稳定，市场竞争环境没有即时发生剧烈波动的情况下，企业净利润与汇率水平变化呈线性相关关系。如图5-1中虚线所示，企业所处人民币汇率和净利润水平（与进出口业务相关的净利润）在O点，假设企业面临的市场竞争环境未发生剧烈变化以及企业经营决策稳定，当人民币汇率相对升值ΔE_1时，生产中相对依赖进口投入品企业的生产成本将降低，净利润提高至D'点；但相对依赖出口的企业出口商品价格提升，导致市场需求和销售收入降低②，净利润进而降至C'点，从出口依赖型企业视角，来源于境外的销售收入受汇率风险的影响程度远远大于国内生产成本的受影响程度。当本币贬值ΔE_2时，出口依赖型企业的商品在境外市场由于价格降低导致需求提升，销售收入增加，在生产成本保持黏性的情况下，净利润随之增加至A'点；但生产过程依赖进口投入品的企业生产成本增加，在没有使用国内类似中间品替代国外进口投入品的情况下，企业净利润降低至B'点。

但是，随着汇率波动，企业会根据外部市场环境变化及时调整产量和价格等生产经营策略以维持收入或竞争地位，因此，企业可能利用外部汇率冲击放大自身的销售收入或生产成本优势，即企业净利润与汇率波动之间存在非线性

---

① 本书认为企业价值在汇率波动下的变化既是企业进行境外并购的原因，也是境外并购决策的经济后果，即满足"汇率波动—企业价值变化（引发企业应对汇率风险暴露的动机）—境外并购决策—企业价值变化（企业境外并购决策的财务绩效）"逻辑。因此，本节主要从汇率风险暴露程度在样本企业于境外并购前后的表现差异入手，而并非使用多元回归，以免反向因果关系带来的内生性问题扭曲了实证分析结果。

② 我国企业出口至美国的商品多使用消费者货币定价，此时汇率变化带来的价格传递效应较低，我国企业虽保持了商品价格在出口目标国的稳定，但导致出口商承担了所有汇率波动带来的价格损失，净利润降低；若企业出口商品以生产者货币定价，面临汇率波动的出口企业会在本币贬值时调高出口本币价格、在本币升值时降低出口本币价格，但调整幅度低于汇率波动幅度，汇率传递效应较高，此时若本国货币升值，出口目标国市场需求因价格提升而降低，净利润也随之降低。

关系。在 O 点，虽然汇率波动直接作用于有进出口业务企业的收入和成本，但微小幅度的汇率水平变化对净利润的影响不大，因此，O 点附近企业净利润和汇率波动之间非线性相关斜率相对较低。当人民币汇率相对升值 ΔE_1 时，进口投入品依赖型企业生产成本降低，而他们可能会进一步多使用进口投入品或原材料，从而促使净利润非线性地提升至 D 点，但这种放大利用汇率对经营有利影响的程度并不能无限使用，因此，在超过汇率升值临界点后净利润与汇率之间关系的非线性斜率将降低，在固定技术能力和规模经济条件下致力于优化经营模式、获得价值最大化的企业会在汇率增加幅度较大时维持而非无止境地利用进口业务，自身生产规模受限的同时避免国内市场中相关行业的不利竞争，净利润将收敛于 S。当人民币汇率相对贬值 ΔE_2 时，出口依赖型企业销售收入提高，为获得国外市场更大份额，企业将利用本国汇率贬值优势将内销更多转入外销，并进一步降低价格，提高国际竞争力，净利润提升至 A 点，增加幅度超过在不改变经营策略时汇率贬值将净利润增加至 A' 点的幅度。但是当本币贬值幅度过高时，企业因价格过低带来的损失可能超过市场份额增加带来的收益，且市场需求不会一直增加，净利润最终将收敛至 S。以上两种情境均带来了企业盈利能力的非线性提升。

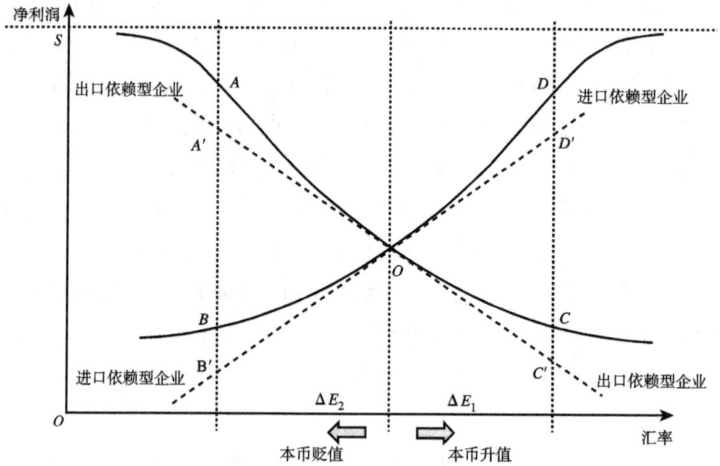

图 5－1 有进出口业务的企业净利润与汇率波动的关系

再者，当人民币汇率相对升值 ΔE_1 时，消费者市场定价的出口依赖型企业出口商品的本币收入减少，生产者市场定价的出口依赖型企业出口竞争力降低，国内劳动力等生产成本相对提高，这些因素均导致出口企业在本币升值时的净利润降低。但是，为应对汇率对自身净利润的不利冲击，企业可以通过国外销售转入国内或提高成本加成等策略，降低出口价格对汇率波动的敏感性，因此，相对不改变经营策略的情境，出口依赖型企业在汇率升值时的净利润降低幅度相对较小，将降至 C 点。当汇率升值幅度过高时，企业可能暂停出口或直接退出境外市场，优化自身经营模式，与进出口业务相关的净利润将收敛于0。当人民币汇率相对贬值 ΔE_2 时，进口依赖型企业采购进口投入品成本增加，生产成本增加导致净利润降低，但是，此时企业可以通过以国内投入品替代进口投入品等策略以降低汇率贬值带来的不利冲击，净利润降低至 B 点，降低幅度小于无经营策略改变的情况。

2. 纯本土企业净利润与汇率波动的关系

上述逻辑针对的是有进出口业务的企业利润水平与汇率波动之间的关系，而进出口业务变化带来的市场竞争格局变化也将间接影响无进出口业务的纯本土企业的盈利能力和企业价值。如图5-2所示，当人民币汇率相对升值 ΔE_1 时，进口产成品价格相对降低，国外生产该产品的企业更易在我国实现出口，国内市场中类似产品的竞争力减弱，从而可能导致生产类似产品的本土企业边际利润下降至 B' 点；当人民币汇率相对贬值时 ΔE_2 时，进口产成品价格相对升高，本土企业产品竞争力提升，企业净利润提升至 A' 点。另外，当人民币升值且本土企业面临的竞争压力变大时，企业还可能通过降低类似产品价格刺激市场需求、增加产品差异化程度或提高质量维持市场份额、增加广告宣传或改变销售策略等方式缓解汇率升值带来的企业利润降低，因此，净利润与汇率波动之间可能存在非线性关系，此时净利润仅降至 B 点。相反，当本国汇率贬值时，进口产成品价格相对增加，在本国市场中的竞争力减弱，本土生产类似产品的企业可能会利用汇率贬值带来的有利机会，及时调整经营手段进一步促进净利润提升至 A 点。

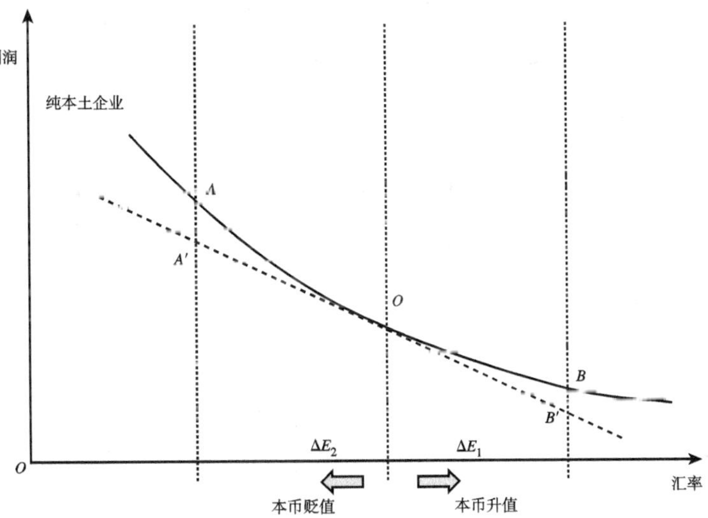

图5-2　纯本土企业的净利润与汇率波动的关系

综上，企业价值与汇率波动之间可能存在线性关系，如果企业在汇率波动时并不调整已有经营战略，那么汇率升值将降低出口和本土企业的价值或增加进口企业的价值；但同时，企业价值可能随汇率波动呈非线性变化：当汇率水平偏离原始水平较多且可以为企业带来正向价值影响时，企业将改变经营和投资决策，进而利用汇率冲击放大汇率波动为企业带来的收入增加或成本降低，总体价值可能呈现快速增长趋势；当汇率水平偏离原始水平较多且为企业带来负向价值影响时，企业将改变经营和投资决策以应对汇率冲击、缓解汇率波动为企业带来的成本增加或收入减少，总体价值呈现缓慢降低趋势，此时，企业价值与汇率波动之间的非线性关系类似立方根（$\sqrt[3]{x}$）函数。因此，股票收益线性风险暴露模型［式（5-8）］和非线性风险暴露模型［式（5-9）］验证我国上市公司（有并购与无并购）的汇率风险暴露程度以及境外并购企业在并购前后的汇率风险暴露程度变化。

$$R_{i,t} = \alpha_{i,0} + \beta_{1,i}R_{m,t} + \beta_{2,i}\Delta EXC_t + \varepsilon_{i,t} \tag{5-8}$$

$$R_{i,t} = \alpha_{i,0} + \beta_{1,i}R_{m,t} + \beta_{2,i}\Delta EXC_t + \beta_{3,i}\sqrt[3]{\Delta EXC_t} + \varepsilon_{i,t} \tag{5-9}$$

其中，$R_{i,t}$为企业 i 在 t 月度的股票收益率（月末考虑现金红利再投资的日收盘价的可比价格变动率（$P_t - P_{t-1}$）/P_{t-1}），$R_{m,t}$为市场在 t 时期的市值加权平均收益率（采用流通市值加权平均计算的考虑现金红利再投资的 A 股综合月市场回报率），ΔEXC_t 为 t 时期的汇率变化率，ΔEXC_t =（$EXC_t - EXC_{t-1}$）/EXC_{t-1}，EXC_t分别取美元兑人民币汇率（直接标价法）① 和人民币实际有效汇率的月度均值。$\beta_{2,i}$为企业 i 的汇率风险暴露系数（线性风险敞口），$\beta_{3,i}$为企业 i 的非线性汇率风险暴露系数（非线性风险敞口）。本部分 t 按照月度频率计算汇率风险暴露水平。表 5-20 和表 5-21 分别为汇率波动与企业的线性与非线性汇率风险暴露程度的检验结果。

表 5-20 汇率波动与上市公司的汇率风险线性暴露

Panel A：线性汇率风险暴露；沪深 A 股上市公司全样本（1999—2017）

ΔEXC_t	样本量	ΔEXC_t系数均值	显著性 10%样本数量	显著性 10%占比	显著性 5%样本数量	显著性 5%占比	显著性 1%样本数量	显著性 1%占比
ΔEXC_US_t	3 501	-3.955	1 112 （-1 041，+71）	31.76%	700 （-629，+71）	19.99%	198 （-129，+69）	5.66%
ΔEXC_REER_t	3 501	-0.367	590 （-438，+152）	16.85%	328 （-219，+109）	9.37%	123 （-33，+90）	3.51%

① 本节使用美元兑人民币汇率（直接标价法）是为了便于解释汇率风险暴露系数的正负符号。

续表

Panel B：线性汇率风险暴露；沪深A股上市公司境外并购样本（1999—并购年度前1年）								
ΔEXC_t	样本量	ΔEXC_t系数均值	显著性10%样本数量	显著性10%占比	显著性5%样本数量	显著性5%占比	显著性1%样本数量	显著性1%占比
ΔEXC_US_t	207	-354.276	41 (-30，+11)	19.81%	31 (-23，+8)	14.98%	20 (-12，+8)	9.66%
ΔEXC_REER_t	207	-1.847	48 (-37，+11)	23.19%	37 (-28，+9)	17.87%	22 (-14，+8)	10.63%
Panel C：线性汇率风险暴露；沪深A股上市公司境外并购样本（并购年度后1年—2017）								
ΔEXC_t	样本量	ΔEXC_t系数均值	显著性10%样本数量	显著性10%占比	显著性5%样本数量	显著性5%占比	显著性1%样本数量	显著性1%占比
ΔEXC_US_t	227	-1.416	74 (-74，+0)	32.60%	45 (-45，+0)	19.82%	16 (-16，+0)	7.05%
ΔEXC_REER_t	227	0.219	23 (-16，+7)	10.13%	14 (-11，+3)	6.17%	2 (-1，+1)	0.88%

注：在“显著性*x*%样本数量”列中填报对应显著性水平的汇率变动率系数显著的企业数量，括号中带“-”号的为汇率变动率系数显著为负的企业数量，带“+”号的为汇率变动率系数显著为正的企业数量。

从表5-20 Panel A结果发现，由于ΔEXC_US_t为直接标价法下的人民币兑美元名义汇率（应付计价），ΔEXC_US_t为正表明人民币相对美元贬值，共1 112家的A股上市公司（约占31.76%）受到人民币兑美元名义汇率贬值的显著影响，其中1 041家企业股票价格在1999—2017年度区间内受到ΔEXC_US_t的负向影响，即大部分上市公司在人民币相对美元升值时股票收益上升，但71家企业的股价下跌。另外，590家（约占16.85%）的上市公司价值对人民币实际有效汇率波动存在敏感性，且更大部分上市公司（438家）价值随人民币实际有效汇率升值而降低。

从表5-21 Panel A结果发现，存在显著非线性汇率暴露风险的企业比例明显增加（共1 202家，约占34.33%），即企业在面临汇率波动时会改变自身经营或投资决策，进而利用有利汇率冲击或避免不利汇率冲击对企业价值的影响。因此，不同企业价值对汇率升值或贬值以及人民币兑美元名义汇率或人民币多边实际有效汇率的敏感性存在差异。

表5-21 汇率波动与上市公司的汇率风险非线性暴露

Panel A：非线性汇率风险暴露；沪深A股上市公司全样本（1999—2017）								
ΔEXC_t	样本量	ΔEXC_t系数均值	显著性10%样本数量	显著性10%占比	显著性5%样本数量	显著性5%占比	显著性1%样本数量	显著性1%占比
$(\Delta EXC\_US_t)^{1/3}$	3 501	-0.087	1 202 (-1 078，+124)	34.33%	936 (-826，+110)	26.74%	457 (-349，+108)	13.05%

续表

$(\Delta EXC\_REER_t)^{1/3}$	3 501	0.118	702 (－10，＋692)	20.05%	573 (－3，＋570)	16.37%	342 (－0，＋342)	9.77%

Panel B：非线性汇率风险暴露；沪深A股上市公司境外并购样本（1999—并购年度前1年）

ΔEXC_t	样本量	ΔEXC_t系数均值	显著性10%样本数量	显著性10%占比	显著性5%样本数量	显著性5%占比	显著性1%样本数量	显著性1%占比
$(\Delta EXC\_US_t)^{1/3}$	207	－0.463	98 (－90，＋8)	47.34%	80 (－72，＋8)	38.65%	48 (－40，＋8)	23.19%
$(\Delta EXC\_REER_t)^{1/3}$	207	0.312	13 (－3，＋10)	6.28%	9 (－0，＋9)	4.35%	8 (－0，＋8)	3.86%

Panel C：非线性汇率风险暴露；沪深A股上市公司境外并购样本（并购年度后1年—2017）

ΔEXC_t	样本量	ΔEXC_t系数均值	显著性10%样本数量	显著性10%占比	显著性5%样本数量	显著性5%占比	显著性1%样本数量	显著性1%占比
$(\Delta EXC\_US_t)^{1/3}$	227	－0.010	16 (－15，＋1)	7.05%	8 (－7，＋1)	3.52%	2 (－2，＋0)	0.88%
$(\Delta EXC\_REER_t)^{1/3}$	227	0.188	62 (－1，＋61)	27.31%	48 (－0，＋48)	21.15%	18 (－0，＋18)	7.93%

注：在“显著性x%样本数量”列中填报对应显著性水平的汇率变动率系数显著的企业数量，括号中带“－”号的为汇率变动率系数显著为负的企业数量，带“＋”号的为汇率变动率系数显著为正的企业数量。

本节进一步对2000—2016年间完成过境外并购的上市公司样本在境外并购事件前后的线性和非线性汇率风险暴露程度进行分析。表5－20 Panel B和Panel C的有关ΔEXC_US_t的检验结果表明境外并购方企业在并购后对人民币兑美元名义汇率敏感的企业数量明显增加（从41家增长至74家），且并购后全部表现为负向影响。即境外并购并未有效对冲企业对人民币兑美元的汇率风险线性暴露程度，验证了有关人民币兑美元名义汇率对企业境外并购决策的“对冲效应”并不存在的结论。人民币兑美元贬值反向影响大部分上市公司价值，人民币兑美元升值对多数企业价值的提升有显著作用，这种关系在企业境外并购后表现更为明显。此结果表明，在境外并购完成后，上市公司股票价格对人民币兑美元的名义汇率升值呈正向敏感性，即在汇率升值时期境外并购有利于短期内企业估值提升。而对ΔEXC_REER_t的检验结果表明，在境外并购后企业对人民币实际有效汇率线性风险的暴露程度降低，从原来的48家降低至23家，验证了有关人民币实际有效汇率对企业并购的“对冲效应”较为稳健的结论，境外并购可以作为企业对冲人民币实际有效汇率波动风险的经营对冲手段，稳定企业价值。

相对地，表5－21 Panel B和Panel C对企业非线性汇率风险暴露程度的检验得出与线性汇率风险暴露完全相反的结论，在企业境外并购后对人民币兑美元名义汇率有风险暴露的上市公司数量明显降低（多数为负向影响：汇率升

值 - 企业价值提升)，但对人民币实际有效汇率存在显著风险暴露的上市公司数量明显增加（多数为正向影响：汇率升值 - 企业价值提升)，此时境外并购有效对冲了企业价值与人民币兑美元名义汇率之间的非线性关系，但加剧了企业价值与人民币实际有效汇率之间的非线性关系。企业在境外并购后更倾向于根据人民币实际有效汇率变化调整经营与投资策略，扩大有利汇率冲击对企业价值的积极作用。

综上，境外并购并未有效对冲企业对人民币兑美元的汇率风险线性暴露程度，但可以缓解对人民币实际有效汇率风险的线性暴露程度，因此，人民币实际有效汇率升值对境外并购决策影响的“对冲效应”机制成立，验证了汇率水平变化与境外并购决策结论的稳健性。另外，在有显著汇率风险暴露的企业中，大部分上市公司股票价格对人民币兑美元的名义汇率升值呈正向线性敏感性，对人民币实际有效汇率升值呈正向非线性敏感性，在一定程度上说明了企业估值受汇率升值的积极作用，企业存在境外并购的估值优势条件。

5.5　稳健性检验

按照第 4 章的思路，我们将汇率水平与汇率波动程度的衡量指标替换为月度频率，并使用制造业子样本替换汇率波动变量为行业层面实际有效汇率或名义有效汇率指标，对上述汇率波动与企业境外并购财务绩效、非财务绩效、投资效率变化、资源配置效率变化之间的关系进行再检验，上述基本结论保持不变。另外，考虑到 2005 年汇率制度改革的影响，本章将所有上述基本检验样本限制于 2006—2016 年，结论基本一致。

5.6　本 章 小 结

本章基于第 4 章汇率升值及汇率波动程度增加将促使企业进行境外并购的结论，提出汇率波动对境外并购效率影响的“竞争优势假说”“汇率治理假说”“估值优势假说”三种作用机制。本章对我国 A 股非金融类上市公司在 2000—2016 年间宣告并完成的境外并购交易效率受汇率波动的影响程度进行探究，并将境外并购效率分为以会计利润和股价反应为基础计量的财务绩效、以全要素生产率衡量的非财务绩效、以投资 - 投资机会敏感性和 Richardson 在 2006 年提出的投资效率模型为基础计算的境外并购方企业投资效率、以 Wurgler在 2000 年提出的资源配置效率模型为基础计算的并购方企业在境外并购前后获得资源投入与效益产出敏感关系衡量的境外并购方企业间资源配置效率几个层面，旨在弥补现有研究对并购绩效非财务性表现研究的不足。主要结论包括：

① 企业境外并购以会计利润为基础计量的财务绩效不佳，并购后 1 ~4 年内的净资产收益率和息税前利润率较之并购前均有所降低；以股价反应为基础衡量的境外并购事件短窗口期 [-1, +1]、[-3, +3] 内累计超额收益为正，但相对较长窗口期 [-10, +10]、[-30, +30]、[-60, +60] 内的累计超额收益为负。对境外并购财务绩效受汇率水平和汇率波动程度影响的进一步探究表明，人民币汇率升值和汇率波动程度分别对企业境外并购以会计利润衡量的财务绩效有积极和消极作用。另外，汇率升值和波动程度对并购事件不同窗口期的累计超额收益没有显著影响。

② 对汇率波动与境外并购企业全要素生产率关系的研究发现，人民币升值在对企业境外并购全要素生产率增加中起到一定的积极作用，但汇率波动程度增加不利于企业在境外并购后实现全要素生产率的提升。对境外并购全部样本的进一步研究发现，企业的全要素生产率在境外并购后虽受到汇率升值的缓解作用，但整体仍出现明显下降。即企业境外并购并未给并购方企业带来内部要素投入或资源配置有效性的提高，虽受人民币汇率升值的缓解作用，但并购方全要素生产率在境外并购后仍呈明显下降趋势。

③ 对汇率波动与境外并购企业投资效率（投资 - 投资机会敏感性）关系的研究发现，在人民币汇率升值以及汇率波动程度增加的情况下，企业进行境外并购导致整合后企业的投资效率较之并购前有显著下降；对汇率波动与境外并购企业过度投资或投资不足关系的研究发现，企业境外并购后的投资不足水平显著增加，但汇率波动的增量影响不明显。

④ 对汇率波动与境外并购企业间投资效率关系的研究发现，企业境外并购促进了资源投入与效益产出的高效匹配。除人民币实际有效汇率波动程度没有明显作用外，人民币兑美元名义汇率升值及汇率波动幅度增加、人民币实际有效汇率升值均不利于行业内资源流向高生产率企业。

上述研究结论支持汇率波动对企业境外并购效率的“估值优势假说”(H3)，即人民币升值有利于企业获得财务绩效和非财务绩效在短期内的提升，但境外并购后企业生产率出现明显降低，虽受汇率升值正向调节但作用微弱，汇率波动程度又进一步使全要素生产率下降，而境外并购企业投资效率和企业间资源配置效率的走低均不利于境外并购企业的长期增长与持续发展。

⑤ 有关企业并购的传统“竞争优势假说”认为高生产率企业倾向于并购且可以将自身资源注入或转移至目标企业，实现并购后整体效率提升，本章在拓展性检验部分通过对境外并购和未曾进行过境外并购企业的全要素生产率进

行单变量检验，并对企业全要素生产率在汇率水平与企业境外并购财务绩效关系中调节作用的研究均不支持“竞争优势假说”（H1），即我国企业样本并未发现明显的基于自身竞争优势进行高效率境外并购的现象。基础检验中有关市场竞争变量的回归结果均不支持“汇率治理假说”中有关市场竞争促进高效率并购（H2a）的结论，但汇率波动程度增加降低境外并购财务绩效的结论（H2b 有关财务绩效的部分）得到验证。

本章最后从上市公司的汇率风险暴露角度对“估值优势假说”中微观企业价值高估是企业非高效率并购的原因进一步讨论，发现在有显著汇率风险暴露的企业中，大部分企业股票价格对人民币兑美元的名义汇率升值呈正向线性敏感性、对人民币实际有效汇率升值呈正向非线性敏感性，即汇率升值导致企业估值提升，符合“估值优势假说”（H3）前提。

综上，汇率波动虽促使企业做出境外并购决策以应对市场竞争或规避汇率风险，但汇率升值导致的并购方资产价格相对提升阻碍了并购方企业管理层对目标企业价值进行准确评估，促使管理层产生对并购后协同效应的乐观预期，企业可能在处于价格优势时“择时”开展境外并购，进而难以实现并购效率的全面提升，汇率波动程度增加导致企业境外并购未来预期收益不确定性的增加，进一步缩减了境外并购财务绩效。因此，监管部门在引导我国企业通过并购形式“走出去”参与国际竞争时，应特别注意宏观经济环境的变化，且不以短期内财富效应为全部目标，促使企业境外并购实现高效率、长发展。

第6章

并购特征与企业境外并购-汇率波动敏感性

已有理论研究和实际案例表明，境外并购的成功与否在很大程度上依赖于并购方顺畅的融资渠道、可控的融资风险和资金成本。跨国企业的融资结构同时受来源国和东道国各种因素的共同影响，而且由于地理位置以及双边贸易关系等，企业与外部利益相关者之间的信息不对称程度更高，这在非完全竞争市场中又提高了融资成本，降低了投资效率和资本配置效率。在我国信贷主导的外部融资环境中，汇率波动下的企业融资可能呈现异质性特征，而境外并购的不同融资方式又将影响并购效率。

根据《中国企业对外投资现状及意向调查报告》，我国企业对外直接投资最主要的资金来源仍是银行贷款和企业内部利润积累，民营企业通过银行信贷与资本市场融资的能力仍具劣势。由于银行风险控制较为严格、契约条件冗杂、还款期限要求明确，企业境外并购风险相对较高、周期较长，因此可能存在短期信贷支持境外长期投资的情况，仅仅依靠银行信贷远远不足以配合境外布局的长期发展，不利于对外直接投资效率的提升。由此可见，拓宽融资渠道、合理安排融资结构、降低财务风险对提升企业境外并购效率有重要意义。

第 5 章实证研究结论在一定程度上证实了“估值优势假说”——人民币汇率升值将积极作用于企业境外并购财务绩效与非财务绩效，汇率波动程度负向作用于境外并购财务绩效与非财务绩效；在汇率升值和汇率波动弹性增加的情况下，上市公司境外并购后的企业内外部资源配置效率相对境外并购前均有所降低。由于投资者、债权人以及其他利益相关方对境外并购财务绩效的关注更为直接，本章在主检验中主要考察企业境外并购融资来源、风险投资支持以及并购支付方式在人民币汇率波动与境外并购财务绩效关系中的作用，并对企业融资约束水平是否影响汇率波动下企业境外并购决策进行检验。

6.1　理论分析与研究假设

6.1.1　融资特征、汇率波动与企业境外并购

1. 融资约束、汇率波动与企业境外并购决策

已有文献表明，相对滞后的资本市场融资体系和较低的金融市场化水平将加剧企业融资约束，银行成为金融抑制下我国企业的主要融资来源。在信贷融资的供给方面，政府干预导致一定程度的信贷资源配置扭曲，拥有相对较弱政治关系和较高违约风险的民营企业、可抵押资产规模较低和经营不确定性较高的初创企业均面临着严重的信贷约束问题，而民营企业和初创高科技企业往往具有相对更优的生产效率与成长能力，信贷资源倾斜不利于此类企业开展效率投资、获得持续发展，严重的融资约束问题会进一步降低企业投资效率，主要表现为投资不足。

在企业的投资需求方面，与普通固定资产投资和在境内投资不同，出口与对外直接投资活动面临的风险更高、周期更长，企业进入新市场的固定成本与机会成本导致对外直接投资规模更加受到融资能力和流动性的制约。Buch 等人采用德国跨国企业数据研究融资约束在出口和对外直接投资选择中的作用，认为国家、产业、企业层面的融资约束对对外直接投资的影响作用大于企业出口。因此，融资约束是企业进入国外市场的竞争劣势之一。在国际市场严重的信息不对称和利益摩擦情境下，使用内部现金流开展投资虽然缓解了股东和潜在外部投资者之间的代理冲突，但对经营现金流的过度依赖以及较低的外部融资可获得性可能使资金短缺的企业错过更多潜在有价值的对外直接投资项目。另外，汇率对不同融资约束企业的出口价格具有不同的传递效应。因此，本部分进一步对企业面临的融资约束在境外并购决策与汇率波动之间关系中发挥的作用进行探讨。

受融资约束的企业仅仅依靠内源融资无法满足巨额对外直接投资成本的需求，即无经济实力进行境外扩张。汇率波动将导致企业面临的信贷系统功能及市场资源配置效率发生变化：一方面，汇率的不利冲击将进一步减少企业可获得的信贷资源，融资约束企业在汇率升值导致的流动性短缺以及汇率波动程度增强导致的信贷系统不确定性提高的情况下，均不倾向于开展境外投资活动；但是另一方面，汇率波动对资本市场价格有短期正向引导作用，加之汇率升值对通货膨胀的抑制作用导致了货币紧缩，紧缩性货币政策可能又进一步助长了股价上升，市场整体走高不仅会改善企业的股权融资能力，潜在的借款人也将

因此改变贷款额度和贷款期限，债券市场的资本成本也将因股价上涨而下跌。

因此，从企业所在的信贷融资和股权融资环境来看，融资约束可能使企业因汇率波动带来的信贷资源短缺而限制其境外并购能力，又可能因为国家股市整体走高而提高股权融资能力，推动境外并购决策。由于我国现有“走出去”企业具有对债务融资的依赖性，且换股并购远少于现金并购，因此我们认为汇率升值与汇率波动程度增加将因带来信贷融资困难而约束企业境外并购决策。在汇率升值和汇率波动程度较高时，融资约束企业的境外并购倾向将比非融资约束企业更低，即汇率波动与境外并购决策之间的正向关系在融资约束企业中表现更不明显。基于以上分析，提出假设：

H1：人民币汇率波动对上市公司境外并购决策的积极作用在融资约束程度较低的企业中表现更为明显。

2. 融资来源、汇率波动与企业境外并购效率

企业融资基础理论主要包含权衡理论、融资优序理论、择时理论等。企业进行境外并购等投资决策受到融资约束制约，与此同时，企业融资来源对境外并购规模及效率也有重要影响。但以往研究往往将并购交易的支付方式与并购融资来源概念混淆，如 Martin 的研究就直接将权益融资作为并购交易股票支付、债务融资作为并购交易现金支付的直接表征。但通过对 Thomson SDC 数据库中并购融资来源和支付方式的统计分析表明，企业通过发行普通股获得权益融资后仍可能以 100% 的全现金支付比例完成境外并购交易。因此，本章在实证分析中会对并购交易的融资来源与并购交易的支付方式进行明确区分。

从企业境外并购中债务融资作用的视角，一方面，企业境外并购对债务融资的依赖增加了财务负担，不利于财务绩效的实现，而股权融资有利于利用资本市场资源调节企业杠杆水平。我国学者翟进步等 2011 年在明确支付方式与并购融资概念差异的基础上，以纯现金支付的并购交易为研究对象，从债务融资的功能锁定视角探究我国上市公司并购融资方式与并购财务绩效之间的关系，认为发达资本市场中的信号传递理论在我国不适用，即股票融资未获得资本市场的负面评价①；而相对权益融资，选择债务融资的并购方企业由于每年需支付利息进而造成利润减少，外部投资者因预期并购方企业未来盈利能力下降而降低对其估值，并购方市场表现随之下降；权益融资不会影响会计利润，因此获得市场的高估值，提升了并购绩效。但是，另一方面，前文的实证检验发现，无论在 A 股非金融类上市公司全样本还是有并购的子样本中，资产负债率的提高虽降低了企业境外并购可能性（见表 4-4 和表 4-5），但对并购

① 企业融资的择时理论认为，理性的管理者会利用股票市场的非理性高估（低估）发行（回购）股票以实现利益最大化，若市场有效，企业发行股票支持并购活动将获得资本市场的负面评价。

财务绩效有显著提升作用（见表5-5和表5-6），一定程度上证实了并购方长期负债显著降低内部管理层利用自由现金流进行过度投资的概率，并提升投资效率在并购活动中的表现。另外，我国高负债率的企业实为外部融资约束程度较低的企业，此类企业更易把握投资机会、获得持续增长，加之债权人将介入管理以阻止无效投资或者惩罚管理者的自利行为，债务契约条款违约可能导致的控制权转移将显著减少企业过度投资活动，进而表现为并购活动的减少和并购效率的提高。

在汇率波动与企业境外并购效率的关系中，汇率升值将导致境外并购财务绩效和非财务绩效的走高，汇率波动程度抑制了境外并购财务绩效和非财务绩效的提升，而汇率升值与汇率波动程度增加均不利于企业境外并购后投资效率和企业间资源配置效率的提高。基于我国资本市场中企业权益融资和支付方式信号传递理论可能存在的不适用性，企业虽可能利用汇率波动带来的股票市场估值时机进行权益融资，但外部投资者并未对企业股票发行这一行为给予负面反应，因此，权益融资支持的境外并购交易效率可能对汇率波动并不敏感；汇率波动带来的流动性短缺与资本市场价格变化也将影响企业信贷融资可获得性，在汇率不利冲击下仍以债务为主要融资来源的境外并购将受到债权人更加严格的监管，信贷融资约束程度较低，企业境外并购财务绩效更好。在汇率升值和汇率波动程度增加时，债务融资支持的境外并购效率对汇率波动的正向敏感性应当更明显，因此提出假设：

H2：在债务融资来源的境外并购中，人民币汇率波动对上市公司境外并购效率更大程度地表现为积极作用。

3. 风险投资、汇率波动与境外并购效率

风险投资积极的公司治理作用已得到现有研究的广泛验证，风险资本家为保证自身经济利益常在投资前开展调查，筛选更有价值的投资项目，以及投资后进驻企业董事会或提供财务、技术、管理等方面的咨询服务，对企业重大人事任免决策、经营发展、投融资决策、财务系统建立和完善起到监督和引导作用。风险投资在对企业提供资金支持的同时，相对其他个人投资者，风险资本家往往具备更优秀的信息获取和处理能力，其虽受短期内建立声誉或其他私人利益驱动而追逐经济利益，但整体呈改善企业信息环境、优化投资决策、缓解机会主义行为的正面治理效应，另外，风险投资的参与也将发挥市场势力效应，吸引高声誉金融中介，如证券承销商、外部审计师、机构投资者以及分析师的关注或参与，进一步降低了企业内外部信息不对称水平。

若境外并购交易有风险投资参与，企业信息环境的改善将降低并购方管理层与外部股东之间的代理冲突，缓解并购方管理层“管理帝国构建”的动机，在境外并购交易中过度支付的可能性降低，企业并购财务绩效将提升。最重要的是，并购方企业在有风险资本股东时，汇率升值导致股市价格走高后并购方基于价值高估做出低效率过度并购决策的可能性降低，即风险投资支持将进一步促进汇率升值与上市公司境外并购财务绩效之间的正向关系。在此基础上，由于风险投资积极的治理作用导致过度并购可能性降低，将会缓解汇率升值与境外并购方资源配置效率走低的态势，或直接表现为汇率升值与境外并购方投资效率及企业间资源配置效率的改善。与此同时，汇率波动程度与上市公司境外并购财务绩效之间的关系可能并不受风险投资的调节，这是因为汇率波动程度是通过增加企业面临的汇率风险进而导致预期收益现值与并购财务绩效降低，但汇率波动程度与境外并购资源配置效率之间的负向关系可能受风险投资治理作用的正向调节。基于以上讨论，提出假设：

H3：在有风险投资支持的境外并购中，人民币汇率波动对上市公司境外并购效率更大程度地表现为积极作用。

6.1.2 支付方式、汇率波动与境外并购效率

并购支付方式是影响并购效率的重要因素。Hirschleifer 在 1995 年的研究认为并购方选择的支付方式反映了其对自身独立价值的评价或认为在其掌控下目标企业资源价值私有信息的可获得程度。当企业在进行并购决策时，会根据整体发展战略规划、自身财务状况、内部现金流实现情况以及并购交易双方协调结果等因素确定并购对价的支付方式，而若企业可以协调自身投融资资源匹配情况，并根据投资需求及时调整融资方式、确定融资结构进而支付对价，即可以实现资源优化配置及企业价值增值的目标。一般来说，并购方企业在并购交易的支付方式选择中具有主导权，其会基于自身融资约束水平、财务状况或贷款可获得能力、资本结构情况等因素与目标方管理层协商，以确定是否进行交易；而目标方企业原股东基于其要求的并购溢价来确定是否接受并购。

首先，基于目标方企业管理层和股东具有短视行为而并购方管理层和股东具有长远眼光的前提假设，当汇率升值导致国家整体或企业股票估值较高时，并购方企业可能更倾向于采用股票支付，以期用较低的并购成本获得目标公司股权，并购方企业相对基本面因素会显示出价值高估的信号。在此基础上，缺乏完全信息的目标企业管理层对并购后潜在协同效应存在乐观预期，愿意接受并购方的高估股票以实现短期私人收益最大化。在此情况下，市场一旦发现企业的错误高估值，此并购交易的长期股票收益将出现大幅下降，并购交易长期效率将恶化。其次，汇率升值时股价高估的并购方易对管理目标企业持有过于乐观的估计，因此交易前的价值高估可能导致并购方使用股票支付方式完成并

购交易并形成超额支付，无论协同效应是否实现，超额支付使并购方自身利益转移至目标企业原股东，并购方的市场回报也将随之降低。

从我国上市公司在2000—2017年间进行的境外并购交易支付情况来看，多数上市公司选择现金支付方式（包含以现金支付为主要支付手段和纯现金支付的交易）①，采用现金支付能让并购方企业避免并购交易跨时较长导致的汇率交易风险和经济风险、股价受汇率波动影响带来的额外交易风险、换股并购审批进程缓慢等更多不确定性因素。因此，在汇率升值与汇率波动程度增加时，现金支付的并购交易最终表现出比股票支付更稳定的财务绩效，不仅避免了股票支付的外部负面评价，同时利用了现金购买力提升的优势。因此，提出假设：

H4：*在现金支付的境外并购中，人民币汇率波动对上市公司境外并购效率更大程度地表现为积极作用。*

6.2　模型设计与变量定义

6.2.1　并购方融资约束程度

现有文献对企业融资约束的计量方法仍存分歧，主要有投资－现金流敏感性、现金－现金流敏感性、KZ指数、SA指数、内外部融资替代程度等。

第一，投资－现金流敏感性主要来源于内外部融资成本的差异，越依赖内部经营活动现金流进行投资的企业，融资约束程度越高；但有研究发现融资约束程度强的企业投资与内部现金流敏感性关系较弱，否定了投资－现金流敏感性对融资约束衡量的准确性。我国学者连玉君和程建在2007年的研究认为投资－现金流敏感性更多来源于管理层与股东之间的代理冲突，以企业特征衡量的低融资约束企业倾向于过度投资。

第二，现金－现金流敏感性认为企业会基于预防动机增加现金持有以面对融资约束带来的投资不足，表现为现金与经营活动净现金流之间更强的正向关系。

第三，KZ指数是Kaplan and Zingales在1997年基于企业财务状况对融资约束程度的定义，但其中包含的负债率、盈利能力、经营现金流、股利支付等

① 邵新建等2012年对A股上市公司在2006—2010年间的54个境外并购样本的统计分析发现其支付方式均为现金交易；顾露露等在2017年统计发现在1992—2015年间中国企业发起的境外并购中全现金支付的交易占75.4%。

指标与企业融资约束存在反向因果关系，且 KZ 指数在我国特殊的制度背景和银企关系下可能无法正确衡量融资约束水平。

第四，内外部融资替代程度计量方式更适合研究企业融资约束影响因素，而非经济后果。

基于此，参考 Hadlock 和 Pierce 在 2009 年的研究，我们使用相对外生的企业年龄与规模构建的 SA 指数衡量企业融资水平，其中，size 为企业总资产（单位：元）除以 1 000 000 后取自然对数，age 为企业成立年限原值，由式（6-1）计算方法得出的 SA 数值均为负值，取绝对值后作为融资约束水平的衡量变量，绝对值越大说明融资约束水平越高。具体地，SA 指数为：

$$SA_{i,t} = -0.737 \times size_{i,t} + 0.043 \times size_{i,t}^2 - 0.04 \times age_{i,t} \quad (6-1)$$

然后，使用 OLS 回归模型［式（6-2）、式（6-3）］分别检验上市公司融资约束对汇率波动与上市公司境外并购决策关系①的影响程度，控制变量定义如表 6-1 所示。加入的融资约束变量包括滞后期 SA 指数原值，或按照行业-年度内 SA 指数原值排序分组②，以当期 SA 指数从小到大分别赋值后得到 SA_Group 变量。

$$\begin{aligned} \text{Cross-Border M\&A}_{i,t} = {} & \alpha_0 + \alpha_1 \text{Exchange Rate}_t + \alpha_2 SA_{i,t-1} + \\ & \alpha_3 \text{Exchange Rate}_t \times SA_{i,t-1} + \alpha_4 ROA_{i,t-1} + \\ & \alpha_5 LEV_{i,t-1} + \alpha_6 SOE_{i,t} + \alpha_7 GROWTH_{i,t-1} + \\ & \alpha_8 TOP1_{i,t-1} + \alpha_9 COMP_{i,t-1} + \\ & \sum INDUSTRY + \varepsilon_{i,t} \end{aligned} \quad (6-2)$$

$$\begin{aligned} \text{Cross-Border M\&A}_{i,t} = {} & \alpha_0 + \alpha_1 \text{Exchange Rate}_t + \alpha_2 SA\_Group_{i,t} + \\ & \alpha_3 \text{Exchange Rate}_t \times SA\_Group_{i,t} + \alpha_4 ROA_{i,t-1} + \\ & \alpha_5 LEV_{i,t-1} + \alpha_6 SOE_{i,t} + \alpha_7 GROWTH_{i,t-1} + \\ & \alpha_8 TOP1_{i,t-1} + \alpha_9 COMP_{i,t-1} + \\ & \sum INDUSTRY + \varepsilon_{i,t} \end{aligned} \quad (6-3)$$

---

① Probit 回归模型为在模型［式（4-1）］基础上加入融资约束及其与汇率变量交乘项，因变量取 Cross-Border $M\&A_{i,t}$。为缓解自变量之间相关性对回归结果的影响，删除模型［式（4-1）］中的控制变量 $SIZE_{i,t-1}$。

② 本节将研究年度当年的 SA 指数原值按照从小到大顺序在行业-年度内分 4 组，并分别赋值为 1，2，3，4，最后将各组别汇总，得到式（6-3）中的 $SA\_Group_{i,t}$。为稳健性考虑，我们也尝试将样本按照 SA 原值分 3 组或 5 组，结论没有显著差异。

6.2.2　并购交易的融资来源

本节的并购交易融资来源由并购交易中的股权融资、债权融资、自有资金等组成，而非并购方企业整体的资本结构与融资方式。本节针对符合所有实证研究条件的境外并购交易样本，使用 Thomson SDC 数据库中 Source of Funds Code 字段进行分析，主要包括“借款（borrowing)”“过渡借款（bridge financing)①”“普通股发行（common stock offering)”“内部资金（internal corporate fund)”“债券发行（debt securities)”“境外贷款（foreign lender)②”“不良债券（junt bond)”“信用额度（line of credit)”“夹层融资（mezzanine financing)”“优先股发行（preferred stock offering)”“增发配股（rights issue)”几类。基于我国境外并购交易以债务融资和自有资金为主要融资手段的现状，探究债务融资来源在汇率波动与境外并购效率之间关系中发挥的作用，我们将融资来源（source of funds code）为“借款”“过渡借款”“债券发行”“境外贷款”“信用额度”③ 的交易分至“债务融资来源组”，将有混合融资方式、股权融资方式、自由资金融资方式的其他样本全部归于“非债务融资来源组”④，以分组回归方法对汇率波动与境外并购效率关系的基本模型进行重新检验以单独考察债务融资的作用。

6.2.3　并购交易中风投支持

本节针对符合所有实证研究条件的境外并购交易样本，使用 Thomson SDC 数据库中 Venture Backed Flag 字段进行分析，但数据缺失严重。因此，我们将投中集团 CVSource 数据库中风险投资进入和退出数据与境外并购交易样本匹配，识别在境外并购交易中有风险投资支持的样本，对 Venture Backed Flag 字段数据进行补充。最终，根据境外并购交易中是否有风险投资支持分为“有风险投资支持组”和“无风险投资支持组”，对第5章汇率波动对境外并购效率影响的基本模型进行重新分组检验。

本章新增变量的定义如表6－1所示。

---

① 若境外并购交易的资金来源在长期融资手段实施之前主要依靠投资银行、商业银行、个人提供的短期融资工具，则分至“过渡融资借款”类别。

② 若境外并购交易的资金来源于境外银行、外国金融企业或子公司，则分至“境外贷款”类别。

③ 我国上市公司的境外并购交易中不存在以“不良债券（junt bond)”为融资来源的样本。

④ 更为理想的方法为将各种融资方式（尤其是权益融资和债务融资）单独分组，但我们所使用的境外并购研究样本（269个）中仅有17笔交易为发行了普通股融资，不符合 OLS 回归样本数量条件。

表 6-1 本章新增变量的定义

变量		变量定义
CASHEQ	现金和现金等价物	企业现金和现金等价物账户期末余额
size	企业资产规模	ln（总资产/1 000 000），总资产金额单位：元
age	企业成立年限	研究年度－成立年度
CF	内部现金流	企业经营活动净现金流量净额
SA	SA 指数	采用 Hadlock and Pierce 提出的方法计算出的企业融资约束 SA 指数取绝对值，绝对值越大表明融资约束水平越高
SA_Group	融资约束分组哑变量	按照 SA 指数在行业－年度内分 4 组，然后从小到大分别赋值为 1，2，3，4，最后将各组别汇总

注：本表仅列示本章新增变量的定义，其他变量的定义同前。

6.2.4 并购交易的支付方式

我们使用 Thomson SDC 数据库中并购交易的支付方式字段（交易金额中使用现金支付的比例 PCT_CASH、交易金额中使用股票支付的比例 PCT_STK、交易金额中除使用现金和股票支付之外其他支付的比例 PCT_OTHER）将上市公司并购交易样本分为现金支付（PCT_CASH ≥ 50%）和完全没有现金支付（PCT_CASH = 0%）两组，对第 5 章汇率波动对境外并购效率影响的基本模型进行分组检验。

6.3 实证检验结果

6.3.1 融资约束、汇率波动与企业境外并购决策

本节将融资约束变量及其与汇率波动变量交乘项加入境外并购决策模型［式（4-1）］，即使用回归模型［式（6-2）和式（6-3）］进行检验，分析过程控制异方差影响和行业固定效应，并使用公司层面聚类标准差，结果如表 6-2所示。

从结果可以看出，$SA_{i,t-1}$的回归系数显著为负（第（1）～（4）列），$SA_Group_{i,t}$的回归系数为负但不显著（第（5）～（8）列），说明融资约束越严重的企业境外并购倾向越低。无论使用 SA 指数连续值（$SA_{i,t-1}$）还是组别哑变量（$SA\_Group_{i,t}$），第（1）、（3）、（5）、（7）列结果显示 $EXC\_US_t \times FC$ 和 $EXC\_REER_t \times FC$ 的系数均显著为负，即融资约束越低（$SA_{i,t-1}$越小）的企业越倾向于境外并购，人民币兑美元名义汇率和人民币实际有效汇率的升值对

企业境外并购决策的推动作用在融资约束水平较低的企业中表现更为明显。这是由于本身融资约束程度较低的企业有更多的外部融资渠道支持境外并购决策，而融资约束水平较高的企业在汇率升值时面临更不利的外部融资环境，没有足够的资金支持境外并购。从第（2）、（4）、（6）、（8）列的回归结果中可以发现，人民币兑美元名义汇率和人民币实际有效汇率波动程度与企业融资约束对境外并购决策的交互作用不显著。

回归结果证实假设 H1：人民币汇率升值对上市公司境外并购决策的积极作用在融资约束程度较低的企业中表现更为明显，但人民币汇率波动程度与上市公司境外并购倾向之间的关系不受融资约束的显著调节作用。

表6-2 融资约束、汇率波动与企业境外并购决策

融资约束变量	Cross-Border $M\&A_{i,t}$							
	FC: $SA_{i,t-1}$				FC: $SA\_Group_{i,t}$			
	(1)	(2)	(3)	(4)	(5)	(6)	(7)	(8)
FC	-0.240 ***	-0.193 ***	-0.226 ***	-0.191 ***	-0.056	-0.032	-0.048	-0.032
	(-3.89)	(-3.25)	(-3.74)	(-3.25)	(-1.26)	(-0.75)	(-1.07)	(-0.75)
EXC_US_t	0.289 ***				0.256 ***			
	(3.43)				(2.66)			
$EXC\_US_t \times FC$	-0.063 ***				-0.084 ***			
	(-3.60)				(-2.80)			
$EXC\_US\_VOL_t$		0.053				0.064		
		(0.70)				(0.80)		
$EXC\_US\_VOL_t \times FC$		-0.003				-0.008		
		(-0.20)				(-0.32)		
EXC_REER_t			0.241 ***				0.266 ***	
			(3.20)				(2.97)	
$EXC\_REER_t \times FC$			-0.038 ***				-0.067 **	
			(-2.61)				(-2.49)	
$EXC\_REER\_VOL_t$				0.010				-0.055
				(0.16)				(-0.71)
$EXC\_REER\_VOL_t \times FC$				0.001				0.018
				(-0.10)				(0.78)
$ROA_{i,t-1}$	0.431	0.448	0.609	0.421	0.299	0.313	0.478	0.287
	(0.91)	(0.95)	(1.26)	(0.89)	(0.62)	(0.66)	(0.97)	(0.60)

续表

融资约束变量	Cross-Border $M\&A_{i,t}$							
	FC: $SA_{i,t-1}$				FC: $SA\_Group_{i,t}$			
	(1)	(2)	(3)	(4)	(5)	(6)	(7)	(8)
$LEV_{i,t-1}$	-0.302 **	-0.345 **	-0.254 *	-0.358 **	-0.356 **	-0.392 ***	-0.304 **	-0.401 ***
	(-2.02)	(-2.34)	(-1.67)	(-2.42)	(-2.37)	(-2.63)	(-1.98)	(-2.69)
$SOE_{i,t}$	-0.263 ***	-0.262 ***	-0.240 ***	-0.268 ***	-0.266 ***	-0.260 ***	-0.243 ***	-0.266 ***
	(-5.25)	(-5.39)	(-4.72)	(-5.50)	(-5.35)	(-5.40)	(-4.82)	(-5.51)
$GROWTH_{i,t-1}$	0.031	0.032	0.031	0.035	0.029	0.028	0.030	0.031
	(0.69)	(0.72)	(0.70)	(0.80)	(0.64)	(0.62)	(0.67)	(0.70)
$TOP1_{i,t-1}$	0.002	0.011	-0.016	0.006	0.052	0.059	0.038	0.053
	(0.01)	(0.07)	(-0.10)	(0.04)	(0.33)	(0.38)	(0.24)	(0.34)
$COMP_{i,t-1}$	0.176 ***	0.174 ***	0.155 ***	0.182 ***	0.177 ***	0.174 ***	0.156 ***	0.182 ***
	(5.15)	(5.37)	(4.61)	(5.71)	(5.20)	(5.36)	(4.65)	(5.69)
INDUSTRY	Control	Control	Control	Control	Control	Control	Control	Control
_cons	-3.785 **	-4.066 ***	-3.380 **	-4.226 ***	-8.524 ***	-8.271 ***	-8.076 ***	-8.411 ***
	(-2.51)	(-2.78)	(-2.23)	(-2.90)	(-11.89)	(-12.07)	(-11.33)	(-12.39)
Pseudo R^2	0.097	0.095	0.097	0.095	0.094	0.093	0.095	0.092
Log lik.	-1.8e+03	-1.8e+03	-1.8e+03	-1.8e+03	-1.8e+03	-1.8e+03	-1.8e+03	-1.8e+03
Chi_squared	316.616	323.909	317.007	330.869	277.351	299.536	274.833	305.911
N	23 707	23 707	23 707	23 707	23 707	23 707	23 707	23 707

注：***、**、* 分别表示系数在1%、5%、10%检验水平上显著；括号中为 z 值。

6.3.2 融资来源、汇率波动与境外并购财务绩效

如前所述，本部分将对以债务融资方式和其他融资方式的境外并购交易进行分组，考察汇率波动与上市公司境外并购效率之间的关系在以不同融资来源的境外并购交易中的异质性表现。首先，在不考虑宏观环境中汇率波动的情况下，首先对不同融资来源的可匹配境外并购交易的财务绩效进行单变量检验①，结果如

① 我们使用 PSM 匹配样本进行单变量检验，由于数据量限制，匹配过程均使用一对多匹配。具体地，通过倾向匹配得分法（propensity score matching）将使用“借款”“过渡借款”“债券发行”“境外贷款”“信用额度”的交易定义为实验组，即“债务融资来源组”；将股权融资和其他混合融资方式定义为对照组，即“非债务融资来源组”。选取并购方企业产权性质（SOE）、企业成立时间（ESTAGE）、所处行业（INDUSTRY）以及滞后期的资产规模（SIZE）、盈利能力（ROA）、成长能力（TobinQ）、有形资产比例（PPE）作为控制变量，使用 Probit 模型计算企业境外并购的概率作为 PSM 的倾向得分，进而使用 Kernel 一对多匹配方法，找到实验组（即“债务融资来源组”）的近似匹配样本。

表6-3所示。可以发现，在不考虑汇率波动时，非债务融资来源组的绩效表现均高于债务融资来源组，但只在CAR［-1，+1］、CAR［-3，+3］、CAR［-10，+10］、CAR［-30，+30］的检验中显著。

表6-3　融资来源与境外并购财务绩效单变量检验

境外并购财务绩效变量	非债务融资来源组		债务融资来源组		均值差异 t 检验（t 值）	中位数差异 Wilcoxon 秩和检验（z 值）
	均值	中位数	均值	中位数		
$\Delta ROE_{i,t+1}$	-0.011 9	-0.002 8	-0.031 5	-0.013 5	0.019 5 (1.04)	0.010 7 (0.54)
$\Delta EBITA_{i,t+1}$	-0.007 1	-0.008 6	-0.018 2	-0.008 7	0.011 1 (1.03)	0.000 1 (0.29)
CAR［-1，+1］	0.032 5	0.012 6	0.009 7	0.001 0	0.022 8 (2.12)**	0.011 6 (1.98)**
CAR［-3，+3］	0.027 5	0.003 4	0.006 7	0.002 0	0.020 8 (1.75)*	0.001 4 (1.18)
CAR［-10，+10］	0.033 5	0.016 2	-0.012 2	0.000 0	0.045 7 (1.66)*	0.016 2 (1.47)
CAR［-30，+30］	0.047 5	0.030 3	-0.038 1	0.000 0	0.085 6 (1.73)*	0.030 3 (1.63)*
CAR［-60，+60］	0.036 1	0.020 1	-0.176 6	-0.041 8	0.212 7 (1.47)	0.061 9 (1.57)

注：***、**、*分别表示系数在1%、5%、10%检验水平上显著。

因此，在未考虑汇率波动时，以债务融资来源支持的境外并购交易将获得比其他融资来源方式的并购交易更差的财务绩效，翟进步等人在2011年提出的利息支付的“功能锁定”假说在我国上市公司境外并购绩效中成立。但在汇率波动的情况下，由于企业信贷融资和股权融资的环境及能力发生变化，债务融资是否阻碍或促进境外并购财务绩效的实现仍需检验。

表6-4为汇率波动与上市公司境外并购财务绩效①之间关系的分组检验结果。

表6-4　融资来源、汇率波动与境外并购财务绩效

样本分组	$\Delta ROE_{i,t+1}$							
	债务融资来源组				非债务融资来源组			
	(1)	(2)	(3)	(4)	(5)	(6)	(7)	(8)
EXC_US_t	0.024**				0.033			
	(2.28)				(0.76)			
$EXC\_US\_VOL_t$		0.014*				-0.009		
		(1.69)				(-0.51)		

① 限于篇幅，仅列出以 $\Delta ROE_{i,t+1}$ 为因变量的回归结果。

续表

样本分组	$\Delta ROE_{i,t+1}$							
	债务融资来源组				非债务融资来源组			
	(1)	(2)	(3)	(4)	(5)	(6)	(7)	(8)
EXC_REER_t			0.022**				0.014	
			(2.60)				(0.52)	
$EXC\_REER\_VOL_t$				0.007				-0.005
				(0.83)				(-0.25)
$SIZE_{i,t-1}$	-0.017**	-0.017***	-0.017**	-0.015**	0.007	0.005	0.007	0.008
	(-2.58)	(-2.75)	(-2.55)	(-2.22)	(0.30)	(0.23)	(0.29)	(0.33)
$LEV_{i,t-1}$	0.112**	0.113**	0.105*	0.108*	0.257**	0.285**	0.268**	0.271**
	(1.99)	(2.38)	(1.86)	(1.85)	(2.07)	(2.41)	(2.21)	(2.20)
$GROWTH_{i,t-1}$	-0.103***	-0.104***	-0.102***	-0.107***	-0.185***	-0.185***	-0.179***	-0.181***
	(-4.10)	(-5.55)	(-3.97)	(-4.16)	(-3.33)	(-3.32)	(-3.44)	(-3.13)
$DUAL_{i,t-1}$	-0.022	-0.013	-0.023	-0.016	-0.010	-0.015	-0.011	-0.012
	(-1.24)	(-0.67)	(-1.29)	(-0.88)	(-0.30)	(-0.44)	(-0.31)	(-0.34)
$INDBOARD_{i,t-1}$	-0.152	-0.090	-0.098	-0.041	-0.057	-0.074	-0.091	-0.070
	(-1.29)	(-0.75)	(-0.87)	(-0.34)	(-0.19)	(-0.26)	(-0.32)	(-0.23)
$SOE_{i,t}$	-0.009	-0.016	-0.012	-0.024	-0.021	-0.033	-0.025	-0.030
	(-0.40)	(-0.79)	(-0.51)	(-1.01)	(-0.38)	(-0.69)	(-0.49)	(-0.62)
$SHARE_{i,t}$	-0.002	-0.001	-0.005	-0.007	0.106	0.092	0.098	0.101
	(-0.06)	(-0.02)	(-0.16)	(-0.24)	(1.57)	(1.38)	(1.57)	(1.56)
$CULTURE_{t-1}$	-0.020**	-0.017*	-0.020**	-0.018**	-0.045**	-0.044**	-0.045**	-0.044**
	(-2.18)	(-1.72)	(-2.24)	(-2.01)	(-2.61)	(-2.37)	(-2.51)	(-2.29)
INDUSTRY	Control	Control	Control	Control	Control	Control	Control	Control
_cons	0.547***	0.495***	0.520***	0.451***	-0.045	-0.044	-0.029	-0.084
	(3.65)	(3.12)	(3.65)	(3.07)	(-0.08)	(-0.07)	(-0.05)	(-0.14)
R^2	0.234	0.214	0.235	0.204	0.544	0.534	0.535	0.531
Adjusted R^2	0.151	0.128	0.151	0.118	0.275	0.257	0.260	0.253
N	205	205	205	205	44	44	44	44

注：***、**、* 分别表示系数在1%、5%、10%水平上显著；括号中为 t 值。

从表6-4可以发现，除 $EXC\_REER\_VOL_t$ 之外，在债务融资来源组中其他汇率波动变量的回归系数均显著为正，而在非债务融资方式的境外并购交易中，并购财务绩效对汇率波动不具敏感性。此结果说明债权人境外并购中的监管和治理职能有利于财务绩效的进一步实现。另外，非债务融资来源组的并购交易主要为公司自有资金支持，回归样本中仅有极少数企业采用权益融资方式，汇率升值虽可能因提高了本国货币的境外资产购买力并获得汇率折算收益以及本国资本价格相对上升的优势，但缺少有效外部利益相关者监管时的境外并购财务绩效将不受汇率升值或汇率波动程度的显著影响。

因此，境外并购的债务融资虽降低了境外并购财务绩效，但在人民币汇率波动的情况下，债务融资对上市公司境外并购效率体现为正面促进作用，人民币汇率升值和汇率波动程度的增加促使企业债权人完善监管机制，促进境外并购财务绩效的提升，验证了假设 H2。

6.3.3　风险投资、汇率波动与境外并购财务绩效

本部分首先在不考虑汇率波动的情况下对受到风险投资支持和未受到风险投资支持的上市公司境外并购财务绩效进行单变量检验①，结果如表 6-5 所示。可以发现，在未考虑汇率波动的宏观环境时，风险投资支持的上市公司境外并购交易并没有获得显著的高绩效，仅在对 CAR [-1, +1] 和 CAR [-3, +3] 的均值差异 t 检验中，风险投资支持组的境外并购财务绩效在 10% 水平上显著高于非风险投资支持的境外并购组财务绩效。但风险投资支持在汇率波动与境外并购财务绩效关系中的具体作用仍需进行回归分析。

表 6-5　风险投资与境外并购财务绩效单变量检验

境外并购财务绩效变量	非风险投资支持组		风险投资支持组		均值差异 t 检验（t 值）	中位数差异 Wilcoxon 秩和检验（z 值）
	均值	中位数	均值	中位数		
$\Delta ROE_{i,t+1}$	-0.023 8	-0.012 9	-0.033 5	-0.013 4	0.009 7(0.67)	0.000 5(0.41)
$\Delta EBITA_{i,t+1}$	-0.014 1	-0.007 6	-0.019 0	-0.011 4	0.005 0(0.60)	0.003 8(0.97)
CAR[-1, +1]	0.008 6	0.003 5	0.020 3	0.002 6	-0.011 7(-1.74)*	0.000 9(0.85)
CAR[-3, +3]	0.005 0	0.001 2	0.017 3	0.003 4	-0.012 3(-1.94)*	-0.002 2(-0.53)
CAR[-10, +10]	-0.001 5	0.000 0	0.007 4	0.000 0	0.005 9(0.27)	-0.000 0(-0.52)

① 我们使用 PSM 匹配样本进行单变量检验，由于境外并购样本量限制，匹配过程均使用一对多匹配。具体地，通过倾向匹配得分法（propensity score matching）将使用境外交易中有风险资本参与的样本定义为实验组，即"风险投资支持组"；将没有获得风险投资支持的样本定义为对照组，即"非风险投资支持组"。选取并购方企业产权性质（SOE）、企业成立年限（ESTAGE）、所处地区的知识产权保护水平（IPR，用省级技术市场成交额占 GDP 的比例衡量）、所处行业（INDUSTRY）以及滞后期的资产规模（SIZE）、盈利能力（ROA）、成长能力（TobinQ）作为控制变量，使用 Probit 模型计算企业境外并购的概率作为 PSM 的倾向得分，进而使用 Kernel 一对多匹配方法，找到实验组（即"风险投资支持组"）的近似匹配样本。

续表

境外并购财务绩效变量	非风险投资支持组		风险投资支持组		均值差异 t 检验（t 值）	中位数差异 Wilcoxon 秩和检验（z 值）
	均值	中位数	均值	中位数		
CAR[-30, +30]	-0.038 9	-0.013 0	-0.002 4	0.020 9	-0.036 4(-0.96)	-0.033 9(-1.24)
CAR[-60, +60]	-0.191 1	-0.040 0	-0.072 0	-0.030 2	-0.119 1(-1.07)	-0.009 8(-0.80)

注：***、**、* 分别表示系数在1%、5%、10%检验水平上显著。

表6-6为以境外并购交易是否有风险投资支持进行分组之后，汇率波动与境外并购财务绩效之间关系的再检验结果。第（1）~（4）列为有风险投资支持子样本的回归结果，人民币汇率水平（EXC_US_t和EXC_REER_t）升值对以会计收益变化为基础计量的境外并购财务绩效呈显著促进作用，但汇率波动程度（$EXC_US_VOL_t$和$EXC_REER_VOL_t$）的系数虽为正但在统计意义上不显著；第（5）~（8）列为无风险投资支持子样本的回归结果，汇率水平（EXC_US_t和EXC_REER_t）系数为正，汇率波动程度（$EXC_US_VOL_t$和$EXC_REER_VOL_t$）的系数为负，但四个汇率波动变量的回归系数均在统计意义上不显著。

表6-6 风险投资、汇率波动与境外并购财务绩效

样本分组	$\Delta ROE_{i,t+1}$							
	风险投资支持组				非风险投资支持组			
	(1)	(2)	(3)	(4)	(5)	(6)	(7)	(8)
EXC_US_t	0.051 **				0.003			
	(2.61)				(0.36)			
$EXC\_US\_VOL_t$		0.020				-0.003		
		(1.46)				(-0.26)		
EXC_REER_t			0.041 ***				0.004	
			(2.91)				(0.39)	
$EXC\_REER\_VOL_t$				0.003				-0.002
				(0.22)				(-0.17)
$SIZE_{i,t-1}$	-0.015	-0.011	-0.018 *	-0.011	-0.023 ***	-0.023 ***	-0.022 ***	-0.022 ***
	(-1.58)	(-1.08)	(-1.78)	(-1.02)	(-3.03)	(-3.01)	(-3.05)	(-3.06)
$LEV_{i,t-1}$	0.049	0.037	0.047	0.022	0.221 ***	0.222 ***	0.218 ***	0.222 ***
	(0.59)	(0.42)	(0.56)	(0.25)	(3.64)	(3.64)	(3.62)	(3.65)
$GROWTH_{i,t-1}$	-0.071 **	-0.065 *	-0.069 **	-0.073 **	-0.169 ***	-0.170 ***	-0.169 ***	-0.171 ***
	(-2.11)	(-1.84)	(-2.03)	(-2.17)	(-6.49)	(-6.52)	(-6.43)	(-6.59)

续表

样本分组	$\Delta ROE_{i,t+1}$							
	风险投资支持组				非风险投资支持组			
	(1)	(2)	(3)	(4)	(5)	(6)	(7)	(8)
$DUAL_{i,t-1}$	-0.018	-0.002	-0.011	-0.008	-0.010	-0.009	-0.011	-0.010
	(-0.90)	(-0.10)	(-0.57)	(-0.42)	(-0.41)	(-0.37)	(-0.43)	(-0.39)
$INDBOARD_{i,t-1}$	-0.114	0.054	-0.008	0.157	-0.149	-0.143	-0.141	-0.133
	(-0.56)	(0.26)	(-0.04)	(0.70)	(-0.99)	(-0.97)	(-0.95)	(-0.88)
$SOE_{i,t}$	0.033	0.013	0.028	0.005	-0.025	-0.025	-0.025	-0.026
	(0.99)	(0.36)	(0.76)	(0.13)	(-0.97)	(-0.97)	(-0.99)	(-1.04)
$SHARE_{i,t}$	0.010	0.018	0.022	0.023	0.001	0.002	-0.000	-0.001
	(0.25)	(0.41)	(0.52)	(0.52)	(0.04)	(0.05)	(-0.01)	(-0.03)
$CULTURE_{t-1}$	-0.029**	-0.026**	-0.031**	-0.028**	-0.022*	-0.022*	-0.023*	-0.022*
	(-2.47)	(-2.15)	(-2.57)	(-2.28)	(-1.89)	(-1.81)	(-1.92)	(-1.89)
INDUSTRY	Control	Control	Control	Control	Control	Control	Control	Control
_cons	0.605***	0.427*	0.606***	0.390	0.589***	0.590***	0.588***	0.581***
	(2.70)	(1.76)	(2.69)	(1.53)	(3.54)	(3.62)	(3.58)	(3.59)
R^2	0.294	0.195	0.268	0.172	0.360	0.360	0.360	0.359
Adjusted R^2	0.143	0.023	0.112	-0.005	0.265	0.264	0.265	0.264
N	109	109	109	109	140	140	140	140

注：***、**、*分别表示系数在1%、5%、10%检验水平上显著；括号中为t值。

因此，上述结论基本支持假设H3，即在有风险投资支持的境外并购中，汇率升值对上市公司境外并购效率在更大程度表现为积极作用，但汇率波动程度对上市公司境外并购财务绩效的影响在分组检验中差异不再明显。

6.3.4　支付方式、汇率波动与境外并购财务绩效

本部分首先在不考虑汇率波动的情况下对不同支付方式下企业境外并购财务绩效进行单变量检验①，结果如表6-7所示。与以往文献研究结果不同，我们并未发现现金支付和非现金支付的境外并购绩效存在明显差异，仅在CAR

① 我们使用PSM匹配样本进行单变量检验，由于数据量限制，匹配过程均使用一对多匹配。具体地，通过倾向匹配得分法将现金支付（PCT_CASH≥50%）定义为实验组，即“现金支付组”；将完全没有现金支付（PCT_CASH=0%）定义为对照组，即“非现金支付组”。选取并购方企业产权性质（SOE）、企业成立年限（ESTAGE）、所处行业（INDUSTRY）以及滞后期的资产规模（SIZE）、盈利能力（ROA）、成长能力（TobinQ）、有形资产比例（PPE）作为控制变量，使用Probit模型计算企业境外并购的概率作为PSM的倾向得分，进而使用Kernel一对多匹配方法，找到实验组（即“现金支付组”）的近似匹配样本。

[-10, +10] 和 CAR [-60, +60] 均值 T 检验中，现金支付的境外并购得到了资本市场更好的评价。

表 6-7 支付方式与境外并购财务绩效单变量检验

境外并购财务绩效变量	非现金支付组		现金支付组		均值差异 t 检验（t 值）	中位数差异 Wilcoxon 秩和检验（z 值）
	均值	中位数	均值	中位数		
$\Delta ROE_{i,t+1}$	-0.033 4	-0.014 2	-0.024 0	-0.011 2	-0.009 4 (-0.59)	-0.003 0 (-0.65)
$\Delta EBITA_{i,t+1}$	-0.017 4	-0.009 2	-0.017 7	-0.006 5	0.000 3 (0.03)	-0.002 7 (-0.39)
CAR [-1, +1]	0.010 2	0.001 0	0.019 8	0.004 6	-0.009 6 (-1.04)	-0.003 6 (-0.77)
CAR [-3, +3]	0.005 9	0.006 7	0.014 8	0.001 7	-0.008 9 (-0.69)	0.005 0 (0.32)
CAR [-10, +10]	-0.018 8	0.000 0	0.017 8	0.000 0	-0.036 6 (-1.68)*	-0.000 0 (-1.02)
CAR [-30, +30]	-0.032 0	0.000 0	-0.010 4	0.004 4	-0.042 4 (-0.51)	-0.004 4 (-0.47)
CAR [-60, +60]	-0.194 7	-0.047 0	-0.017 7	0.003 0	-0.177 0 (-1.72)*	-0.050 0 (-1.47)

注：***、**、* 分别表示系数在 1%、5%、10% 检验水平上显著。

表 6-8 为非现金支付组和现金支付组的汇率波动与上市公司境外并购财务绩效之间关系的分组检验结果。可以发现，在非现金支付组中，除 EXC_REER_t 在 5% 检验水平上显著为正之外，其余汇率变量系数在统计意义上均不显著。第（5）~（8）列为现金支付组中人民币汇率水平和汇率波动程度与境外并购财务绩效之间的关系检验结果，可以发现，相对非现金支付组，以现金为支付方式的境外并购交易财务绩效对本国汇率升值及汇率波动程度增加呈正向敏感关系。但根据现金支付组与非现金支付组 EXC_REER_t 回归系数组间差异 Chow 检验的结果表明，两者不存在显著差异（Chi_squared = 0.50，P-Value = 0.478 9）。

表 6-8 支付方式、汇率波动与境外并购财务绩效

样本分组	$\Delta ROE_{i,t+1}$							
	非现金支付组				现金支付组			
	(1)	(2)	(3)	(4)	(5)	(6)	(7)	(8)
EXC_US_t	0.030				0.021*			
	(1.56)				(1.68)			
$EXC\_US\_VOL_t$		0.012				0.010*		
		(0.79)				(1.93)		

续表

样本分组	$\Delta ROE_{i,t+1}$							
	非现金支付组				现金支付组			
	(1)	(2)	(3)	(4)	(5)	(6)	(7)	(8)
EXC_REER_t			0.021**				0.033**	
			(2.28)				(2.26)	
$EXC\_REER\_VOL_t$				-0.005				0.010*
				(-0.46)				(1.75)
$SIZE_{i,t-1}$	-0.018	-0.021	-0.019**	-0.020	-0.018***	-0.017**	-0.018***	-0.017**
	(-1.48)	(-1.61)	(-2.03)	(-1.54)	(-2.61)	(-2.39)	(-2.74)	(-2.41)
$LEV_{i,t-1}$	0.176**	0.188**	0.162**	0.178**	0.105	0.099	0.100*	0.104
	(2.23)	(2.42)	(2.43)	(2.32)	(1.58)	(1.39)	(1.80)	(1.50)
$GROWTH_{i,t-1}$	-0.133***	-0.130***	-0.131***	-0.133***	-0.079**	-0.081**	-0.080***	-0.084**
	(-3.72)	(-3.97)	(-5.73)	(-3.93)	(-2.39)	(-2.24)	(-3.23)	(-2.48)
$DUAL_{i,t-1}$	-0.042	-0.030	-0.038	-0.039	-0.012	-0.005	-0.012	-0.008
	(-1.52)	(-1.01)	(-1.36)	(-1.40)	(-0.62)	(-0.29)	(-0.59)	(-0.43)
$INDBOARD_{i,t-1}$	-0.285	-0.188	-0.306	-0.225	-0.111	-0.061	-0.064	-0.026
	(-1.10)	(-0.75)	(-0.99)	(-0.89)	(-0.95)	(-0.52)	(-0.53)	(-0.22)
$SOE_{i,t}$	-0.022	-0.019	-0.021	-0.027	-0.001	-0.009	-0.002	-0.015
	(-0.73)	(-0.60)	(-0.68)	(-0.81)	(-0.06)	(-0.37)	(-0.07)	(-0.60)
$SHARE_{i,t}$	-0.006	-0.006	-0.001	-0.009	0.022	0.021	0.020	0.018
	(-0.16)	(-0.15)	(-0.03)	(-0.23)	(0.61)	(0.60)	(0.59)	(0.51)
$CULTURE_{t-1}$	-0.021	-0.023	-0.025*	-0.023	-0.021**	-0.017*	-0.020*	-0.018*
	(-1.46)	(-1.49)	(-1.96)	(-1.42)	(-2.00)	(-1.72)	(-1.89)	(-1.86)
INDUSTRY	Control	Control	Control	Control	Control	Control	Control	Control
_cons	0.592**	0.607**	0.651***	0.595**	0.517***	0.455***	0.501***	0.452***
	(2.28)	(2.12)	(2.72)	(2.14)	(3.05)	(2.74)	(2.84)	(2.73)
R^2	0.563	0.542	0.580	0.538	0.159	0.140	0.161	0.139
Adjusted R^2	0.394	0.365	0.417	0.358	0.061	0.039	0.063	0.039
N	69	69	69	69	173	173	173	173

注：***、**、*分别表示系数在 1%、5%、10% 检验水平上显著；括号中为 t 值。

以上结果支持了假设 H4：在现金支付的境外并购中，人民币汇率升值对上市公司境外并购财务绩效的积极影响更明显，且人民币汇率波动程度增加也在现金支付的境外并购绩效中起到正面作用。

6.4 进一步分析

6.4.1 融资来源、支付方式与境外并购非财务绩效-汇率波动敏感性

如前文所述，由于企业融资特征和支付方式对境外并购财务绩效产生的影响更为直接，因此上文在考虑上市公司境外并购融资来源、风险投资、并购支付方式对企业境外并购效率-汇率波动敏感性的增量作用时仅针对并购财务绩效进行探究，本部分进一步对境外并购非财务绩效——全要素生产率、控制行业竞争程度（HHI）、企业规模（SIZE）、企业出口（EXFIRM）、企业资本密集度（CAPDST）以及企业成立时间（ESTAGE）、产权性质（SOE），使用模型［式（5-2）］进行分组重新检验，但未发现在债务融资与非债务融资、现金支付和非现金支付子样本之间的汇率波动对全要素生产率的影响差异，限于篇幅不再列出。

本部分还使用模型［式（5-2）］以境外并购是否受到风险投资支持进行分组检验，结果如表6-9所示。其中第（1）~（2）、（5）~（6）列分别考察人民币兑美元名义汇率及其波动程度的影响，第（3）~（4）、（7）~（8）列分别考察人民币实际有效汇率及其波动程度的影响。从表6-9可以发现，除 EXC_REER_t 的系数之外，在有风险投资支持的境外并购样本中，汇率升值与汇率波动程度均正向作用于企业境外并购后全要素生产率增加量；在无风险投资支持的境外并购样本中，汇率水平和汇率波动程度变量的系数均显著为负，整体上可能源于前文全样本检验中发现的上市公司境外并购后全要素生产率的明显降低。另外，在缺乏有效的外部监督（如风险资本家）时，上市公司管理层更易做出错误估值驱动的境外并购决策，此类交易虽获得一定的财务收益，但由于对境外并购协同效应的乐观预期或对目标企业资产价值的错误估计，并购后没有实现有效整合，全要素生产率出现明显下降。总之，风险投资对企业境外并购非财务绩效改善起到了积极治理作用，证实了假设H3。

表6-9 风险投资、汇率波动与境外并购非财务绩效

样本分组	$\Delta TFP_{i,t+1}$							
	风险投资支持组				无风险投资支持组			
	(1)	(2)	(3)	(4)	(5)	(6)	(7)	(8)
EXC_US_t	0.069**				-0.071**			
	(2.05)				(-1.99)			

续表

样本分组	$\Delta TFP_{i,t+1}$							
	风险投资支持组				无风险投资支持组			
	(1)	(2)	(3)	(4)	(5)	(6)	(7)	(8)
$EXC\_US\_VOL_t$		0.009 *				-0.065 **		
		(1.69)				(-2.38)		
EXC_REER_t			0.032				-0.157 ***	
			(1.36)				(-4.02)	
$EXC\_REER\_VOL_t$				0.037 *				-0.114 **
				(1.92)				(-2.38)
Controls	Yes	Yes	Yes	Yes	Yes	Yes	Yes	Yes
INDUSTRY	Control	Control	Control	Control	Control	Control	Control	Control
_cons	-0.872	-0.967	-0.828	-1.023	0.977 *	1.027 *	0.997 *	1.122 **
	(-1.31)	(-1.42)	(-1.21)	(-1.59)	(1.84)	(1.89)	(1.86)	(2.04)
R^2	0.196	0.196	0.196	0.196	0.225	0.225	0.225	0.225
N	95	95	95	95	118	118	118	118

注：***、**、*分别表示系数在1%、5%、10%检验水平上显著；括号中为t值。控制变量结果省略。

6.4.2 融资来源、支付方式与境外并购投资效率-汇率波动敏感性

我们进一步使用模型［式（5-4）］对债务融资和现金支付在汇率波动与境外并购前后投资-投资机会敏感性变化的关系中发挥的作用进行分组检验。表6-10为对是否债务融资和是否以现金方式支付分组的检验，可以发现$AFTER_{i,t} \times TobinQ_{i,t-1} \times EXC_REER_t$的系数在各分组中均显著为负，且进一步对系数进行组间差异Chow检验也未发现明显差异（债务融资来源组和非债务融资来源组组间$AFTER_{i,t} \times TobinQ_{i,t-1} \times EXC_REER_t$系数差异检验Chi_squared =1.38；现金支付组和非现金支付组组间$AFTER_{i,t} \times TobinQ_{i,t-1} \times EXC_REER_t$系数差异检验Chi_squared =0.04），即汇率升值时企业境外并购投资效率降低并不受交易融资来源和支付方式调节。

本部分也采用名义汇率水平（EXC_US_t）和汇率波动变量（$EXC_US_VOL_t$和$EXC_REER_VOL_t$），使用模型［式（5-4）］对债务融资和支付方式在汇率波动与境外并购前后投资-投资机会敏感性的关系中发挥的作用进行分组检验，但结论与人民币实际有效汇率水平（EXC_REER_t）基本一致，即组间不存在明显差异。另外，同样使用INDTobinQ替代企业TobinQ以缓解噪声影响，

结论未见显著差异。限于篇幅，不再列出。

表 6-10 融资来源、支付方式与境外并购投资效率-汇率水平敏感性

样本分组	$INVEST_{i,t}$			
	债务融资来源组	非债务融资来源组	现金支付组	非现金支付组
	(1)	(2)	(3)	(4)
$TobinQ_{i,t-1}$	0.005***	0.003	0.007***	0.004***
	(3.90)	(1.00)	(3.40)	(3.18)
$AFTER_{i,t}$	0.007	-0.011	0.001	0.007
	(1.29)	(-0.70)	(0.07)	(1.21)
$AFTER_{i,t}\times TobinQ_{i,t-1}$	-0.001	0.008	0.000	0.000
	(-0.26)	(1.21)	(0.07)	(0.01)
EXC_REER_t	-0.005*	0.008	-0.002	-0.004
	(-1.95)	(1.20)	(-0.53)	(-1.39)
$TobinQ_{i,t-1}\times EXC\_REER_t$	0.001	-0.003	-0.001	0.001
	(0.49)	(-1.05)	(-0.79)	(0.46)
$AFTER_{i,t}\times TobinQ_{i,t-1}\times EXC\_REER_t$	-0.004***	-0.008**	-0.003*	-0.004***
	(-3.34)	(-2.21)	(-1.82)	(-3.21)
Controls	Yes	Yes	Yes	Yes
INDUSTRY	Control	Control	Control	Control
_cons	-0.004	0.024	-0.054	0.032
	(-0.22)	(0.40)	(-1.49)	(1.40)
R^2	0.205	0.262	0.201	0.215
N	2 114	405	755	1 764

注：***、**、*分别表示系数在1%、5%、10%检验水平上显著；括号中为 t 值。控制变量结果省略。

综上，人民币汇率升值及波动程度增加不利于企业境外并购投资效率的改善，境外并购的融资来源和支付方式对汇率波动与境外并购投资效率之间关系的影响没有显著差异。

表6-11为以境外并购交易是否受到风险投资支持分组，使用模型[式(5-4)]进行的分组回归检验。$AFTER_{i,t}\times TobinQ_{i,t-1}\times EXC\_REER_t$ 和 $AFTER_{i,t}\times TobinQ_{i,t-1}\times EXC\_US\_VOL_t$ 系数在所有子样本中均显著为负，虽在无风险投资支持的样本中显著性有所增强，但未通过组间系数差异 Chow 检验（$AFTER_{i,t}\times TobinQ_{i,t-1}\times EXC\_REER_t$ 系数差异检验 Chi_squared = 0.09；$AFTER_{i,t}\times TobinQ_{i,t-1}\times EXC\_US\_VOL_t$ 系数差异检验 Chi_squared = 0.23）。另外，本部分统

一采用名义汇率水平（EXC_US_t）和汇率波动程度变量（$EXC\_REER\_VOL_t$）进行检验，但结论一致。

表6－11 风险投资与境外并购投资效率－汇率波动敏感性

样本分组	$INVEST_{i,t}$			
	风险投资支持组	非风险投资支持组	风险投资支持组	非风险投资支持组
	(1)	(2)	(3)	(4)
$TobinQ_{i,t-1}$	0.004**	0.006***	0.004***	0.005***
	(2.17)	(4.41)	(2.68)	(3.69)
$AFTER_{i,t}$	0.006	0.003	0.008	-0.004
	(0.88)	(0.46)	(1.08)	(-0.77)
$AFTER_{i,t} \times TobinQ_{i,t-1}$	0.002	-0.000	-0.001	0.001
	(0.75)	(-0.10)	(-0.42)	(0.41)
EXC_REER_t	0.007**	-0.009***		
	(2.00)	(-3.26)		
$TobinQ_{i,t-1} \times EXC\_REER_t$	-0.005***	0.002**		
	(-3.01)	(2.10)		
$AFTER_{i,t} \times TobinQ_{i,t-1} \times EXC\_REER_t$	-0.004***	-0.004***		
	(-2.63)	(-3.19)		
$EXC\_US\_VOL_t$			0.005	-0.002
			(1.54)	(-0.73)
$TobinQ_{i,t-1} \times EXC\_US\_VOL_t$			-0.003**	0.001
			(-2.22)	(0.77)
$AFTER_{i,t} \times TobinQ_{i,t-1} \times EXC\_US\_VOL_t$			-0.002*	-0.003***
			(-1.69)	(-3.29)
Controls	Yes	Yes	Yes	Yes
INDUSTRY	Control	Control	Control	Control
_cons	0.028	0.003	0.022	0.024
	(0.99)	(0.13)	(0.80)	(1.00)
R^2	0.258	0.191	0.247	0.180
N	1 207	1 312	1 207	1 312

注：***、**、*分别表示系数在1%、5%、10%检验水平上显著；括号中为t值。控制变量结果省略。

综上，人民币汇率升值及汇率波动程度增加不利于企业境外并购投资效率的改善，境外并购是否受到风险投资支持对汇率波动与境外并购投资效率之间关系的影响没有显著差异。

6.4.3 融资来源、支付方式与境外并购资源配置效率－汇率波动敏感性

我们进一步对债务融资来源、特殊融资方式（风险资本）和并购支付方式对汇率波动与境外并购资源配置效率之间关系发挥的作用进行实证检验。采用模型［式（5－7）］进行检验，表6－12是根据境外并购是否债务融资、是否以现金支付、是否受到风险投资支持分组回归检验的结果。

与上文对境外并购投资效率－汇率波动敏感性的研究结论不同，$EXC_REER_t \times AFTER_{i,t} \times TFP_{i,t-1}$和$EXC_US_VOL_t \times AFTER_{i,t} \times TFP_{i,t-1}$的系数仅在债务融资来源子样本中显著为负，说明在以债务融资为资本来源方式的境外并购交易中，人民币汇率升值及波动程度增加导致的境外并购企业资源配置效率的降低程度更为明显，债务融资虽积极促进了汇率波动情况下境外并购财务绩效的实现，但并未对企业间资源配置效率提升有正面作用。在以支付方式和是否获得风险投资为分组变量的检验中，$EXC_REER_t \times AFTER_{i,t} \times TFP_{i,t-1}$和$EXC_US_VOL_t \times AFTER_{i,t} \times TFP_{i,t-1}$的系数均显著为负，且未通过组间系数差异Chow检验。在现金支付组和非现金支付组的对照检验中，$EXC_REER_t \times AFTER_{i,t} \times TFP_{i,t-1}$的系数差异检验Chi_squared＝1.06；$EXC_US_VOL_t \times AFTER_{i,t} \times TFP_{i,t-1}$的系数差异检验Chi_squared＝0.04；在风险投资支持组和非风险投资支持组的对照检验中，$EXC_REER_t \times AFTER_{i,t} \times TFP_{i,t-1}$的系数差异检验Chi_squared＝0.09；$EXC_US_VOL_t \times AFTER_{i,t} \times TFP_{i,t-1}$的系数差异检验Chi_squared＝0.62。因此，并购支付方式与并购交易中是否有风险投资支持对汇率波动与境外并购企业间资源配置效率之间关系没有显著调节作用。

综上，人民币汇率升值及汇率波动程度增加不利于上市公司境外并购后企业间资源配置效率的改善，而债务融资负向调节了上市公司境外并购企业间资源配置效率－汇率波动敏感性，另外，上市公司境外并购企业间资源配置效率－汇率波动敏感性不受并购支付方式和风险投资支持的显著增量影响。

6.5 稳健性检验

1. 替换汇率变量衡量指标

我们将汇率水平与汇率波动程度的衡量指标替换为月度频率，并替换汇率波动变量为行业层面实际有效汇率或名义有效汇率指标，使用制造业子样本重新回归分析，对上述融资特征与支付方式对汇率波动与上市公司境外并购－汇

表6－12 融资特征、支付方式与境外并购企业间资源配置效率－汇率波动敏感性

样本分组	$INVEST_{i,t}$											
	EXC_REER_t		$EXC\_US\_VOL_t$		EXC_REER_t		$EXC\_US\_VOL_t$		EXC_REER_t		$EXC\_US\_VOL_t$	
	债务融资来源组	非债务融资来源组	债务融资来源组	非债务融资来源组	现金支付组	非现金支付组	现金支付组	非现金支付组	风险投资支持组	非风险投资支持组	风险投资支持组	非风险投资支持组
	(1)	(2)	(3)	(4)								
$TFP_{i,t-1}$	-0.016***	-0.003*	-0.015***	-0.003	-0.031**	-0.008	-0.039***	-0.007	0.009	-0.026***	0.001	-0.023***
	(-2.81)	(-1.79)	(-2.93)	(-1.54)	(-2.20)	(-1.52)	(-4.28)	(-1.32)	(1.09)	(-4.53)	(0.14)	(-4.36)
$AFTER_{i,t}$	0.012***	0.001	0.003	-0.002***	0.023***	-0.001	-0.003	-0.006**	0.001	0.018***	-0.004	0.009***
	(3.41)	(0.72)	(0.98)	(-2.65)	(2.79)	(-0.23)	(-0.43)	(-2.25)	(0.32)	(4.18)	(-1.39)	(2.66)
$AFTER_{i,t} \times TFP_{i,t-1}$	0.052***	-0.024*	0.044***	-0.003	0.084**	0.029**	0.066***	0.025***	0.012	0.071***	0.012	0.054***
	(3.28)	(-1.85)	(3.64)	(-0.79)	(2.53)	(2.47)	(2.68)	(2.87)	(0.98)	(3.35)	(1.45)	(3.35)
$Exchange\ Rate_{i,t}$	-0.013***	-0.002***	-0.007***	-0.001***	-0.014***	-0.013***	-0.008***	-0.007***	-0.009***	-0.011***	-0.004***	-0.006***
	(-7.39)	(-4.42)	(-4.91)	(-3.11)	(-4.31)	(-7.40)	(-3.65)	(-4.86)	(-4.41)	(-6.43)	(-3.13)	(-4.35)
$Exchange\ Rate_{i,t} \times TFP_{i,t-1}$	0.013	-0.004**	0.009**	-0.000	0.012	0.015**	0.002	0.013**	0.030***	-0.008*	0.013***	-0.005
	(1.63)	(-2.09)	(1.99)	(-0.30)	(0.93)	(2.26)	(0.32)	(2.52)	(3.10)	(-1.78)	(3.17)	(-1.06)
$Exchange\ Rate_{i,t} \times AFTER_{i,t}$	-0.006*	-0.002	-0.000	0.001	-0.019***	0.003	-0.004	0.003	0.000	-0.009**	0.001	-0.005
	(-1.75)	(-1.11)	(-0.10)	(0.51)	(-2.59)	(1.01)	(-0.56)	(1.19)	(0.07)	(-2.12)	(0.50)	(-0.99)
$Exchange\ Rate_{i,t} \times AFTER_{i,t} \times TFP_{i,t-1}$	-0.031**	0.024**	-0.031**	-0.002	-0.059*	-0.026**	-0.023*	-0.029***	-0.038***	-0.039**	-0.016*	-0.032*
	(-1.97)	(2.30)	(-2.27)	(-0.33)	(-1.93)	(-2.15)	(-1.76)	(-2.85)	(-2.97)	(-1.96)	(-1.80)	(-1.76)

续表

样本分组	INVEST$_{i,t}$											
	EXC_REER$_t$		EXC_US_VOL$_t$		EXC_REER$_t$		EXC_US_VOL$_t$		EXC_REER$_t$		EXC_US_VOL$_t$	
	债务融资来源组	非债务融资来源组	债务融资来源组	非债务融资来源组	现金支付组	非现金支付组	现金支付组	非现金支付组	风险投资支持组	非风险投资支持组	风险投资支持组	非风险投资支持组
	(1)	(2)	(3)	(4)								
Controls	Yes	Yes	Yes	Yes	Yes	Yes	Yes	Yes	Yes	Yes	Yes	Yes
INDUSTRY	Control	Control	Control	Control	Control	Control	Control	Control	Control	Control	Control	Control
_cons	-0.509 ***	-0.063 ***	-0.478 ***	-0.068 ***	-0.587 ***	-0.410 ***	-0.570 ***	-0.385 ***	-0.264 ***	-0.325 ***	-0.238 ***	-0.300 ***
	(-17.48)	(-4.15)	(-17.07)	(-3.65)	(-11.50)	(-17.13)	(-11.13)	(-16.83)	(-7.24)	(-7.58)	(-6.79)	(-7.21)
R^2	0.547	0.983	0.530	0.981	0.582	0.622	0.553	0.609	0.846	0.395	0.840	0.366
N	2 055	397	2 055	397	734	1 718	734	1 718	1 170	1 282	1 170	1 282

注：***、**、* 分别表示系数在1%、5%、10%检验水平上显著；括号中为 t 值。控制变量结果省略。

率波动敏感性之间的关系进行再检验，上述基本结论保持不变。限于篇幅不再列示。

2. 内生性考虑

我们在对上市公司融资特征和支付方式对汇率波动与境外并购效率关系的研究中，未考虑汇率波动与企业融资之间的反向因果关系，以及风险资本家可能在汇率波动时期对有并购倾向和无并购倾向的企业具有不同偏好造成的自选择问题。另外，不同融资特征的境外并购企业本身可能具有系统性的盈利能力和全要素生产率差异，进而体现为汇率波动与境外并购财务绩效、非财务绩效之间的相关关系。

在上述检验中，融资约束选用滞后期指标，在一定程度上可以缓解融资约束和企业并购决策之间的反向因果关系。在此部分，我们进一步采用企业滞后 5 年期内 SA 指数平均值替代 $SA_{i,t-1}$，并按照滞后 5 年期内 SA 指数均值在行业 - 年度内排序定义高融资约束组和低融资约束组，以避免因最近年度内汇率累积波动作用于不同融资约束水平企业的境外并购倾向而扭曲回归结果，实证结论未发现显著变化。

另外，我们在对融资来源、风险投资、支付方式与境外并购财务绩效进行单变量检验时均使用的 PSM 匹配样本，但由于匹配样本数量限制可能导致检验结论具有片面性，在回归分析时也使用 Pooled OLS 回归方法，并将债务融资哑变量、风险投资支持哑变量、支付方式哑变量及其各自与汇率波动变量的交乘项加入基本检验模型，结论基本一致。因此，境外并购样本的自选择作用对前述结论的影响较小。

进一步，由于 2005 年汇率制度改革的相对外生事件，将样本限制在 2006 年及之后，并得到比基本检验中 2000—2016 年样本更为稳健的结论，此处篇幅限制，不再列出稳健性检验结果。

6.6　本章小结

由于企业融资特征和并购支付方式在上市公司境外并购中发挥着重要作用，尤其是对财务绩效的影响最为直接，因此，本章对并购方企业受融资约束程度对企业境外并购决策 - 汇率波动敏感性的影响，并购方企业融资来源和特殊融资方式（风险资本）、并购交易支付方式对企业境外并购财务绩效 - 汇率波动敏感性的影响进行研究，并在进一步分析中讨论了融资来源与支付方式对境外并购非财务绩效、投资效率、企业间资源配置效率与汇率波动之间关系的作用。主要结论如下：

① 人民币汇率升值对上市公司境外并购决策的积极作用在融资约束程度较

低的企业中表现更为明显，但人民币汇率波动程度与上市公司境外并购倾向之间的关系不受企业融资约束的显著调节作用。

② 在人民币汇率波动的情况下，债务融资对上市公司境外并购财务绩效体现为正面促进作用，人民币汇率升值和汇率波动程度增加促使企业债权人完善监管机制，促进并购财务绩效的提升。但在对并购非财务绩效——全要素生产率的分析中，未发现汇率波动对全要素生产率在债务融资与非债务融资子样本之间的影响差异。

③ 在有风险投资支持的境外并购中，汇率升值对上市公司境外并购财务绩效更大程度地表现为积极作用，但汇率波动程度对上市公司境外并购财务绩效的影响在分组检验中差异不再明显。在对并购非财务绩效——全要素生产率的分析中，风险投资对人民币汇率升值和汇率波动程度增加情况下的企业境外并购非财务绩效改善起到了积极治理作用。

④ 在人民币汇率波动的情况下，现金支付对上市公司境外并购财务绩效体现为正面促进作用，人民币汇率升值对上市公司境外并购财务绩效的积极影响更明显，且人民币汇率波动程度增加也在现金支付的境外并购绩效中起到正面作用。但在对并购非财务绩效——全要素生产率的分析中，未发现在现金支付和非现金支付子样本之间的汇率波动对全要素生产率的影响差异。

⑤ 结合境外并购投资效率和资源配置效率的进一步研究发现，人民币汇率升值及汇率波动程度增加不利于企业境外并购投资效率的改善，境外并购的融资来源、风险投资支持和支付方式对汇率波动与境外并购投资效率之间的关系没有调节作用；同时，债务融资负向调节了上市公司境外并购资源配置效率－汇率波动敏感性，境外并购资源配置效率－汇率波动敏感性不受并购支付方式和风险投资支持的增量影响。

综上，以债务融资为主要手段的境外并购交易虽使汇率不利冲击下的境外并购交易获得财务绩效的提升，但债务融资的境外并购会计利润增量整体低于非债务融资的对照组样本，过度的债务依赖不利于境外并购带来的企业间资源配置效率的提升；风险投资市场在我国得到了长足发展，风险资本家的治理和监管职能可以对汇率不利冲击下的企业境外并购财务绩效和非财务绩效有一定的提升作用，因此，监管部门应积极引导风险资本支持企业并购活动，不仅对被投资方的经营与投资效率起到治理作用，而且有利于风险投资顺利以并购途径退出；现金支付方式的并购虽避免了发行股票带来的资本市场负面评价，但易造成现金流短缺，不利于提高资源配置效率。因此，在宏观汇率波动的情况下，监管部门、企业管理层、投资者、债权人、其他利益相关部门应注意境外并购融资特征和交易方式对并购后果的影响，避免非理性并购带来企业长期价值的下降。

第7章

研究结论与政策建议

7.1 主要结论

2020年，中国共产党第十九届中央委员会第五次全体会议的会议公报中强调加快构建我国“畅通国内大循环、促进国内国际双循环”的新发展格局，以及“坚持实施更大范围、更宽领域、更深层次对外开放，依托我国大市场优势，促进国际合作，实现互利共赢”的未来趋势。《中共中央关于制定国民经济和社会发展第十四个五年规划和二〇三五年远景目标的建议》中明确“鼓励企业兼并重组，防止低水平重复建设”也是我国加快发展现代产业体系、推动经济体系优化升级中的重要内容。在此背景下，作为经济全球化载体的实体企业在参与国际贸易、对外直接投资、跨境融资及“一带一路”建设时的涉外交易质量显得越发重要，这也是我国积极参与全球经济治理体系改革的微观体现。

本书基于“大循环+双循环”新发展格局建设下的汇率市场化改革与企业以境外并购形式参与国际竞争的现实背景，探究影响交易成本与企业价值的短期性因素——汇率波动在上市公司境外并购决策和并购效率中的作用。基于汇率传递理论、竞争优势理论、信息不对称理论、风险规避与实物期权理论，我们构建了汇率波动对境外并购影响的理论逻辑框架，旨在回答三个问题：第一，汇率波动是否以及怎样影响企业境外并购决策？第二，汇率波动是否以及怎样影响企业境外并购效率？第三，若汇率波动对境外并购的影响成立，并购方融资特征和并购支付方式是否影响境外并购-汇率波动敏感性？基于此，我们首先对人民币汇率波动和我国企业境外并购现状进行梳理，并采用2000—2016年沪深A股非金融类上市公司作为汇率波动与境外并购决策关系的实证研究样本，采用在2000—2016年间A股非金融类上市公司宣告并完成的境外并购交易作为汇率波动与境外并购效率关系的研究样本，进行了三个方面的实证检验，得出的主要结论如下：

第一，人民币汇率升值、汇率波动程度增加、人民币贬值预期促使我国企业开展境外并购。具体地：①人民币相对美元名义汇率升值促进企业并购，但主要表现为境内并购；人民币实际有效汇率升值提升了企业并购尤其是境外并购可能性，即人民币汇率升值对企业境外并购决策同时具有“投资效应”和“对冲效应”，但“对冲效应”主要表现在人民币实际有效汇率的影响。②人民币兑美元名义汇率和人民币实际有效汇率波动程度增加显著提升了企业整体并购倾向，而境外并购决策更多受到人民币兑美元名义汇率波动程度的正面影响，管理层风险规避动机大于持有实物期权的动机。③汇率贬值预期提升了上市公司境外并购倾向，而且汇率贬值预期显著正向调节了汇率水平变化与企业境外并购决策之间的关系，支持了汇率预期的“替代效应”假说。④行业市场竞争程度和国家股市价格可以在人民币汇率波动与上市公司境外并购决策的关系中起到中介作用；对境外并购完成率与交易规模的拓展检验说明企业在本国汇率升值时可能存在“过度并购”现象，体现在并购完成率低、交易规模大两个层次。

第二，汇率冲击下我国上市公司境外并购存在短期逐利特征，在汇率波动时，企业会在缺乏对目标企业正确估值和对并购后整合能力有效判断的情况下择时并购，人民币汇率升值虽提升了境外并购的财务绩效和非财务绩效，但汇率升值与汇率波动程度增加均不利于并购方企业的资源有效整合和长期发展，“估值优势假说”相对“竞争优势假说”“汇率治理假说”占据主导作用。具体地，本书采用并购财务绩效、非财务绩效、投资效率变化、企业间资源配置效率变化四个指标衡量上市公司境外并购效率，发现：①上市公司境外并购虽获得市场短窗口期内的积极评价，但上市公司境外并购后并未实现会计收益和全要素生产率的明显提升，二者反而相比并购之前有所降低。②人民币兑美元名义汇率和人民币实际有效汇率升值对上市公司境外并购以会计利润衡量的财务绩效和以全要素生产率衡量的非财务绩效有积极作用，但汇率波动程度增加不利于境外并购财务绩效和非财务绩效的提升。③对境外并购投资效率与企业间资源配置效率的实证分析表明，人民币汇率升值以及汇率波动程度增加导致并购整合后企业的投资效率和企业间资源配置效率的明显下降，企业境外并购后的投资不足水平显著增加。

第三，并购方融资约束了企业开展境外并购活动，风险投资支持与现金支付有利于提升汇率波动下的企业境外并购效率，债务融资方式虽提升了境外并购财务绩效，但降低了并购方资源配置效率。具体地，在前述两方面实证检验基础上加入企业融资约束、并购交易融资来源、是否有风险资本支持、并购支付方式的考虑，发现：①债务融资对上市公司境外并购财务绩效起到提升作用，但降低了上市公司境外并购企业间资源配置效率，对并购方全要素生产率和并购投资效率没有明显增量作用。②从风险投资视角来看，风险投资促进了上市公司境外并购财务绩效的增加，并且对境外并购后全要素生产率变化发挥了积极治理作用。③从并购支付方式视角来看，现金支付促使汇率升值与波动弹性增加情况下上市公司境外并购财务绩效的提升，但对全要素生产率、资源配置效率与汇率波动之间的关系没有明显的调节作用。

本书的理论贡献主要包括：首先，提出了汇率波动对企业境外并购影响的逻辑框架，分别从企业并购能力与并购需求视角、风险规避与实物期权视角、并购即时成本与未来收益视角建立汇率水平变化、汇率波动程度、汇率预期对境外并购决策的作用机制，并进一步提出汇率波动导致的企业竞争优势、外部风险环境、企业估值优势驱动的境外并购效率差异。现有汇率与投资关系的文献主要关注汇率波动引发的长期投资规模、对外直接投资水平或方式等方面的变化，未对作为企业长期投资组成部分和对外直接投资主要途径的境外并购及其效率是否以及如何受到汇率波动影响这一问题作出回答，我们将以往文献中有关汇率与投资决策层面的研究拓展至汇率与投资经济后果层面。其次，提出了基于短期价格变化的汇率波动与境外并购之间的关系，有助于解释我国境外并购时间序列分布特征以及估值优势推动型境外并购的效率表现，补充了现有文献对境外并购决策和绩效影响的长期性因素，如制度距离、文化差异、会计准则、社会关系等方面的研究，丰富了并购融资特征与支付方式对并购绩效影响领域的研究成果。最后，本书不仅关注境外并购财务绩效，而且构建了包括并购方企业全要素生产率、投资效率及企业间资源配置效率变化在内的境外并购效率评价体系，全面系统地研究境外并购的协同整合效应，从实际经营与资源配置视角对境外并购经济效果受汇率波动的影响进行讨论。

本书拓展了汇率波动微观经济效果和境外并购影响因素领域的研究范畴，旨在为监管部门正确引导企业开展理性的境外并购、企业在汇率波动下积极调整境外并购决策并获取长期价值增长提供理论依据。

7.2 政策建议

综上，我们研究发现人民币汇率波动（汇率升值、汇率波动程度增加、预期贬值）促使我国上市公司开展境外并购，汇率升值虽有利于境外并购实现会计收益与全要素生产率的增长，但汇率升值以及汇率波动程度增加均恶化了并购后企业的投资效率和企业间资源配置效率。另外，风险投资支持与现金支付有利于提升汇率波动下企业境外并购效率，并购方债务融资虽提升了境外并购财务绩效，但不利于并购方企业间资源配置效率的增长。基于此结论，我们提出政策建议如下：

第一，我国企业在“走出去”参与国际竞争、提升核心竞争力的同时，不仅应关注到短期内财富效应是否可以实现，更应注重完善境外并购的内外部资源配置效率，依赖于资产价格或短期估值优势开展境外并购虽因降低融资成本、增加货币购买力帮助企业实现短期内财富增值，但同时可能助长了管理层私利驱动下的机会主义，监管部门、债权人、投资者、其他金融中介在境外并购中应着重关注资源配置视角下企业长期价值的实现，尽量避免境外并购中的过高溢价和低成功率的现象。

第二，目前世界各国之间贸易关系与制度环境的剧烈变化对企业出口贸易及开展对外直接投资（包括绿地投资与境外并购）有一定的阻碍作用，而我国企业在境外国家的出口与投资都将受到东道国关税政策、进入壁垒、法律监管、地理距离、文化差异等因素的影响。随着“一带一路”倡议的推进，许多民营企业及中小型企业开始走出国门，在境外开展基础设施或大型装备制造领域的投融资活动，但是，较高的沉没资本以及经营不确定性均不利于企业对外直接投资效率的提升。加之我国企业在对外直接投资过程中往往也会遇到不可避免的国际纠纷，在企业开展投资的资格审批、反垄断审查、国家安全审查等阶段也可能遇到事先无法预期的困难。因此，政府可设立与对外直接投资相关的专业援助部门，对企业“走出去”过程中的问题给予指导。而企业应及时并合理调整跨国经营与投资的布局和战略，注重外部宏观风险环境、中观市场需求、自身发展战略，合理利用汇率优势开展境外投资活动，在自然资源或技术获取、市场占有和品牌声誉、降低税负等动机的对外直接投资中达到结果与目标的一致性。在境外并购中，企业应基于对并购目标的有效估值、并购溢价的合理确定、自身整合能力的客观评价等因素做出并购决策，以避免盲目并购带来的并购效率低下、损害核心竞争力和长期价值等问题，这将有利于实现我国企业产业升级与质量提升。

第三，2016 年 12 月，中国发展和改革委员会等政府部门提出“理性并购”监管要求之后，我国企业开展的境外并购活动开始向制造业转移，横向整合的并购占比增加，但仍存在“花式借壳”“跨界收购”等问题。在今后，监管部门应更加密切关注境外并购中的资本流向，监控偏离主业或“以小吞大”型境外并购，对房地产、酒店、影城、娱乐业等领域的投资给予密切持续关注，以防止对外直接投资中的风险隐患及国内金融系统风险加剧。与此同时，应积极引导并购基金、风险资本、私募股权等在并购重组活动中的治理作用，改善资金结构和获利模式，提高并购效率。另外，对我国上市公司境外并购的现状分析表明，境外并购存在债务依赖和全现金支付倾向的特征，而非上市公司或民营中小型企业相对上市公司仍具有相对劣势的融资环境。因此，我国应继续构建并发展多层次资本市场结构，为企业理性并购尤其是中小型企业的境外并购提供更宽的融资渠道，但与此同时要注意企业财务风险，促使企业在参与经济全球化进程中不受融资限制的同时防止非理性并购中的资本流失。

第四，对汇率制度的制定和监管机构而言，应继续在统一管控下促进市场在汇率形成中的决定性作用。随着经济全球化和我国在全球产业链中的地位不断提升，人民币国际化有利于减少我国经济主体使用外币引发的财务损失、降低汇率结算风险、促进国际货币体系改革，但人民币国际化过程中的汇率波动进一步加剧了各层面经济主体面临的汇率经济风险与汇率交易风险，人民币在境外市场流通性的增加提升了监管部门宏观调控难度，进而影响国家金融体系稳定。因此，有效推进我国金融改革与开放势在必行，加强金融衍生工具市场、外汇交易市场的建设将有利于企业使用金融对冲工具稳定其价值，同时也有利于在汇率风险不利影响有所缓解的情况下稳健地开展境外并购。

7.3 尚存不足与未来可研究方向

由于数据、能力及时间限制，本书仍存在以下问题可供未来拓展或深入研究：

第一，虽然我们使用宏观层面汇率指标可以缓解企业层面汇率指标与投资决策之间的内生关系，但是，由于各企业面向贸易国家和进出口比重存在差异，仅使用国家或行业层面的汇率波动指标进行实证检验得出的结论可能存在偏差。如某上市公司仅与东南亚国家有进出口贸易，但人民币兑美元名义汇率与人民币实际有效汇率中并未过多关注东南亚国家货币价值波动因素，企业面临的汇率风险并非来源于美元或人民币实际有效汇率计算中使用的各国货币汇率。但较为遗憾的是，受限于公司层面海关进出口数据的可获得性，以及上市公司财务报表及其附注中也未对所有进出口目标国家及贸易金额进行详细披露，我们未使用企业层面汇率波动指标进行实证分析，只能明细到行业层面的汇率衡量指标。

第二，限于非金融行业上市公司宣告并最终成功完成的境外并购交易样本数量并不大，仅对上市公司境外并购行为的研究结论可能存在一定的局限性。最优的实证检验样本应为包括上市公司与非上市公司在内的境外并购企业样本，但由于中国工业数据库中相关控制变量缺失严重，其他非上市公司或未纳入中国工业数据库的企业数据难以获得，最终仅对上市公司进行实证检验。

第三，我们对境外并购带来企业内部（投资效率）和企业间资源配置效率（资本投入 - 生产率敏感性）的衡量可能仍无法全面描绘境外并购为中国并购方企业和外国目标方企业带来的实际资源配置和运营效率变化，而企业并购前后生存环境的差异也将增加企业并购资源配置效率模型的设计难度。加之难以对企业实际并购动机进行测度，未来研究可在结合并购案例基础上深入分析汇率波动下企业境外并购决策过程及并购后规模经济或协同整合效应的实现过程。

第四，本书从可能的中观或微观作用机制解释了汇率波动对企业境外并购决策和并购效率的影响，但仍可能存在遗漏变量扭曲了汇率波动与境外并购关系。相对西方发达国家对外直接投资尤其是境外并购方面的市场化动因，我国企业“走出去”的动机多样化，受政策驱动较多。在与东道国制度环境、市场条件、战略资产（创新或管理能力等）、自然资源禀赋、税收制度等因素存在差异的情况下，汇率波动对企业境外并购决策的叠加作用可能存在显著差异，在今后的实证研究中应着重考虑不同并购类型或动机下汇率波动的经济后果。另外，我们由于数据限制未获得企业在应对汇率风险时的金融对冲指标及其他可能影响两者关系的宏观或行业层面指标（如东道国腐败程度等），在未来的研究中也应并入考虑。

第五，人民币汇率形成机制较为复杂，除受到加总层面的企业跨国经营和投融资活动的影响外（我们认为个别企业的国际贸易、对外直接投资、境外融资等因素对汇率整体走势影响不大，即反向因果关系带来的内生性问题较弱），国家财政政策、信贷政策、货币政策、利率政策、汇率政策、税收政策、贸易协定或投资协定等宏观政策因素将可能导致汇市、股市、债市的联动变化，加之国际关系、外汇储备、国际贸易、人民币国际化进程等因素均作用于汇率波动，后续有必要在尽可能控制以上因素的基础上明确人民币汇率形成机制及其在微观企业行为中发挥的增量作用。

附录A

国民经济行业分类、证监会上市公司行业分类指引（2012版）与SIC Code行业对应列表

国民经济行业分类（GB/T 4754—2017）	证监会上市公司行业分类指引（2012 版）	SIC Code（前两位）	行业类别	
A	A01 ~ A05	01 ~ 09	农、林、牧、渔业	Agriculture, Forestry, Fishing
B	B06 ~ B12	10 ~ 14	采矿业	Mining
E	E47 ~ E50	15 ~ 17	建筑业	Construction
C	C13 ~ C43	20 ~ 39	制造业	Manufacturing
D, G, I, N	G53 ~ G60, I63 ~ I65, D44 ~ D46; N76 ~ 78	40 ~ 49	交通运输与公共设施业	Transportation & Public Utilities
F51	F51	50 ~ 51	批发业	Wholesale Trade
F52	F52	52 ~ 59	零售业	Retail Trade
J, K,	J66 ~ J69; K70	60 ~ 67	金融、保险、房地产业	Finance, Insurance, Real Estate
H, L, M, O, P, Q, R	H61 ~ H62; L71 ~ H72; M73 ~ M75; O79 ~ O81; P82; Q83 ~ Q84; R85 ~ R89	70 ~ 89	服务业	Services
S	S90	91 ~ 99	公共管理	Public Administration

参考文献

[1] 巴曙松，严敏．股票价格与汇率之间的动态关系：基于中国市场的经验分析［J］．南开经济研究，2009（3）：46－62.

[2] 曹伟，申宇．人民币汇率传递、行业进口价格与通货膨胀：1996—2011［J］．金融研究，2013（10）：68－80.

[3] 曹伟，申宇．汇率变动对固定资产投资的影响研究：理论及中国实证［J］．数量经济技术经济研究，2014，31（7）：85－98.

[4] 曹伟．依市定价与汇率传递不完全：发展历史与研究进展评述［J］．世界经济，2016，39（9）：53－73.

[5] 戴觅，施炳展．中国企业层面有效汇率测算：2000—2006［J］．世界经济，2013，36（5）：52－68.

[6] 邓贵川，谢丹阳．支付时滞、汇率传递与宏观经济波动［J］．经济研究，2020，55（2）：68－83.

[7] 邓燊，杨朝军．汇率制度改革后中国股市与汇市关系：人民币名义汇率与上证综合指数的实证研究［J］．金融研究，2007，（12）：55－64.

[8] 丁剑平，陆晓琴，胡昊．汇率对企业杠杆率影响的机理与效应：来自中国企业的证据［J］．世界经济，2020，43（10）：74－96.

[9] 范言慧，潘慧峰，李哲．人民币升值预期与我国的贸易顺差［J］．国际金融研究，2008（2）：52－59.

[10] 葛结根．并购支付方式与并购绩效的实证研究：以沪深上市公司为收购目标的经验证据［J］．会计研究，2015（9）：74－80.

[11] 葛顺奇，罗伟．中国制造业企业对外直接投资和母公司竞争优势［J］．管理世界，2013（6）：28－42.

[12] 顾露露，ROBERT R. 中国企业海外并购失败了吗？［J］．经济研究，2011，46（7）：116－129.

[13] 谷任，朱琳慧．汇率波动对企业价值的线性与非线性影响：基于两种非线性效应的研究视角［J］．国际贸易问题，2016（11）：154－164.

[14] 郭飞．外汇风险对冲和公司价值：基于中国跨国公司的实证研究［J］．经济研究，2012，47（9）：18－31.

[15] 郭飞，肖浩，史永．为什么人民币汇率波动的影响不显著?：基于美的电器的案例研究［J］．管理世界，2014（10）：163－171.

[16] 郭飞，游绘新，郭慧敏．为什么使用外币债务?：中国上市公司的实证证据［J］．金融研究，2018（3）：137－154.

[17] 郭桂霞，赵岳，巫和懋．我国“走出去”企业的最优融资模式选择：基于信息经济学的视角［J］．金融研究，2016（8）：111－126.

[18] 郭凯，张笑梅．人民币汇率预期与股票价格波动［J］．国际金融研究，2014（8）：88－96.

[19] 郭妍，张立光．汇率预期对中国通货膨胀影响的实证研究［J］．财贸研究，2009，20（5）：93－101.

[20] 韩剑，郑秋玲，邵军．多产品企业、汇率变动与出口价格传递［J］．管理世界，2017（8）：14－26.

[21] 郝项超，李政．外部冲击对我国股市暴跌的影响研究［J］．南开经济研究，2017（6）：131－149.

[22] 郝项超，梁琪．外汇风险对冲能否促进中国上市公司创新［J］．世界经济，2019，42（9）：151－172.

[23] 洪俊杰，张宸妍．产业政策影响对外直接投资的微观机制和福利效应［J］．世界经济，2020，43（11）：28－51.

[24] 黄继承，姜付秀．产品市场竞争与资本结构调整速度［J］．世界经济，2015，38（7）：99－119.

[25] 贾镜渝，李文．距离、战略动机与中国企业跨国并购成败：基于制度和跳板理论［J］．南开管理评论，2016，19（6）：122－132.

[26] 贾玉成，张诚．经济周期、经济政策不确定性与跨国并购：基于中国企业跨国并购的研究［J］．世界经济研究，2018（5）：65－79.

[27] 江春，司登奎，李小林，等．人民币汇率预期影响股价的微观机理及经验证据［J］．世界经济研究，2015（12）：12－23.

[28] 蒋冠宏，蒋殿春．中国企业对外直接投资的“出口效应”［J］．经济研究，2014，49（5）：160－173.

[29] 蒋冠宏．企业异质性和对外直接投资：基于中国企业的检验证据［J］．金融研究，2015（12）：81－96.

[30] 蒋冠宏，蒋殿春．绿地投资还是跨国并购：中国企业对外直接投资方式的选择［J］．世界经济，2017，40（7）：126－146.

[31] 蒋冠宏．中国企业对“一带一路”沿线国家市场的进入策略［J］．中国

工业经济，2017（9）：119－136.

［32］姜国华，饶品贵．宏观经济政策与微观企业行为：拓展会计与财务研究新领域［J］．会计研究，2011（3）：9－18.

［33］靳庆鲁，孔祥，侯青川．货币政策、民营企业投资效率与公司期权价值［J］．经济研究，2012，47（05）：96－106.

［34］赖黎，巩亚林，夏晓兰，等．管理者从军经历与企业并购［J］．世界经济，2017，40（12）：141－164.

［35］李宏彬，马弘，熊艳艳，等．人民币汇率对企业进出口贸易的影响：来自中国企业的实证研究［J］．金融研究，2011（2）：1－16.

［36］李杰，李捷瑜，黄先海．海外市场需求与跨国垂直并购：基于低端下游企业的视角［J］．经济研究，2011，46（5）：99－110.

［37］李磊，包群．融资约束制约了中国工业企业的对外直接投资吗？［J］．财经研究，2015，41（6）：120－131.

［38］李磊，白道欢，冼国明．对外直接投资如何影响了母国就业?：基于中国微观企业数据的研究［J］．经济研究，2016，51（8）：144－158.

［39］李梅，柳士昌．对外直接投资逆向技术溢出的地区差异和门槛效应：基于中国省际面板数据的门槛回归分析［J］．管理世界，2012（1）：21－32.

［40］李姝，柴明洋．董事会决策权配置与并购效率研究：基于商誉减值的事后证据［J］．中国会计评论，2017，15（3）：255－288.

［41］李平，初晓，于国才．中国 OFDI 汇率风险研究：基于预期风险与实际波动风险的视角［J］．世界经济研究，2017（12）：68－80.

［42］李善民，李昶．跨国并购还是绿地投资?：FDI 进入模式选择的影响因素研究［J］．经济研究，2013，48（12）：134－147.

［43］李艳丽，彭红枫．人民币汇率对出口价格的传递效应：考虑预期与结构变化的分析［J］．金融研究，2014（10）：69－85.

［44］李艳丽，彭红枫，胡利琴．汇率预期对出口价格的传递效应：基于结构变化协整检验的分析［J］．国际金融研究，2015（11）：77－87.

［45］李云鹤．公司过度投资源于管理者代理还是过度自信［J］．世界经济，2014，37（12）：95－117.

［46］连玉君，彭方平，苏治．融资约束与流动性管理行为［J］．金融研究，2010（10）：158－171.

［47］刘莉亚，何彦林，王照飞，等．融资约束会影响中国企业对外直接投资吗?：基于微观视角的理论和实证分析［J］．金融研究，2015（8）：124－140.

[48] 刘莉亚，何彦林，杨金强．生产率与企业并购：基于中国宏观层面的分析［J］．经济研究，2016，51（3）：123－136.
[49] 刘啟仁，黄建忠．人民币汇率变动与出口企业研发［J］．金融研究，2017（8）：19－34.
[50] 刘青，陶攀，洪俊杰．中国海外并购的动因研究：基于广延边际与集约边际的视角［J］．经济研究，2017，52（1）：28－43.
[51] 刘世锦，刘培林，何建武．我国未来生产率提升潜力与经济增长前景［J］．管理世界，2015（3）：1－5.
[52] 刘思跃，唐松慧．人民币汇率变动对固定资产投资的影响研究：理论及实证［J］．世界经济研究，2017（7）：30－39.
[53] 刘亚，李伟平，杨宇俊．人民币汇率变动对我国通货膨胀的影响：汇率传递视角的研究［J］．金融研究，2008（3）：28－41.
[54] 鲁晓东，连玉君．中国工业企业全要素生产率估计：1999－2007［J］．经济学（季刊），2012，11（2）：541－558.
[55] 鲁晓东，刘京军，陈芷君．出口商如何对冲汇率风险：一个价值链整合的视角［J］．管理世界，2019，35（5）：92－105.
[56] 罗进辉．“国进民退”：好消息还是坏消息［J］．金融研究，2013（5）：99－113.
[57] 吕江林，李明生，石劲．人民币升值对中国股市影响的实证分析［J］．金融研究，2007（6）：23－34.
[58] 马光荣．制度、企业生产率与资源配置效率：基于中国市场化转型的研究［J］．财贸经济，2014（8）：104－114.
[59] 毛日昇，余林徽，武岩．人民币实际汇率变动对资源配置效率影响的研究［J］．世界经济，2017，40（4）：29－54.
[60] 毛新述，余德慧．会计准则趋同、海外并购与投资效率［J］．财贸经济，2013（12）：68－76.
[61] 倪克勤，曹伟．人民币汇率变动的不完全传递研究：理论及实证［J］．金融研究，2009（6）：44－59.
[62] 彭红枫．汇率对 FDI 的影响：基于实物期权的理论分析与中国的实证［J］．中国管理科学，2011，19（4）：60－67.
[63] 饶品贵，岳衡，姜国华．经济政策不确定性与企业投资行为研究［J］．世界经济，2017，40（2）：27－51.
[64] 邵丽丽，孙铮．风险对冲手段、汇率冲击程度与风险管理效果：来自上市公司出口业务的经验证据［J］．会计研究，2017（7）：41－47.
[65] 邵新建，巫和懋，肖立晟，等．中国企业跨国并购的战略目标与经营绩

效：基于A股市场的评价［J］．世界经济，2012，35（5）：81－105.
［66］施炳展，张雅睿．人民币双边事实汇率制度与中国出口增长［J］．金融研究，2016（8）：1－18.
［67］孙淑伟，何贤杰，赵瑞光，等．中国企业海外并购溢价研究［J］．南开管理评论，2017，20（3）：77－89.
［68］孙文莉，余靖雯，伍晓光．货币波动性对我国OFDI的诱发机制研究［J］．经济学（季刊），2016，15（4）：1581－1602.
［69］陶士贵，相瑞．对外直接投资中的汇率影响因素：中国样本［J］．经济管理，2012，34（5）：10－18.
［70］谭小芬，王雅琦，卢冰．汇率波动、金融市场化与出口［J］．金融研究，2016（3）：15－30.
［71］田素华．人民币汇率变动投资效应的企业特征［J］．世界经济，2008（5）：44－55.
［72］田涛．人民币汇率制度变迁对我国短期资本流动的影响：基于汇率预期与汇率波动的视角［J］．管理评论，2016，28（6）：65－75.
［73］田巍，余淼杰．汇率变化、贸易服务与中国企业对外直接投资［J］．世界经济，2017，40（11）：23－46.
［74］王碧珺，谭语嫣，余淼杰，等．融资约束是否抑制了中国民营企业对外直接投资［J］．世界经济，2015，38（12）：54－78.
［75］王雅琦，戴觅，徐建炜．汇率、产品质量与出口价格［J］．世界经济，2015，38（5）：17－35.
［76］王雅琦，谭小芬，张金慧，等．人民币汇率、贸易方式与产品质量［J］．金融研究，2018（3）：71－88.
［77］王艳，阚铄．企业文化与并购绩效［J］．管理世界，2014（11）：146－157.
［78］王自锋．汇率水平与波动程度对外国直接投资的影响研究［J］．经济学（季刊），2009，8（4）：1497－1526.
［79］魏志华，王贞洁，吴育辉，等．金融生态环境、审计意见与债务融资成本［J］．审计研究，2012（6）：98－105.
［80］魏志华，曾爱民，李博．金融生态环境与企业融资约束：基于中国上市公司的实证研究［J］．会计研究，2014（5）：73－90.
［81］温日光．风险观念、并购溢价与并购完成率［J］．金融研究，2015（8）：191－206.
［82］吴国鼎，姜国华．人民币汇率变化与制造业投资：来自企业层面的证据［J］．金融研究，2015（11）：1－14.

[83] 武恒光，郑方松．审计质量、社会信任和并购支付方式［J］．审计研究，2017（3）：82－89.
[84] 吴丽华，傅广敏．人民币汇率、短期资本与股价互动［J］．经济研究，2014，49（11）：72－86.
[85] 吴先明．企业特定优势、国际化动因与海外并购的股权选择：国有股权的调节作用［J］．经济管理，2017，39（12）：41－57.
[86] 肖慧敏，刘辉煌．中国企业对外直接投资的学习效应研究［J］．财经研究，2014，40（4）：42－55.
[87] 谢红军，蒋殿春．竞争优势、资产价格与中国海外并购［J］．金融研究，2017（1）：83－98.
[88] 邢立全，陈汉文．产品市场竞争、竞争地位与审计收费：基于代理成本与经营风险的双重考量［J］．审计研究，2013（3）：50－58.
[89] 徐虹，林钟高，芮晨．产品市场竞争、资产专用性与上市公司横向并购［J］．南开管理评论，2015，18（3）：48－59.
[90] 许家云，毛其淋．人民币汇率水平与出口企业加成率：以中国制造业企业为例［J］．财经研究，2016，42（1）：103－112.
[91] 许家云，佟家栋，毛其淋．人民币汇率与企业生产率变动：来自中国的经验证据［J］．金融研究，2015（10）：1－16.
[92] 徐建炜，田丰．中国行业层面实际有效汇率测算：2000—2009［J］．世界经济，2013，36（5）：21－36.
[93] 徐爽，姚长辉，李宏瑾，等．汇率升值预期与国内资产市场均衡［J］．世界经济，2009，32（2）：3－11.
[94] 徐涛，万解秋，丁匡达．人民币汇率调整与制造业技术进步［J］．世界经济，2013，36（5）：69－87.
[95] 杨汝岱．中国制造业企业全要素生产率研究［J］．经济研究，2015，50（2）：61－74.
[96] 杨子晖，陈里璇，陈雨恬．经济政策不确定性与系统性金融风险的跨市场传染：基于非线性网络关联的研究［J］．经济研究，2020，55（1）：65－81.
[97] 余官胜，范朋真．东道国贸易保护会提升我国企业对外直接投资速度吗：基于微观层面数据的实证研究［J］．财贸经济，2018，39（3）：109－122.
[98] 余静文．人民币汇率变动、市场竞争与企业创新［J］．世界经济研究，2016（4）：51－65.
[99] 余鹏翼，王满四．国内上市公司跨国并购绩效影响因素的实证研究［J］．

会计研究，2014（3）：64－70.
[100] 袁越，胡文杰．紧缩性货币政策能否抑制股市泡沫？［J］．经济研究，2017，52（10）：82－97.
[101] 袁志刚，邵挺．人民币升值对我国各行业利润率变动的影响：基于2007年投入产出表的研究［J］．金融研究，2011（4）：1－15.
[102] 翟进步，王玉涛，李丹．上市公司并购融资方式选择与并购绩效："功能锁定"视角［J］．中国工业经济，2011（12）：100－110.
[103] 张会丽，吴有红．超额现金持有水平与产品市场竞争优势：来自中国上市公司的经验证据［J］．金融研究，2012（2）：183－195.
[104] 张靖佳，陈璐瑶．汇率冲击与中国出口行业生产率分布［J］．南开经济研究，2016（5）：74－88.
[105] 张明志，季克佳．人民币汇率变动对中过制造业企业出口产品质量的影响［J］．中国工业经济，2018（1）：5－23.
[106] 张瑞君，徐展．无外汇交易企业真的没有汇率风险吗?：来自中国上市公司的实证研究［J］．会计研究，2016（2）：22－28.
[107] 张婷，程健．实际有效汇率、固定资产投资与经济增长：基于G－7国家的经验分析与启示［J］．财贸经济，2013（12）：77－85.
[108] 赵海龙，何贤杰，王孝钰，等．海外并购能够改善中国企业公司治理吗［J］．南开管理评论，2016，19（3）：31－39.
[109] 赵息，孙世攀．资本结构对并购支付方式的影响研究：基于我国资本市场背景的分析［J］．管理评论，2015，27（8）：33－46.
[110] 赵仲匡，李殊琦，杨汝岱．金融约束、对冲与出口汇率弹性［J］．管理世界，2016（6）：40－50.
[111] 钟宁桦，温日光，刘学悦．"五年规划"与中国企业跨境并购［J］．经济研究，2019，54（4）：149－164.
[112] 周茂，陆毅，陈丽丽．企业生产率与企业对外直接投资进入模式选择：来自中国企业的证据［J］．管理世界，2015（11）：70－86.
[113] 周业安，周洪荣，孙瑞．市账率：权衡还是择时？［J］．管理世界，2011（4）：15－25.
[114] 周中胜，陈汉文．会计信息透明度与资源配置效率［J］．会计研究，2008（12）：56－62.
[115] 祝继高，陆正飞．产权性质、股权再融资与资源配置效率［J］．金融研究，2011（1）：131－148.
[116] 朱孟楠，丁冰茜，闫帅．人民币汇率预期、短期国际资本流动与房价［J］．世界经济研究，2017（7）：17－29.

[117] 宗芳宇，路江涌，武常岐．双边投资协定、制度环境和企业对外直接投资区位选择［J］．经济研究，2012，47（5）：71－82.

[118] AGHION P, BACCHETTA P, RANCIERE R, et al. Exchange rate volatility and productivity growth: the role of financial development [J]. Journal of monetary economics, 2009, 56 (4): 494－513.

[119] AHERN K R, DAMINELLI D, FRACASSI C. Lost in translation? the effect of cultural values on mergers around the world [J]. Journal of financial economics, 2015, 117 (1): 165－189.

[120] ALLAYANNIS G, IHRIG J, WESTON J P. Exchange-rate hedging: financial versus operational strategies [J]. American economic review, 2001, 91 (2): 391－395.

[121] ALLAYANNIS G, OFEK E. Exchange rate exposure, hedging, and the use of foreign currency derivatives [J]. Journal of international money and finance, 2001, 20 (2): 273－296.

[122] ALMEIDA H, CAMPELLO M, WEISBACH M S. The cash flow sensitivity of cash [J]. Journal of finance, 2004, 59 (4): 1777－1804.

[123] ALMEIDA H, CAMPELLO M. Financial constraints, asset tangibility, and corporate investment [J]. Review of financial studies, 2007, 20 (5): 1429－1460.

[124] ALMEIDA H, CAMPELLO M. Financing frictions and the substitution between internal and external funds [J]. Journal of financial and quantitative analysis, 2010, 45 (3): 589－622.

[125] ALMEIDA H, WOLFENZON D. The effect of external finance on the equilibrium allocation of capital [J]. Journal of financial economics, 2005, 75 (1): 133－164.

[126] AMIHUD Y, LEV B, TRAVLOS N G. Corporate control and the choice of investment financing: the case of corporate acquisitions [J]. Journal of finance, 1990, 45 (2): 603－616.

[127] ANDRADE G, MITCHELL M, STAFFORD E. New evidence and perspectives on mergers [J]. Journal of economic perspectives, 2001, 15 (2): 103－120.

[128] ARMSTRONG C S, CORE J E, TAYLOR D J, et al. When does information asymmetry affect the cost of capital? [J]. Journal of accounting research, 2011, 49 (1): 1－40.

[129] ATKESON A, BURSTEIN A. Pricing-to-market, trade costs, and international

relative prices [J]. American economic review, 2008, 98 (5): 1998-2031.

[130] BAKER M, WURGLER J. Market timing and capital structure [J]. Journal of finance, 2002, 57 (1): 1-32.

[131] BARNEY J B. Organizational Culture: can it be a source of sustained competitive advantage? [J]. Academy of management review, 1986, 11 (3): 656-665.

[132] BARTOV E, BODNAR G M. Firm valuation, earnings expectations, and the exchange-rate exposure effect [J]. Journal of finance, 1994, 49 (5): 1755-1785.

[133] BARTRAM S M. Linear and nonlinear foreign exchange rate exposures of German nonfinancial corporations [J]. Journal of international money and finance, 2004, 23 (4): 673-699.

[134] BARTRAM S M. Corporate cash flow and stock price exposures to foreign exchange rate risk [J]. Journal of corporate finance, 2007, 13 (5): 981-994.

[135] BARTRAM S M, BODNAR G M. The exchange rate exposure puzzle [J]. Managerial finance, 2007, 33 (9): 642-666.

[136] BARTRAM S M, KAROLYI G A. The impact of the introduction of the Euro on foreign exchange rate risk exposures [J]. Journal of empirical finance, 2006, 13 (4-5): 519-549.

[137] BÉNASSY-QUÉRÉ A, FONTAGNÉ L, LAHRÉCHE-RÉVIL A. Exchange-rate strategies in the competition for attracting foreign direct investment [J]. Journal of the Japanese and international economies, 2001, 15 (2): 178-198.

[138] BERNANKE B, GERTLER M. Financial fragility and economic performance [J]. Quarterly journal of economics, 1990, 105 (1): 87-114.

[139] BERNARD A B, JENSEN J B, REDDING S J, et al. The empirics of firm heterogeneity and international trade [J]. Annual review of economics, 2012, 4 (1): 283-313.

[140] BLACK F, SCHOLES M. The pricing of options and corporate liabilities [J]. Journal of political economy, 1973, 81 (3): 637-654.

[141] BLONIGEN B A. Firm-specific assets and the link between exchange rates and foreign direct investment [J]. American economic review, 1997, 87 (3): 447-465.

[142] BODNAR G M, GENTRY W M. Exchange rate exposure and industry characteristics: evidence from Canada, Japan, and the USA [J]. Journal of

international money and finance, 1993, 12 (1): 29 -45.

[143] BROUTHERS K D, BROUTHERS L E, WERNER S. Real options, international entry mode choice and performance [J] . Journal of management studies, 2008, 45 (5): 936 -960.

[144] BUCH C M, KESTERNICH I, LIPPONER A, et al. Financial constraints and foreign direct investment: firm-level evidence [J] . Review of world economics, 2014, 150 (2): 393 -420.

[145] BUCKLEY P J, CASSON M C. Analyzing foreign market entry strategies: extending the internalization approach [J] . Journal of international business studies, 1998, 29 (3): 539 -561.

[146] BUCKLEY P J, FORSANS N, MUNJAL S. Host-home country linkages and host-home country specific advantages as determinants of foreign acquisitions by Indian firms [J] . International business review, 2012, 21 (5): 878 -890.

[147] CAMPA J M. Entry by foreign firms in the United States under exchange rate uncertainty [J] . Review of economics and statistics, 1993, 75 (4): 614 -622.

[148] CAMPA J, CHANG P H K. Testing the expectations hypothesis on the term structure of volatilities in foreign exchange options [J] . Journal of finance, 1995, 50 (2): 529 -547.

[149] CAMPA J, GOLDBERG L S. Investment in manufacturing, exchange rates and external exposure [J] . Journal of international economics, 1995, 38 (3): 297 -320.

[150] CAMPA J M, GOLDBERG L S. Investment, pass-through, and exchange rates: a cross-country comparison [J] . International economic review, 1999, 40 (2): 287 -314.

[151] CAMPA J M, GOLDBERG L S. Employment versus wage adjustment and the U. S. dollar [J] . The review of economics and statistics, 2001, 83 (3): 477 -489.

[152] CHAKRABARTI R, GUPTA-MUKHERJEE S, JAYARAMAN N. Mars-Venus marriages: culture and cross-border M&A [J] . Journal of international business studies, 2009, 40 (2): 216 -236.

[153] CHAKRABARTI R, SCHOLNICK B. Exchange rate expectations and foreign direct investment flows [J] . Weltwirtschaftliches archiv, 2002, 138 (1): 1 -21.

[154] CHATTERJEE A, DIX-CARNEIRO R, VICHYANOND J. Multi-product firms and exchange rate fluctuations [J]. American economic journal (economic policy), 2013, 5 (2): 77-110.

[155] CHANEY T. Liquidity constrained exporters [J]. Journal of economic dynamics and control, 2016, 72: 141-154.

[156] CHANG X, TAN T J, WONG G, et al. Effects of financial constraints on corporate policies in Australia [J]. Accounting & finance, 2007, 47 (1): 85-108.

[157] CHANG S J, RHEE J H. Rapid FDI expansion and firm performance [J]. Journal of international business studies, 2011, 42 (8): 979-994.

[158] CHAVA S, ROBERTS M R. How does financing impact investment?: the role of debt covenants [J]. Journal of finance, 2008, 63 (5): 2085-2121.

[159] CHEN N, JUVENAL L. Quality, trade, and exchange rate pass-through [J]. Journal of international economics, 2016, 100 (5): 61-80.

[160] CHEN M X, MOORE M O. Location decision of heterogeneous multinational firms [J]. Journal of international economics, 2010, 80 (2): 188-199.

[161] CHEN Y R, HUANG Y L, CHEN C N. Financing constraints, ownership control, and cross-border M&As: evidence from nine East Asian economies [J]. Corporate governance (an international review), 2009, 17 (6): 665-680.

[162] CHEN K M, RAU H H, LIN C C. The impact of exchange rate movements on foreign direct investment: market-oriented versus cost-oriented [J]. The developing economies, 2006, 44 (3): 269-287.

[163] CLEARY S. The relationship between firm investment and financial status [J]. Journal of finance, 1999, 54 (2): 673-692.

[164] CLOUGHERTY J A, ZHANG N. Foreign investor reactions to risk and uncertainty in antitrust: U. S. merger policy investigations and the deterrence of foreign acquirer presence [J/OL]. Journal of international business studies, 2021, 52 (3): 454-478. https://doi.org/10.1057/s41267-020-00338-6.

[165] COHEN M A, ELIASBERG J, HO T H. New product development: the performance and time-to-market tradeoff [J]. Management science, 1996, 42 (2): 173-186.

[166] CUSHMAN D O. Real exchange rate risk, expectations, and the level of direct investment [J]. Review of economics and statistics, 1985, 67 (2):

297 - 308.

[167] CUSHMAN D O. Exchange-rate uncertainty and foreign direct investment in the United States [J]. Review of world economics, 1988, 124 (2): 322 - 336.

[168] DANBOLT J, MACIVER G. Cross-border versus domestic acquisitions and the impact on shareholder wealth [J]. Journal of business finance & accounting, 2012, 39 (7 - 8): 1028 - 1067.

[169] DENG Z. Foreign exchange risk, hedging, and tax-motivated outbound income shifting [J]. Journal of accounting research, 2020, 58 (4): 953 - 987.

[170] DEWENTER K L. Do exchange rate changes drive foreign direct investment? [J]. Journal of business, 1995, 68 (3): 405 - 433.

[171] DIKOVA D, SAHIB P R, VAN WITTELOOSTUIJN A. Cross-border acquisition abandonment and completion: the effect of institutional differences and organizational learning in the international business service industry: 1981 - 2001 [J]. Journal of international business studies, 2010, 41 (2): 223 - 245.

[172] DI GIOVANNI J. What drives capital flows?: the case of cross-border M&A activity and financial deepening [J]. Journal of international economics, 2005, 65 (1): 127 - 149.

[173] DI GIULI A. The effect of stock mis-valuation and investment opportunities on the method of payment in mergers [J]. Journal of corporate finance, 2013, 21 (1): 196 - 215.

[174] DORNBUSCH R, FISCHER S. Exchange rates and the current account [J]. American economic review, 1980, 70 (5): 960 - 971.

[175] DUNNING J H, RUGMAN A M. The influence of Hymer's dissertation on the theory of foreign direct investment [J]. American economic review, 1985, 75 (2): 228 - 232.

[176] EKHOLM K, MOXNES A, ULLTVEIT-MOE K H. Manufacturing restructuring and the role of real exchange rate shocks [J]. Journal of international economics, 2012, 86 (1): 101 - 117.

[177] ELNAHAS A M, HASSAN M K, ISMAIL G M. Religion and mergers and acquisitions contracting: the case of earnout agreements [J]. Journal of corporate finance, 2017, 42: 221 - 246.

[178] EREL I, LIAO R C, WEISBACH M S. Determinants of cross-border mergers and acquisitions [J]. Journal of finance, 2012, 67 (3): 1045 - 1082.

[179] FACCIO M, MASULIS R W. The choice of payment method in European mergers and acquisitions [J]. Journal of finance, 2005, 60 (3): 1345 - 1388.

[180] FAELTEN A, GIETZMANN M, VITKOVA V. Naked M&A transactions: how the lack of local expertise in cross-border deals can negatively affect acquirer performance and how informed institutional investors can mitigate this effect [J]. Journal of business finance & accounting, 2014, 41 (3/4): 469 - 506.

[181] FERREIRA M A, MASSA M, MATOS P. Shareholders at the gate?: institutional investors and cross-border mergers and acquisitions [J]. Review of financial studies, 2009, 23 (2): 601 - 644.

[182] FRANCIS B B, HASAN I, SUN X, et al. Can firms learn by observing?: evidence from cross-border M&As [J]. Journal of corporate finance, 2014, 25: 202 - 215.

[183] FRANCIS J R, HUANG S X, KHURANA I K. The role of similar accounting standards in cross-border mergers and acquisitions [J]. Contemporary accounting research, 2016, 33 (3): 1298 - 1330.

[184] FROOT K A, STEIN J C. Exchange rates and foreign direct investment: an imperfect capital markets approach [J]. Quarterly journal of economics, 1991, 106 (4): 1191 - 1217.

[185] FROOT K A, SCHARFSTEIN D S, STEIN J C. Risk management: coordinating corporate investment and financing policies [J]. Journal of finance, 1993, 48 (5): 1629 - 1658.

[186] FU F, LIN L, OFFICER M S. Acquisitions driven by stock overvaluation: are they good deals? [J]. Journal of financial economics, 2013, 109 (1): 24 - 39.

[187] GHOSHAL S. Global strategy: an organizing framework [J]. Strategic management journal, 1987, 8 (5): 425 - 440.

[188] GOLDBERG L S. Exchange rates and investment in United States industry [J]. Review of economics and statistics, 1993, 75: 575 - 588.

[189] GOLDBERG L S, KOLSTAD C D. Foreign direct investment, exchange rate variability and demand uncertainty [J]. International economic review, 1995, 36: 855 - 873.

[190] GOMPERS P A. Grandstanding in the venture capital industry [J]. Journal of financial economics, 1996, 42 (1): 133 - 156.

[191] GIANNETTI M, LIAO G, YU X. The brain gain of corporate boards: evidence from China [J]. Journal of finance, 2015, 70 (4): 1629-1682.

[192] GOEL A M, THAKOR A V. Do envious CEOs cause merger waves? [J]. Review of financial studies, 2009, 23 (2): 487-517.

[193] GRIFFIN J M, STULZ R M. International competition and exchange rate shocks: a cross-country industry analysis of stock returns [J]. Review of financial studies, 2001, 14 (1): 215-241.

[194] GUADALUPE M, KUZMINA O, THOMAS C. Innovation and foreign ownership [J]. American economic review, 2012, 102 (7): 3594-3627.

[195] HANSEN R G. A theory for the choice of exchange medium in mergers and acquisitions [J]. Journal of business, 1987, 60 (1): 75-95.

[196] HARRIS R S, RAVENSCRAFT D. The role of acquisitions in foreign direct investment: evidence from the U. S. stock market [J]. Journal of finance, 1991, 46 (3): 825-844.

[197] HARTMAN R. The effects of price and cost uncertainty on investment [J]. Journal of economic theory, 1972, 5 (2): 258-266.

[198] HELPMAN E, MELITZ M J, YEAPLE S R. Export versus FDI with heterogeneous firms [J]. American economic review, 2004, 94 (1): 300-316.

[199] HSIEH C T, KLENOW P J. Misallocation and manufacturing TFP in China and India [J]. Quarterly journal of economics, 2009, 124 (4): 1403-1448.

[200] HUANG P, OFFICER M S, POWELL R. Method of payment and risk mitigation in cross-border mergers and acquisitions [J]. Journal of corporate finance, 2016, 40: 216-234.

[201] HUANG Y S, WALKING R A. Differences in residuals associated with acquisition announcements: payment, acquisition form, and resistance effects [J]. Journal of financial economics, 1987, 19 (2): 329-349.

[202] HUANG Y, WANG B. Investing overseas without moving factories abroad: the case of Chinese outward direct investment [J]. Asian development review, 2013, 30 (1): 85-107.

[203] HUTSON E, LAING E. Foreign exchange exposure and multinationality [J]. Journal of banking & finance, 2014, 43 (6): 97-113.

[204] ISHII J, XUAN Y. Acquirer-target social ties and merger outcomes [J]. Journal of financial economics, 2014, 112 (3): 344-363.

[205] JEANNENEY S G, HUA P. How does real exchange rate influence labor

productivity in China? [J]. China economic review, 2011, 22 (4): 628-645.

[206] JEMISON D B, SITKIN S B. Corporate acquisitions: a process perspective [J]. Academy of management review, 1986, 11 (1): 145-163.

[207] JENSEN M C. Agency costs of free cash flow, corporate finance, and takeovers [J]. American economic review, 1986, 76 (2): 323-329.

[208] JENSEN M C. Agency costs of overvalued equity [J]. Financial management, 2005, 34 (1): 5-19.

[209] JENSEN M C, MECKLING W H. Theory of the firm: managerial behavior, agency costs and ownership structure [J]. Journal of financial economics, 1976, 3 (4): 305-360.

[210] JOHN K, FREUND S, NGUYEN D, et al. Investor protection and cross-border acquisitions of private and public targets [J]. Journal of corporate finance, 2010, 16 (3): 259-275.

[211] JORION P. The exchange-rate exposure of U. S. multinationals [J]. Journal of business, 1990, 63 (3): 331-345.

[212] JORION P. The pricing of exchange rate risk in the stock market [J]. Journal of financial and quantitative analysis, 1991, 26 (3): 363-376.

[213] KANAS A. Is economic exposure asymmetric between long-run depreciations and appreciations?: testing using cointegration analysis [J]. Journal of multinational financial management, 1997, 7 (1): 27-42.

[214] KANAS A. Volatility spillovers between stock returns and exchange rate changes: international evidence [J]. Journal of business finance & accounting, 2000, 27 (3-4): 447-467.

[215] KAISER B, SIEGENTHALER M. The skill-biased effects of exchange rate fluctuations [J]. The economic journal, 2016, 126 (592): 756-780.

[216] KAPLAN S N, ZINGALES L. Do investment-cash flow sensitivities provide useful measures of financing constraints? [J]. Quarterly journal of economics, 1997, 112 (1): 169-215.

[217] KHANNA T, PALEPU K G. Emerging giants: building world-class companies in developing countries [J]. Harvard business review, 2006, 84 (10): 60-69.

[218] KHURANA I K, MARTIN X, PEREIRA R. Financial development and the cash flow sensitivity of cash [J]. Journal of financial and quantitative analysis, 2006, 41 (4): 787-808.

[219] KLEIN M W, ROSENGREN E. The real exchange rate and foreign direct investment in the United States: relative wealth vs. relative wage effects [J]. Journal of international economics, 1994, 36 (3): 373-389.

[220] KOGUT B, SINGH H. The effect of national culture on the choice of entry mode [J]. Journal of international business studies, 1988, 19 (3): 411-432.

[221] KONINGS J, MURPHY A P. Do multinational enterprises relocate employment to low-wage regions?: evidence from European multinationals [J]. Review of world economics, 2006, 142 (2): 267-286.

[222] KOSTOVA T. Transnational transfer of strategic organizational practices: a contextual perspective [J]. Academy of management review, 1999, 24 (2): 308-324.

[223] KRAPL A A. Asymmetric foreign exchange cash flow exposure: a firm-level analysis [J]. Journal of corporate finance, 2017, 44: 48-72.

[224] LEE C M C, LI K K, ZHANG R. Shell games: the long-term performance of Chinese reverse-merger firms [J]. The accounting review, 2015, 90 (4): 1547-1589.

[225] LEVI M D. Exchange rates and the valuation of firms [J]. Exchange rates and corporate performance, 1994 (1): 37-48.

[226] LI X. Productivity, restructuring, and the gains from takeovers [J]. Journal of financial economics, 2013, 109 (1): 250-271.

[227] LIN P C, WU C S. Exchange rate pass-through in deflation: the case of Taiwan [J]. International review of economics & finance, 2012, 22 (1): 101-111.

[228] LIN C M, PHILLIPS R D, SMITH S D. Hedging, financing, and investment decisions: theory and empirical tests [J]. Journal of banking & finance, 2008, 32 (8): 1566-1582.

[229] LOUGHRAN T, VIJH A M. Do long-term shareholders benefit from corporate acquisitions? [J]. Journal of finance, 1997, 52 (5): 1765-1790.

[230] LU J W, BEAMISH P W. The internationalization and performance of SMEs [J]. Strategic management journal, 2001, 22 (6/7): 565-586.

[231] LU J, LU Y, TAO Z. Exporting behavior of foreign affiliates: theory and evidence [J]. Journal of international economics, 2010, 81 (2): 197-205.

[232] MALMENDIER U, OPP M M, SAIDI F. Target revaluation after failed takeover

attempts: cash versus stock [J]. Journal of financial economics, 2016, 119 (1): 92-106.

[233] MAKSIMOVIC V, PHILLIPS G. The market for corporate assets: who engages in mergers and asset sales and are there efficiency gains? [J]. Journal of finance, 2001, 56 (6): 2019-2065.

[234] MAKSIMOVIC V, PHILLIPS G, YANG L. Private and public merger waves [J]. Journal of finance, 2013, 68 (5): 2177-2217.

[235] MANOVA K, YU Z. How firms export: processing vs. ordinary trade with financial frictions [J]. Journal of international economics, 2016, 100: 120-137.

[236] MARKUSEN J R, VENABLES A J. The theory of endowment, intra-industry and multi-national trade [J]. Journal of international economics, 2000, 52 (2): 209-234.

[237] MARTIN K J. The method of payment in corporate acquisitions, investment opportunities, and management ownership [J]. Journal of finance, 1996, 51 (4): 1227-1246.

[238] MARTYNOVA M, RENNEBOOG L. What determines the financing decision in corporate takeovers: cost of capital, agency problems, or the means of payment? [J]. Journal of corporate finance, 2009, 15 (3): 290-315.

[239] MASULIS R W, WANG C, XIE F. Corporate governance and acquirer returns [J]. Journal of finance, 2007, 62 (4): 1851-1889.

[240] MELITZ M J. The impact of trade on intra-industry real locations and aggregate industry productivity [J]. Econometrica, 2003, 71 (6): 1695-1725.

[241] MENON J. Exchange rate pass-through [J]. Journal of economic surveys, 1995, 9 (2): 197-231.

[242] MEYER K E, ESTRIN S. Privatization acquisition and direct foreign investment: who buys state-owned enterprises? [J]. Most economic policy in transitional economies, 1997, 7 (1): 159-172.

[243] MITTOO U R, ZHANG Z. The capital structure of multinational corporations: Canadian versus U. S. evidence [J]. Journal of Corporate Finance, 2008, 14 (5): 706-720.

[244] MODIGLIANI F, MILLER M H. The cost of capital, corporation finance and the theory of investment [J]. American economic review, 1958, 48 (3): 261-297.

[245] MORCK R, YEUNG B, ZHAO M. Perspectives on China's outward foreign

direct investment [J]. Journal of international business studies, 2008, 39 (3): 337-350.

[246] MOROSINI P, SHANE S, SINGH H. National cultural distance and cross-border acquisition performance [J]. Journal of international business studies, 1998, 29 (1): 137-158.

[247] MYERS S C. Determinants of corporate borrowing [J]. Journal of financial economics, 1977, 5 (2): 147-175.

[248] MYERS S C, MAJLUF N S. Corporate financing and investment decisions when firms have information that investors do not have [J]. Journal of financial economics, 1984, 13 (2): 187-221.

[249] NEARY J P. Cross-border mergers as instruments of comparative advantage [J]. Review of economic studies, 2007, 74 (4): 1229-1257.

[250] NICKELL S J. Competition and corporate performance [J]. Journal of political economy, 1996, 104 (4): 724-746.

[251] NOCKE V, YEAPLE S. Cross-border mergers and acquisitions vs. greenfield foreign direct investment: the role of firm heterogeneity [J]. Journal of international economics, 2007, 72 (2): 336-365.

[252] NUCCI F, POZZOLO A F. Investment and the exchange rate: an analysis with firm-level panel data [J]. European economic review, 2001, 45 (2): 259-283.

[253] PANG J, WU H. Financial markets, financial dependence, and the allocation of capital [J]. Journal of banking & finance, 2009, 33 (5): 810-818.

[254] PANTZALIS C, SIMKINS B J, LAUX P A. Operational hedges and the foreign exchange exposure of U. S. multinational corporations [J]. Journal of international business studies, 2001, 32 (4): 793-812.

[255] PERESS J. Product market competition, insider trading, and stock market efficiency [J]. Journal of finance, 2010, 65 (1): 1-43.

[256] ROSSI S, VOLPIN P F. Cross-country determinants of mergers and acquisitions [J]. Journal of financial economics, 2004, 74 (2): 277-304.

[257] RAU P R, VERMAELEN T. Glamour, value and the post-acquisition performance of acquiring firms [J]. Journal of financial economics, 1998, 49 (2): 223-253.

[258] RHODES-KROPF M, VISWANATHAN S. Market valuation and merger waves [J]. Journal of finance, 2004, 59 (6): 2685-2718.

[259] RHODES-KROPF M, ROBINSON D T, VISWANATHAN S. Valuation waves

and merger activity: the empirical evidence [J] . Journal of financial economics, 2005, 77 (3): 561 -603.

[260] RUSS K N. The endogeneity of the exchange rate as a determinant of FDI: a model of entry and multinational firms [J] . Journal of international economics, 2007, 71 (2): 344 -372.

[261] SCHOAR A. Effects of corporate diversification on productivity [J] . Journal of finance, 2002, 57 (6): 2379 -2403.

[262] SERDAR DINC I, EREL I. Economic nationalism in mergers and acquisitions [J] . Journal of finance, 2013, 68 (6): 2471 -2514.

[263] SHLEIFER A, VISHNY R W. Stock market driven acquisitions [J] . Journal of financial economics, 2003, 70 (3): 295 -311.

[264] SKAIFE H A, WANGERIN D D. Target financial reporting quality and M&A deals that go bust [J] . Contemporary accounting research, 2013, 30 (2): 719 -749.

[265] SMITH C W, STULZ R M. The determinants of firms' hedging policies [J] . Journal of financial and quantitative analysis, 1985, 20 (4): 391 -405.

[266] STRASSER G. Exchange rate pass-through and credit constraints [J] . Journal of monetary economics, 2013, 60 (1): 25 -38.

[267] STULZ R M. Optimal hedging policies [J] . Journal of financial and quantitative analysis, 1984, 19 (2): 127 -140.

[268] TAYLOR J B. The role of the exchange rate in monetary-policy rules [J] . American economic review, 2001, 91 (2): 263 -267.

[269] TOLENTINO P E. Home country macroeconomic factors and outward FDI of China and India[J]. Journal of international management, 2010, 16 (2): 102 -120.

[270] TRAVLOS N G. Corporate takeover bids, methods of payment, and bidding firms' stock returns [J] . Journal of finance, 1987, 42 (4): 943 -963.

[271] WANSLEY J W, LANE W R, YANG H C. Abnormal returns to acquired firms by type of acquisition and method of payment [J] . Financial management, 1983, 12 (1): 16 -22.

[272] WEBBER A G. Dynamic and long run responses of import prices to the exchange rate in the Asia-Pacific [J] . Asian economic journal, 1999, 13 (3): 303 -320.

[273] WURGLER J. Financial markets and the allocation of capital [J] . Journal of financial economics, 2000, 58 (1/2): 187 -214.

[274] XU E Q. Cross-border merger waves [J] . Journal of corporate finance, 2017, 46: 207 –231.

[275] ZHANG G. Accounting information, capital investment decisions, and equity valuation: theory and empirical implications [J] . Journal of accounting research, 2000, 38 (2): 271 –295.